코스톨라니 투자총서

2

투자는 심리게임이다

KOSTOLANY

코스톨라니 투자총서

2

투자는 심리게임이다

정진상 옮김

미래의창

서문

1965년에 나는 코스톨라니의 글 중에서는 처음으로 「어느 투자자의 고백」이라는 칼럼을 보게 되었다. 그는 자신의 한 저서에서,

"재무장관, 나는 될 수 없다.

은행원, 나는 되고 싶지 않다.

투자자와 주식거래인, 이것이 바로 나다"라고 고백하고 있다.

증권시장에는 언제나 경제적 사실들이 황당한 이야기, 무언가를 겨냥하여 퍼뜨려진 풍문들, 절반쯤 믿을 만한 사실들, 그리고 암시들과 함께 뒤섞여 있다. 걱정과 탐욕으로 움직여지는 이러한 것들은 번번이 비논리적이고 비이성적인 시세의 변화를 불러일으킨다. 코스톨라니는 이 비밀이 가득하고 고집스러운 증권시장에 70년 동안이나 몸담고 있다.

증권시장은 그의 활동무대일 뿐만 아니라 지금은 그의 연구 대상물이기도 하다. 제1차 세계대전 후 고향인 부다페스트에서 파리로 온 그는 아직 10대인 나이였을 때 증권시장의 문을 두드렸으니 그것

은 그에게 있어서 단순한 직업이 아닌 독자적인 인생 여정의 시작이었던 것이다. 그는 증권시장을 '정글'이라고 불렀다. 그가 이 정글에서 살아남는 법을 배우기 위해 지불한 수업료는 하버드대 등록금의 몇 배였고 그 가치 또한 몇 배였다고 말했다.

그는 이론에서 현장으로 옮겨가며 남의 돈을 가지고 경험을 쌓는 대부분의 증권맨들과는 반대로, 현장에서 출발해 이론으로 왔으며 자신의 돈을 가지고 경험을 축적했다. 그의 첫 번째 경험 중 하나는 증권시장에서는 모든 것이 가능하다는 것이었다.

증권시장의 모든 사실적인 데이터들을 아는 것만으로 코스톨라니는 만족하지 못했다. 그에게는 '환상'이 바로 성공적인 투자와 예측을 가능케 해주는 것이었다. 그래서 그는 조직적 투기와 증권시장의 컴퓨터들을 경멸했다. 거기에는 환상이 결여되어 있기 때문이다. 인간적인, 너무나 인간적인 것들이 때로는 증권시장의 움직임을 조정하고 그것을 넘어서기도 한다. 이것을 설명하려는 것이 이 책의 주된 목표이다.

그는 우리 독일인들이 돈의 간교함 속에서 자라지 않았다고 질책한다. 낭만주의자, 철학자, 그리고 음악가들로 이루어진 독일 민족은 그러나 돈 문제에 있어서만큼은 낭만적이지 못하고 철학적, 특히 환상적 경향을 잃어버렸다.

나는 1969년 뮌헨에서 코스톨라니를 처음 만났을 때, 우리 독일인들은 거의 30년 동안 투자 경험을 하지 못했고 그것이 IOS 소문에—그가 그토록 경고했던— 빠져드는 이유라고 말했다. 나는 그에게 증권시장 경험을 살려 독일 증권시장의 손실을 줄이는 데 도움을 줄 수 있는지를 물었고, 지금까지도 계속되고 있는 우리의 자산 컨설팅 및 증권시장 세미나 '조인트 벤처'는 그렇게 해서 시작되었다.

우리가 원래 예상했던 것과는 달리 증권시장 세미나는 늘어나는 군중, 특히 젊은 사람들로 대만원이었다. 당시 교재로 썼던 책의 내용은 1986년에 출간된 『코스톨라니의 증권시장 세미나(한국어판 제목 : 실전, 투자강의)』에 들어 있는데, 그 책은 당연히 베스트셀러가 되었다. 그 책을 읽고 충고를 따른 많은 사람들이 그 사이에 증권시장에서 상당한 이익을 얻을 수 있었으며, 또한 많은 사람들이 다행스럽게도 손실 직전에 자신들의 재산을 보호할 수 있었다.

물론 이번 책 역시도 성공을 원하는 증권업자나 투자자라면 반드시 읽어야 할 책이다. 이 책은 증권시장의 비밀을 환기시키며, 우리로 하여금 자주적이고 독자적인 사고와 행동을 하도록 유도한다. 이 책은 결코 교재가 아니며, 그가 "나는 가르치지 않는다. 다만 이야기할 뿐이다"라고 입버릇처럼 말하듯이 하나의 이야기책이다.

그는 정신적, 직업적, 그리고 물질적 자주인으로서 가장 적절한 역할을 하며 살아가고 있다. 가끔씩 그는 깨끗한 자본주의를 위해 격분하기도 한다. 그리고 그는 다른 사람들이 감히 따라하기 어려운 배짱으로 무장한 채 자신이 보기에 그렇다고 생각되는 사람들을 향해 거침없이 '도둑놈' 또는 '나쁜 놈'이라고 부른다.

그의 독설 앞에서는 은행들도 예외가 될 수 없다. 그에게는 은행 고객들 앞에서 그 은행의 과실을 곧바로 지적하는 괴팍한 취미가 있다.

나는 이 책의 독자들이 정신적 만족과 함께 물질적 성공도 얻기를 기원한다. 그리고 나의 아버지 같은 친구이며 파트너인 코스톨라니에게는 그만의 매력과 기지, 삶의 행복, 그리고 낙천주의를 가지고 앞으로도 오랫동안 독자들과 제자들을 증권시장에서 성공의 길로 인도할 수 있기를 기원한다.

고트프리드 헬러

(앙드레 코스톨라니의 20년 지기 파트너)

목차

목차

KOSTOLANY

오리엔테이션

새롭게 만나는 나

뮌헨에서 은행 관련 국제회의가 열리고 있던 어느 날 밤, 나는 세계적인 만남의 장소로 유명한 '바이에른 호프'의 홀에서 미국 고위 금융가들의 집회를 관찰할 수 있었다. 그곳에서 나는 아주 유명하고 중요한 수많은 경제 및 재정 부분의 정치인들을 보았다.

홀의 한 구석에는 남들이 볼까 숨어서, 그러나 귀를 쫑긋하게 세운 20세가량의 한 젊은이가 앉아 있었다. 그의 이름은 앙드레 코스톨라니이다. 그는 증권시장에서 일어나는 여러 가지 일들을 분석하여 작전을 세우는 일만 하기 때문에 스스로를 투자자라고 불렀다.

내가 말을 걸면 그는 퉁명스럽게 대꾸한다.

"알아. 네가 누군지 알고 있다구. 너는 물론 나의 둘도 없는 오랜 친구야. 너는 지금 내가 여기서 무엇을 하고 있는지 묻고 싶은 거지? 너는 여기 모여 있는 사람들이 누구인지 안 보이니? 만약 내가 여기 숨어서 단 한 마디의 정보라도 얻게 된다면, 그것으로 인해 나는 재산을 얻을 수 있지.

나: 아뿔싸, 네가 정보를 그토록 중요하게 받아들이고 있다니 놀랍구나. 너는 "정보를 얻다 = 파산한다."는 나의 격언도 모르니?

그: 그럼 너는 여기에 모인 사람들이 너보다 모르고 있다고 주장하고 싶은 거야?

나: 물론 수치들이야 잘 알고 있겠지. 하지만 그들은 정작 가장 중요한 것은 모르고 있지. 오늘날 미국이 침체기에 있는지 아닌지에 대해서 그들은 절대로 확정적인 말을 못할 거야. 그들 중 한 사람은 통화량을 늘리자고 하고, 다른 사람은 줄이자고 해. 한 사람은 조세 인상에 찬성하고, 다른 사람은 재정 적자를 지지하고 있지. 한 사람은 국제수지 적자에 커다란 위험을 느끼는가 하면, 다른 사람은 이에 대해 휘파람을 불고 있지. 만약 그들이 현재의 상황을 정확히 평가할 수 없다면, 어떻게 그들이 미래를 예측할 수 있겠니?

그: 거봐. 그러니까 너는 늙다리 취급을 받는 거야. 오늘날 사람들은 컴퓨터와 다른 분석 방법들을 사용하고 있어. 도대체 너는 그런 것도 모르니?

나: 허허. 너희들은 이 모든 것들이 정확한 학문일 거라고 믿고 있지. 하지만 학문을 다루는 대학에서 이런 회의를 개최한다는 것 자체가 어불성설이야. 왜냐? 경제학이나 재정학은 학문이 아니기 때문이지. 그것들은 하나의 예술이야. 그러니 회의 장소를 뮌헨의 어느 미술관이나 집으로 옮기는 것이 옳겠지.

그: 너는 왜 그렇게 비관적이야?

나: 나도 처음부터 그랬던 건 아니야. 하지만 70년 동안의 경험이 나를 비관론자로 만들었어. 투자자로서 인생을 살아오면서 나는 정확한 암시라고 여겨지는 것들과 정반대로 행동함으로써 자주 돈을 벌었거든. 일찍이 영국의 재무부 장관 스태포드 크립스 경은 의회에서 "파운드의 절하는 당치도 않다"라고 호언장담하지 않았던가? 그런데 그로부터 14일 뒤에 평가절하를 단행했고, 그 재무부 장관은 사표도 내지 않은 채 완벽한 신사로 행세하며 그 자리에 머물러 있지 않았나. 독일 역시 화폐 정책이 오락가락 하기는 마찬가지야. 모두가 각기 다른 이야기들을 하고 있으니 말이야. 게다가 투자자들의 눈에는 연방은행이 도대체 하는 일이 없는 것처럼 보여. 만약 연방은행이 경험 많은 투자자들을 조언자로 두었더라면 마르크화를 가지고 고양이와 쥐 놀이를 할 수도 있었을 텐데….

그: 그럼 네 말은 사람들이 아무것도 알 필요가 없다는 거야?

나 : 천만에! 그 반대지. 사람들은 매우 많은 것을 알아야 해. 하지만 그것들은 책이나 컴퓨터 등에서 찾을 수 있는 숫자들이 아니야. 사람들은 사건들 간의 연관성을 이해해야만 하고 뉴스들을 해석할 수 있어야만 해. 또한 사람들은 영감을 가져야만 하고, 수많은 채찍질과 함께 경험, 그리고 또 경험을 해야만 해. 여기에 덧붙여서 내가 쓴 책들을 아주 주의 깊게 읽어봐야만 하지. 그러면 사람들은 그 어떤 것이라도 할 수 있게 되지.

그 : 동감이야. 그러면 나도 60년 뒤에는 너처럼 약삭빠르게 되겠지.

90퍼센트가 심리학으로 이루어진 증권시장

미국 대학의 경제학 교수였으며 독일에서도 공부를 했던 나의 사촌 조지 카토나는 경제심리학을 전공했다. 지금까지도 그의 저서들 —『대중소비』,『심리 경제학』,『소비자와 기업가의 행동』등—은 여전히 무시되고 있는 이러한 연구 분야의 교과서 역할을 하고 있다.

『이것이 증권시장이다』라는 내 책이 출간된 지 30년쯤 되어 갈 즈음에 나는 그로부터 편지 한 통을 받았다. 그는 내 책을 재미있게 읽었고 공감하는 바도 많았다면서, 그러나 한 가지 나와 다른 견해를 가지고 있다고 했다. 그것은 다름 아닌, 주식투자자들의 집단적인 또는 개별적인 심리학적 반응들은 정확하게 평가되거나 예측될 수 없다고 저술한 부분에 관한 것이었다. 그는 "그것들은 측정할 수 있고 평가할 수 있다"고 말하면서, "만약 내가 이번 여름에 파리로 가게 된다면 설명해 주겠다."고 덧붙였다. 그러나 유감스럽게도 그는 그 후 얼마 되지 않아 저 세상 사람이 되어버렸기 때문에 그의 편지내용은 나에게 영원한 빚으로 남겨졌다.

그리하여 나는 어떤 이유들이 그로 하여금 대중의 심리가 계산될 수 있다는 견해를 갖게 했을까에 대해서 그 후로 많은 생각을 해보았다. 오랫동안 숙고를 거듭한 끝에 나는 비로소 다음과 같은 결론에 도달했다. 개인 또는 대중의 보다 깊은 심리적 동기들 및 특정 상황에서의 그들의 반응은 사실 예측할 수 없다. 그리고 개개인이 내리는 결정들이 모였을 때 그 합계의 강도, 즉 대중의 심리적 반응의 강도와 시점들을 보통 사람들은 알 수 없다. 하지만 경험 있는 증권인이라면 실제로'예측'할 수는 없겠지만 가끔은 빗나갈 수도 있는 '예감' 또는 '추측'은 할 수 있다.

증권시장에서 심리학의 역할은 아무리 강조해도 지나침이 없다고 나는 주장한다. 단기적 그리고 중기적으로 심리학은 증권시장의 90 퍼센트를 결정한다. 증권시장에서 심리학은 매우 섬세한 손가락 끝 감각으로 운영되어야만 하는 하나의 '학문'이며, 그것은 거의 예술에 가깝다. 증권시장에서 가장 흔히 사용되는 단어들은 "어쩌면", "바라건대", "가능한 한", "~일 것이다", "그럼에도 불구하고", "~할지라도", "더욱이", "내 생각으로는", "내가 믿기로는", "그러나", "아마도", "나에게 보여지기로는" 등이다. 사람들이 믿고 말하는 모든 것들은 다 제한이 있고 따라서 완전히 다르게 볼 수도 있는 것이다.

오늘날 전 세계의 모든 증권시장에서 가장 저가의 주식은 '논리학 주식회사'의 주식이다. 왜냐하면 그들의 시세는 절대로 추세를 따르지 않기 때문이다. 그들은 이리저리 동요하고 생각이 매분마다 바뀌는 10만 명의 히스테릭한 증권전문가와 반(半)전문가 즉, 얼치기 전문가들의 반응만을 반영하고 있다.

증권시장은 오늘날에도 여전히 불투명하다고 흔히들 말한다. 그러나 만약 증권시장이 투명하다면 그것은 더 이상 증권시장이 아니다. 투자자들 스스로가 쓸데없는 수다로 혼탁하게 만들고, 그 혼탁한 물에서 낚시질을 한다. 매스컴들은 그러한 '증권시장의 가르침'을 널리 퍼뜨린다. 언론의 보도와 해설에는 온통 혼란만이 가득하다. 그리하여 대개는 주가지수가 먼저 변하고, 급히 만들어낸 이유들이 그 뒤를 따르게 된다.

실업률의 감소로 인플레가 발생하고 그로 인해 금리가 상승하고 또 그 결과 증권 시세가 떨어진다고 사람들은 말한다. 그러나 며칠 뒤에 사람들은 실업률의 증가가 경기 침체의 징후라며 걱정을 한다. 자꾸만 커지는 무역수지 적자가 바람직한 것으로 해석되기도 하는가 하면, 너무 많은 수출은 물가상승을 야기한다는 이유로 부정적으로 받아들여지기도 한다. 어떤 때는 달러화의 강세가 바람직한 것으로 여겨진다. 왜냐하면 미연방준비제도이사회가 금리 인상을 하지 않아도 되기 때문이다. 참 논리적인 것 같아 보인다. 그러나 며칠 안 가서 사람들은 달러화의 강세를 부정적인 요소로 간주한다. 이 모든 것은 단지 전문가의 기분에 달려 있다.

어느 특정 사건이나 금융 정보, 또는 풍문에 대한 대중의 반응이 긍정적일지 부정적일지를 때로는 나 자신도 추측할 수 없다는 것을 나도 인정한다. 어느 특정 뉴스가 경제적 사건들에 어떻게 작용을 할 것인지, 그것이 증권시장에 호재로 반영될 것인지 악재로 반영될 것인지 투자자들은 그 규칙을 전혀 알 수 없기 때문이다. 증권시장은 자주 술주정뱅이처럼 행동한다. 호재의 뉴스에 울기도 하고, 악재의 뉴스에 웃기도 한다. 이러한 예로 외환 투자를 들어 보겠다.

1970년대 달러가 미국의 정신적 콤플렉스 때문에 어려움을 겪고 있을 때 아랍 국가들의 오일 카르텔이 설립되었고, 그 결과 오일 카르텔은 원유가를 끊임없이 인상시켰다. 높은 원유가는 인플레를 초래했으며, 이러한 상황은 달러에 악영향을 끼쳤다. 따라서 달러 투자자들은 원유가 인상이 있을 때마다 아우성을 치며 달러를 대량으로 팔아치웠고 달러화는 끊임없이 하락했다.

당시 나는 이러한 반응이 얼마나 바보스러운 짓인가에 대해서 〈캐피탈〉지 칼럼을 통해 밝혔다. 만약 원유가가 계속 인상된다면 이는 일본, 프랑스, 또는 독일 같은 선진국들에게는 원유 대금 결제액의 증가를 의미하기 때문에 달러 수요는 더욱 늘어날 것이고 이는 결국 달러화의 강세로 이어질 것이다. 그러나 대부분의 투자자들은 계속해서 달러화의 약세 쪽에 거는 게임을 했다.

몇 년이 지난 1980년대 미국의 달러화가 새로운 하향세에 처하게 되었을 때, 사람들은 이번 현상을 1970년대와는 정반대로 해석하여 한편으로는 원유 사용이 세계적으로 감소했다는 것과 다른 한편으로는 유가가 하락했기 때문이라고 설명했다. 이번 경우에도 논리는 전적으로 옳았다. 선진국들은 달러가 그다지 필요하지 않게 되었으며 따라서 달러에 대한 수요는 감소했다.

1970년대 '오일 쇼크'가 대두되었을 때 사람들은 다양한 예측들을 했었다. 원유가가 상승하면 아랍 국가들이 보다 많은 달러를 갖게 되어 그들이 다시금 서방 선진국들로부터 물건들을 구매할 수 있게 될 것이며, 이는 경기에 유익한 것이라는 견해가 있었다. 또 다른 의견들도 나왔는데 그에 따르면 휘발유와 난방비에 대한 소비자의 부담이 크게 증가하여 다른 소비 지출을 제한하게 됨으로써 경제 발전에 심각한 위험을 초래할 것이라는 것이었다.

설명은 언제나 나중에 따라온다. 증권시장 또는 외환시장의 시세는 오르락내리락하며 움직인다. 그런 뒤에 수많은 참여자들, 즉 투자자, 투자 자문가, 그리고 분석가들은 서로 정반대의 주장들로 왜 그렇게 되어야만 했던가에 대해서 아주 그럴듯한 설명을 내놓는다. 시세가 먼저 뉴스를 만든다. 그리고 나서 뉴스가 퍼진다. 뉴스가 시세의 움직임을 만드는 것이 아니다.

'외부'로부터의 뉴스가 언제나 시세의 상승에 결정적인 역할을 하는 것은 아니다. 투자자들은 이에 대한 실제적이고 물질적인 원인을 찾지 못하여 자주 비관적으로 된다. 오스트리아의 망명자로 뉴욕에 살고 있는 나의 오랜 친구 그륀도 그러했다. 하루는 그의 동료가 그에게 물었다.

"자네는 미국 생활이 행복한가?"
그러자 그가 우울하게 대답했다.
"행복하긴 하지. 그러나 즐겁지는 않다네."

이러한 비관주의는 증권시장 참여자들의 공통적인 특징이다. 왜냐하면 그들은 깊이 사고하지 않고, 외부 사건들을 심사숙고하지 않으며 그저 빨리 대박을 터뜨리고 싶어하며, 투자에 참여하여 뭔가를 사거나 팔고 싶어하는 게임가, 즉 정력적인 인간들이기 때문이다.

이러한 게임가들이 증권시장에 많이 관여하면 할수록 증권시장의 분위기는 더욱 불안정해진다. 그 다음 요소는 게임가들의 행동양식 즉, 그들이 자신들의 보유자금 전부를 유가증권에 투자했는지 아니면 보유자금 이상을 투자했는지와 같은 문제이다. 게임가들이 지배하고 있는 증권시장에 정치적인 것 등 특정 사건이 발생하게 되면 이는 단순히 대중들이 투자자산을 날리는 것 이상으로 큰 영향을 주게 된다.

이런 일은 매우 자주 일어나는데, 증권시장의 주가지수가 올라가면 동시에 거래량이 늘어나는 경우가 그것이다. 이러한 상황에서 분석가들은 증권시장이 안정적이라고 말한다. 왜냐하면 거래량이 늘어난다는 것은 대중들이 증권시장에 관심을 갖는다는 증거이기 때문이다.

그러나 내 생각에 이것은 근본적으로 잘못된 것이다. 시세가 상승하는 증권시장에서 거래량이 늘어나면 늘어날수록 더욱더 많은 주식들이 '큰 손'에서 '작은 손'으로 가게 된다. 즉, 심리적으로 안정된 증권시장 참여자들로부터 심리적으로 흔들리는 증권시장 참여자에게로 옮겨가는 것이다. 그리하여 모든 주식들이 작은 손들 속에 머물러 있게 되면, 주가 폭락은 곧바로 눈앞에 닥쳐오게 된다.

대중의 심리적 반응의 강도는 단지 시장의 이러한 '기술적 심신 상태'에 달려 있다고 나는 확신한다. 그래서 나는 이 책의 첫 단원을 이것으로 시작하고자 한다.

아마도 많은 사람들이 경제학이나 심리학을 전공하지 않은 내가 여기서 '증권경제 심리학자'로 등장하는 것을 주제 넘은 짓이라고 생각할 것이다. 내가 경제학이나 심리학을 전공하지 않은 것은 사실이다. 그러나 나는 오랫동안 증권 인생의 정글 속에서 높은 수업료를 지불하면서 더 많은 것들을 배웠다. 그리고 무엇보다도 다행스러운 것은, 나는 항상 객관적 분석에 있어서는 선입견에 사로잡히지 않은 채로 남아 있다는 사실이다.

그러나 나는 심사숙고, 논리, 정확성에는 절대적인 가치를 둔다. 나는 투자를 계획할 때마다 나의 생각을 정리하는 데 있어서 결코 바보 같은 짓을 하지 않는다. 잘못된 악보를 가지고는 연주를 할 수 없다.

투자에 대해 '생각'하는 것을 모든 사람들이 나와 같이 평가하지는 않을 것이다. 내가 최근에 다름슈타트의 기술전문대에서 천여 명의 학생들을 모아놓고 강연을 했을 때, 연달아 이어진 토론이 끝날 때쯤 그들 중 하나가 다음과 같은 흥미롭고 재치 있는 질문을 했다.

"그렇게 많이 생각하고 사색을 해야만 한다면, 증권시장에 간다는 것이 도대체 무슨 의미가 있겠습니까?"

그는 아마도 성공적인 투자자가 되기 위해서는 정기적으로 증권 관련 차트들을 검토할 필요가 있다고 생각하고 있는 것 같았다.

교수들은 내 발표 내용이나 테마에 대해 자주 낄낄거리며 비웃는다. 그러면서도 한편으로는 내 말에 주목하며 귀를 기울인다. 내 세미나를 방문한 천여 명의 관심 있는 사람들과 내가 수많은 대학에서 강연했을 때 참석했던 학생들은 조용히 나의 말을 경청했다. 그러나 교수들은 대개 나를 무식한 거짓말쟁이로 몰아붙인다. 그러면 내가 거짓말쟁이 늙은이란 말인가? 아마도 대부분의 경제학 교수들은 객장에서 하루 24시간을 온전히 지낸 적이 한 번도 없을 것이다. 그러나 나는 70년이 넘도록 전 세계 70개의 증권시장을 돌아다니며 살아온 투자자이다.

나는 나를 학생들 앞에서 거짓말쟁이라고 비난했던 콘스탄츠 대학의 한 경제학자에게 결투를 신청했다. 우리 두 사람은 대중 앞에서 전문적인 논쟁을 벌이며, 누가 경제와 금융에 대해 더 많은 것을 알고 있으며 또한 이해하고 있는지 가름해 보아야 한다. 그러고 나서 우리는 서로를 인정해야 한다. 그러나 지금까지 그는 나의 요청에 대해 어떤 반응도 보이지 않고 있다.

그리하여 나는 이제 그 동안 내가 쌓은 경험들과 결론들을 한 권의 책에 담아 독자들 앞에 내놓기로 했다. 따라서 이 책은 학교 강의식의 엄숙함이 아닌, 커피숍 테이블에서 하는 강의 형태가 될 것이다. 여기에서는 이제까지 살아오면서 내가 만난 투자자, 게임가, 그리고 다른 백수들에 대한 기억들이 증권시장과 더불어 이야기될 것이다 (왜냐하면 증권시장은 내 인생이기 때문이다). 독자 여러분은 이 책을 통해 커다란 '심리 게임'인 증권시장을 들여다볼 수 있게 될 것이다.

두 번째 강의

돈의 매력

"돈이 모든 것은 아니다. 그러나 돈이 많은 것은 좋다."

조지 버나드 쇼가 옳은 말을 한 번 했다. 철학자들은 '돈에 대한 욕구가 윤리적으로 정당한 것인가?'라는 질문에 대해 언제나 격렬한 논쟁을 해왔다. 객관적 판정은 불가능하다. 그러나 한 가지 분명한 것은, 돈의 매력과 돈에 대한 열망은 경제의 진보를 위한 엔진이라는 것이다.

돈의 매력에 대해 정확히 분석하기란 어렵다. 왜 돈에 매혹되는가, 그리고 얼마만큼의 돈에 매혹되는가의 문제는 언제나 매혹당하는 사람의 성격에 달려 있기 때문이다.

"그는 어마어마한 백만장자야. 그는 10만 굴덴이나 가졌거든."

예전에 빈 사람들은 이렇게 말하곤 했다. 이 말은 오늘날에는 결코 패러독스가 아니다. 왜냐하면 백만장자가 꼭 실제로 '백만'을 가졌다는 것을 의미하지는 않기 때문이다. 백만장자는 '부호'라는 말처럼 단지 부유한 사람을 지칭하는 일반명사가 되었다.

내 친구 중에는 지갑에 100마르크를 넣고 다니면서도 자신이 백만장자인 양 만족해하는 친구가 있는가 하면, "돈은 바닷물과 같아서 마시면 마실수록 점점 목마르게 된다"고 말한 쇼펜하우어의 바닷물과 같은 친구도 있다. 대부분의 사람들은 다른 사람들의 돈에 특별한 관심을 갖는다. 이 사람은 얼마나 많은 돈을 가졌고, 또 저 사람은 얼마나 많은 돈을 가졌을까 하고 궁금해 한다. 그러다가 어느 엄청난 부자에 대한 말을 듣게 되면 그들은 버릇처럼 탄식을 한다.

'그는 어떻게 그토록 많은 돈을 가지게 되었을까?'

다른 사람이나 사물에 대한 사람들의 생각은 언제나 자신들의 가치를 맴돌기 마련이다.

어느 날 나는 설문조사를 실시하고 있는 어느 금융관계자로부터 전화를 받았다. 그녀의 질문은 이러했다.

"코스톨라니 씨, 당신은 정말 많은 경험을 가진 증권시장의 전문가입니다. 그런데도 당신이 백만장자가 아니라는 사실을 어떻게 설명하시겠습니까?"

순간 어안이 벙벙해진 나는 이렇게 대답했다.

"우선, 당신의 질문은 분별력이 없습니다. 그리고 두 번째로, 내가 백만장자가 아니라는 걸 당신이 어떻게 압니까? 내 은행구좌를 한번 보여드릴까요? 하지만 걱정 마세요. 당신에게 결코 돈 빌려 달라고는 하지 않을 테니까."

내가 한 친구에게 다른 친구의 건강과 일에 대해 물었을 때, "그래, 그는 매우 많은 돈을 갖고 있지"라는 대답을 얼마나 많이 들었던가. 많은 사람들은 다른 사람들이 예전에는 가졌지만 지금은 더 이상 갖고 있지 않은 돈을 동경한다. 또한 자신의 돈에 매혹되어 있는 사람들도 있다. 그들은 자신들의 돈을 애무하고 감탄하며 최면에 걸리기까지 한다. 한번은 시인인 친구가 나에게 말했다.

"만약 내가 돈을 많이 벌게 되면, 나는 그 돈을 몽땅 부자들에게 넘겨줄 거야. 왜냐하면 그들은 돈을 무척이나 사랑하니까."

그런가 하면 내가 아는 사람 중에는 은행 구좌의 예금액이 불어나는 것을 가장 큰 낙으로 여기는 사람이 있다. 그것이야말로 그에게 사는 재미를 안겨주는 유일한 오락이다.

어떤 부자는 아름다운 것들과 비싼 것들을 얼마든지 살 수 있지만 실제로는 그것들을 사지 않는다. 왜냐하면 그것들을 살 수 있다는 생각만으로도 그들은 충분히 만족하기 때문이다. 그들은 돈의 빛을 느낀다. 그것이 그들을 행복하게 만들며 그것만으로도 그들은 족하다.

내 친구 하나는, 마치 삶의 모든 즐거움이 수표책에 응축되어 있기라도 하는 양, 돈이라는 말을 할 때마다 지갑이 든 점퍼 위를 쓰다듬

곤 했다. 그는 자신의 이런 흉칙스런 버릇을 전혀 의식하지 못하고 있었다. 그래서 내가 한 번은 그에게 주의를 환기시켜 주었다. 그는 나의 충고를 매우 고맙게 받아들였으며, 그러고 나서는 그 못된 습관을 버렸다.

어떤 사람은 현금을 만질 때면 언제나 성적인 욕구를 느낀다고 내게 고백했다. 이와는 반대로 또 어떤 사람은 큰 손실을 입고 증권시장을 떠나야만 했던 바로 그 날 사창가로 갔다.

다행히도 자신들이 가지고 있는 돈 덕택에 진정 인생의 기쁨을 느끼기를 원하는 사람들도 있다. 그들은 식당의 메뉴판을 보는 것만으로 만족하지 않고 실제로 음식들을 실컷 맛보고자 한다.

많은 사람들에게는 돈, 권력, 그리고 신분 표시가 의미를 갖는다. 이것들은 친구, 사기꾼, 질투하는 사람, 그리고 비위를 맞추는 사람들을 곁에 머물게 하고 아첨꾼들을 기른다. 그들은 주위 사람들이 자신들의 돈에 매혹되어 있다는 것을 잘 알고 있기 때문에 그들 자신 또한 돈에 매혹되어 있다. 그들은 물질적 호화로움을 즐길 뿐만 아니라 돈의 힘, 즉 다른 사람들의 비굴함도 즐기고자 한다.

이전에 많은 돈을 가져봤던 사람들이 특히 돈에 더 매혹된다. 그들은 고통을 극복하기 위해 독한 마음을 품어야만 한다. 프랑스의 유명한 신사이자 귀족이었던 보니 드 카스텔란은 미국의 백만장자인 안나 골드의 남편이라는 신분을 상실한 날, 자신이 얼마나 참담했던가를 기록으로 남겨 두었다. 물론 그렇다고 해서 그가 하루아침에 가난뱅이가 된 것은 아니었다. 그러나 세계 곳곳을 돌아다니며 돈을 흥청망청 써댈 수 있는 시간은 지나가 버렸다. 그는 자신의 회고록에 이렇게 적고 있다.

"내가 몰락한 뒤에야 나는 나의 연약함을 알게 되었다."

　돈의 순수한 이론적 매력은 도박에서 찾을 수 있다. 만약 도박이 돈이 아니라 강낭콩을 걸고 이루어진다면, 결코 그만큼의 정신적 쾌감을 얻기는 힘들 것이다. 돈은 많은 사람들에게 비참함(예를 들어, 물리적 장애라든가 추한 외모 등)을 보상해주는 것일 수도 있다. 또한 돈은 사회적 야망을 가졌으나 자신들의 결정적인 신분상의 한계 때문에 어려움을 겪는 사람들을 위로해 준다. 그들에게 있어 돈은 가문을 대체할 수도 있다.

　유명한 사회부 기자인 엘사 맥스웰은 미국의 번영기에, 미국의 최상류 계층인 '메이플라워' 귀족들로부터 전혀 인정받지 못한 아일랜드 출신의 신진 백만장자들과 가난한 영국 귀족들과의 회합을 주선해 줌으로써 큰 성공을 거두었다. 이 신진 백만장자들은 백작, 공작들과 어울림으로써 갑자기 자신들이 고고한 미국의 귀족들과 동등해진 느낌을 가졌다. 또한 신진 백만장자들의 부는 가난한 영국의 귀족들을 매혹시켰다.

많은 사람들은 자신을 내보이기 위해 돈을 이용한다. 몇몇 사람들은 자신의 돈에 관한 소문을 내거나 이를 확대시키기 위해 주목할 만한 사건을 일으키기도 한다. 돈은 사람들에게 각기 다른 반응을 불러일으킨다.

사랑도 마찬가지이다. 돈은 여자들로 하여금 솔직한 사랑의 감정을 불러일으키게 만든다. 한 여자가 돈 많은 남자를 사랑한다고 치자. 그녀에게는 돈이 남자의 성공을 상징하는 것으로 보이며, 따라서 그 성공에 매료되는 것이다. 그리고 그녀는 진정으로 그를 사랑한다. 왜냐하면 그 남자도 호화품으로 그녀를 치장시켜줌으로써 그녀의 사랑에 보답하기 때문이다.

만약 한 여자가 돈에 매료되었다면, 그녀의 남편이나 남자친구는 매우 위험해질 수 있다. 성(城), 보석, 가죽, 자동차 등과 같은 최고의 사치품도 한계가 있다. 어느 일정한 시점에 이르게 되면 넌더리가 나게 된다. 그러나 여자가 반한 은행 구좌에는 한계가 없다. 이는 마치 다나이덴(그리스 신화에 나오는 아르고스의 왕 다나오스의 오십 명의 딸. 첫날밤에 각자의 남편을 죽인 죄로 지옥에서 밑 빠진 독에 물을 가득 채우는 벌을 받음)의 밑 빠진 독과 같다.

돈의 매력이 얼마나 사람의 생각을 왜곡시킬 수 있는가는 다음의 일화가 여실히 보여준다.

한 사람이 그의 친구에게 말했다.

"자네, 소식을 들었는가? 우리의 친구, 마이어가 죽었다네!"

그러자 그가 대답하기를 "참, 안됐네 그려. 마이어가 뭘 가지고 있었는데(무슨 병이었냐고 묻는 뜻)?"

"아마 200만 정도."

"그게 아니라 뭐가 부족했냐니까(무슨 병이었냐니까)?"

"아마 한 50만 정도."

"자네는 여전히 내 말을 이해하지 못하는군! 마이어가 뭣 때문에 죽었냐니까?"

"아, 그야 물론 모자라는 차액 때문이지!"

현금을 가져라

돈의 세계가 언제나 아름다운 것은 아니다. 돈은 방사능 물질이다. 돈은 인간을 타락시킬 수도 있고, 또한 인간의 추한 성질들을 밝은 곳으로 끌어낼 수도 있다.

오늘날 나는 돈과 관련해서 매우 중립적인 태도를 취하고자 한다. 그러나 항상 그렇게 되지는 않는다.

아버지는 내가 아주 어렸을 때, 투자를 배우게 하기 위해 나를 파리로 유학 보내셨다. 나는 부모님 덕분에 가난하고 몰락한 고향 부다페스트를 떠나 파리에서 생활할 수 있게 되었으며, 돈도 적당히 가지고 있었다.

나는 파리에 도착하자마자 가장 먼저 당시 세계의 중심지였던 파리 시내 한복판으로 나갔다. 도시는 환상적이었으며 거대한 달의 공원이었다. 어느 곳이나 물건들과 사치품들로 가득 채워져 있었다. 이러한 사치스러움과 삶에 대한 즐거움은 파리의 어느 곳에서나 느낄 수 있었다.

파리…
내가 사랑하는 건 이 두 가지
내 고향과 파리

바나나 모양의 값비싼 목걸이를 흔들며 노래 부르는 서인도 제도의 매력적인 딸, 조셉핀 베거의 이 노래가 내 신념을 확고히 했다. 내게 있어 파리는 사치품과 즐거움, 그리고 화려한 삶을 의미했다.

사람들은 이 도시 안에서 모든 것을 가질 수 있었다. 다만 이를 위해서는 단 한 가지가 필요했다. 만일 사람들이 파라다이스로 통하는 문의 열쇠(돈)를 갖지 못하면, 파라다이스를 지척에 두고도 그곳에 도달하지 못한 채 주변을 맴돌아야 한다는 사실을 나는 그때 깨달았다.

그리하여 내 결심은 확고해졌다.

'돈을 벌자. 그것도 아주 많은 돈을!'

그 당시에는 건강을 지키기 위해서라도 돈은 지금보다 훨씬 더 중요했으며, 살아가는 데 없어서는 안 될 불가피한 항목이었다. 나는 돈을 숭배하기 시작했으며, 따라서 돈을 늘리는 것을 내 인생의 유일한 목표로 삼기 시작했다. 이렇게 되자 내 삶의 모든 가치와 입장이 변하게 되었다. 돈 이외의 것들은 모두가 하찮게 보였다. 왜냐하면 그 어떠한 것이라도 나에게는 아무 가치가 없어 보였기 때문이었다. 그리고 나는 언제 어디서나 돈을 벌 수 있었다.

내가 처음으로 증권시장에 갔을 때, 매우 점잖고 나이든 신사가 나에게 말을 걸어 왔다.

"젊은이, 여기서 뭘 하는가? 나는 자네를 처음 보는 것 같은데…."
(대부분의 증권시장 방문객들은 그저 쳐다봄으로써 서로를 알게 된다.)

"저는 알렉산더 회사의 수습 사원입니다."

"아, 그래?"

그리고 그 신사는 말을 이었다.

"자네 회사 사장은 나와 가까운 친구라네. 그러니 내가 자네에게 증권시장에 대해 짧고 간결하게 설명해 주지. 사람들이 여기서 하는 말이나 충고 따위는 아무 쓸모가 없다네. 모든 것이 오직 이 한 가지 사실에 달려 있지. 주식시장에 주식보다 바보들(증권시장 참여자들)이 많은가, 아니면 바보들보다 주식이 많은가."

나는 이 격언을 지금까지도 명심하고 있으며, 나의 모든 증권시장의 철학은 그 바탕 위에 세워졌다. 즉, '공급과 수요'의 법칙 말이다.

증권시장에서의 초창기 시절은 특히 나를 흥분시켰다. 그것은 마치 커다란 카지노와 같았다. 돈은 공중에 걸려 있었다. 이것을 느끼고 붙잡기 위해서는 안테나가 필요했다. 그런데 내 사부인 그 신사의 말을 빌리자면 그건 그리 어려운 일이 아니었다. 호화 별장에서 수영을 하면서 충분히 심사숙고하기만 하면 된다는 것이었다.

"그리고 월말에 거두어들이러 가기만 하면 된다네."

신사는 이렇게 말하고는 내 어깨를 두드리면서 큰소리로 웃었다.

나는 그의 말을 이해했다. 솔직히 말해서, 객장에는 수백 명의 사람들이 혼돈 속에서 '그 무엇'을 손에 넣으려고 애쓰고 있지만, 정작 '그 무엇'은 그리 많지 않다. 내가 아직 알지 못하는 유가증권(뿐만 아니라 오래된 러시아 주식들도 많았다)의 낯선 이름들이 반귀머거리가 된 내 귓가를 맴돌고 있었다. 어려 보이는 소년들이 이 쪽 저 쪽으로 분주히 돌아다녔다. 그들은 고객의 주문이 적혀 있는 작은 주문서들을 손에 쥐고 건물의 여러 칸막이 사이에서 어지러운 폴카 춤을 추었으며, 서로 부딪히기도 하면서 뛰어다녔다.

중앙의 '링'에는 한여름인데도 겨울 분위기가 나는 검은 양복을 입은 70명의 신사들이 있었다. 그들은 증권 거래인들로 자신들을 대중들로부터 구분해 주는 난간에 팔꿈치를 받친 채로 서 있었다.

객장의 지옥 같은 소음 속에서 그들도 다른 사람들처럼 "내가 줄게, 내가 받을게"라고 소리를 질러댔다. 마치 온 세상이 이러한 혼란스런 풍경 속에 있는 것처럼 보였다.

첫 번째 결과를 전달하기 위해 몇몇 거래인들은 전화 부스로 달려가고, 다른 사람들은 입가에 손을 대고 뭔가 중요한 말을 하는 것처럼 보이기 위해 과장한 채로 속삭였다. 그리고 또 다른 사람들은 까만 표지의 아주 작은 메모장에 열심히 숫자들을 적어댔다.

그러나 나는 이러한 분위기에 젖어들 수 없었다. 시간이 흐르면 흐를수록 나는 이 새로운 세계의 허풍스러운 분위기가 싫어졌다. 이곳 사람들은 누구나 자신만이 최고의 정보를 알고 있다고 주장했다. 그들은 증권 시세가 아무리 나빠도 이윤을 낼 수 있으며, 고객들에게 언제나 정확한 투자 조언을 할 수 있고, 확실한 예측을 할 수 있다며 뽐내고 있었다. 여기에서 난무하는 허풍들을 액면 그대로 받아들인다면, 이곳에는 마치 천재 또는 예언가들만 일하는 것으로 착각할 정도였다. 그들은 또 자신들의 경험담이나 성공담을 자랑스럽게 떠벌리곤 했는데, 그럴 때면 항상 "내가 이미 말했잖아"라는 말로 시작했다.

나이가 어리고 경험이 부족했음에도 불구하고 나는 이곳이 1평방미터 당 허풍쟁이들과 바보들의 밀도가 세상에서 가장 높은 곳이라는 것을 바로 깨달을 수 있었다. 그리고 나는 지금까지도 그렇게 생각하고 있다. 물론 이러한 모습의 증권시장은 오늘날엔 더 이상 존재하지 않는다. 지금은 모든 주식 거래가 객장의 통신 부서를 통해 이루어진다. 런던에서도 파리에서도 중개인들은 컴퓨터 앞에 앉아, 매도하거나 매입할 주식의 수량과 가격을 키보드에 대고 부지런히 두들겨 댄다. 또한 그들은 주식 거래를 위해 서로의 의견을 주고받는다.

물론 오늘날과 같은 대규모의 국제적인 증권시장은 아니었지만, 나는 이미 60년 전에 현재의 증권시장처럼 일하는 시스템을 스톡홀름에서 볼 수 있었다. 강의실의 학생들처럼 중개인들은 각자 마련된 공간에 앉아서, 중앙에 앉아 있는 관리인이 거래할 종목을 부르면 매도 또는 매입할 주식의 수량과 가격을 키보드에 입력했다. 그러면 계산기는 공급과 수요에 따라 시세를 확정하고, 그렇게 해서 거래가 결정되었다.

이처럼 나는 확실한 자본주의자들 틈에서 점차적으로 성장해 갔다. 그곳의 사람에게는 음악, 그림, 예술뿐만 아니라 좋은 음식까지도 전혀 중요하지 않았다. 그들의 유일한 관심사는 '보잘것없는' 재물이었다. 말하자면 나는 파리에서 돈을 숭배하는 새로운 직업을 얻은 것이다.

나는 이미 스스로 똑똑하다고 느꼈기 때문에 곧장 돈이 어느 것보다, 심지어 사람보다 중요하다고 여기는 모든 사람들이 하는 짓을 그대로 따라했다. 나는 증권시장에서 증권시세가 떨어졌을 때 투자하는, 이른바 약세장 투자를 시작했다. 거기에는 나의 지적 오만 즉, 우월감도 당연히 개입되어 있었다. 이곳의 허풍쟁이들과 바보들에 대한 내 생각은 부정적이어서 나는 그들과 반대로만 실행했다. 즉, 그들 대부분은 주가가 올라갔을 때 시장에 개입을 했지만 나는 주가가 하락했을 때 시장에 개입했던 것이다.

우연히도 나는 이를 통해 성공을 거두었다. 시장이 추락하는 주식 시세와 함께 침체, 즉 커다란 위기를 겪고 있었기 때문이다. 주가는 하락하고 또 하락했다. 나는 매일 결산을 하면서 이윤을 확인했다. 나는 주식 시세가 떨어졌을 때 계속해서 투자를 했기 때문에 내 이윤은 하루가 다르게 불어났다.

나는 이를 '우연히'라고 말했다. 왜냐하면 나는 결코 근본적인 이유로 인해 약세장 투자자가 된 것은 아니었기 때문이다. 내가 시장에 개입했던 동기들은 단순하고 개인적이며 심리적인 것이었다. 그 당시 나는 결코 물질적인 논리를 알지 못했다. 또한 경제에 대해 비관론적이지도 않았다. 단지 어떠한 희생을 치르더라도 오직 한 가지, 돈을 벌기를 원했었다.

약세장 투자가 윤리적으로 비난받을 만한 측면이 있다는 걸 1932년 그 유명한 이바. 크뤼거 은행이 파산했을 때 나는 비로소 알았다. 만약 어떤 사람이 주식 거래에서 손해를 보았다면 반드시 다른 사람이 그로 인해 이익을 얻을 수 있다는 사실을 그때 나는 깨달은 것이다. 그리고 그로부터 새로운 '나의 윤리'를 얻었다.

내가 만약 약세장 투자로 성공한다면 나 개인적으로는 즐거운 일이지만 그로 인해 다른 많은 사람들이 불행해질 것이다. 그리고 주식 투자로 패가망신한 사람들의 생계와 잃어버린 일자리를 생각한다면, 내가 우아한 레스토랑에 가고 샴페인과 캐비어를 주문한들 그것들이 다 무슨 소용이 있겠는가. 다른 모든 사람이 울고 있을 때 나 혼자 웃는다는 것은 결코 좋은 일이 아니다.

그 때 나는 앞으로는 주가가 올라갈 때 투자를 하고 이윤을 내지, 주가가 폭락할 때는 절대로 투자하지 않겠노라고 결심했다. 그럼에도 불구하고 나의 모든 결정은 다른 사람들보다 더 많은 이윤을 냈다. 그 당시 세계 경제는 최악의 침체상태에 도달해 있었으며, 그때부터 다시금 천천히, 그러나 꾸준히 회복되고 있다는 사실이 내가 약세장 투자자에서 강세장 투자자로 돌아서는 길을 쉽게 만들어 주었다. 그리하여 나는 시세가 좋아졌을 때 돈을 벌 수 있는 행복한 입장이 되었다. 물론 이번에는 나 혼자만이 아니라 다른 수천 명의 사람들과 함께였다. 나는 이처럼 일반적인 행복과 즐거운 분위기 속에서 성공을 거둘 수 있다는 사실이 더욱 마음에 들었다.

'국가의 적' 코스톨라니

바람직한 투자자라면 언제나 자유로워야 하며 대중 심리적 분위기에 감염되어서는 안 된다. 그리고 대중을 조금이라도 경멸해서는 안 된다.

이것은 분명히 옳은 말이다. 그런데 이렇게 말하는 나조차도 가끔은 나 자신을 억제할 수 없으며, 역설적이게도 이웃 사람들을 경멸적으로 대한다는 것을 알고 있다. 그러나 이는 내 젊은 시절의 불손함에 비하면 아무것도 아니다. 젊은 시절 나는 나의 불손함 때문에 아주 중대한 어려움을 겪은 적이 있다.

1930년 가을, 바로 앞에서 언급했던 커다란 위기가 시작되었고, 그때 증권시장 역사상 최악의 붕괴 중 하나인 오스트릭 폭락이 파리 증시를 뒤덮었다.

알베르토 오스트릭이 당시 금융가의 황제라는 것은 재론할 여지가 없는 사실이었다. 그는 프랑스 증권시장의 큰손이었고, 곳곳에 그의 손이 미치지 않는 곳이 없을 정도로 크게 성공한 금융 자본가였다. 증권가나 사교모임에서 사람들의 화제거리는 단연 푸조 자동차, 리놀륨, 구두에서 볼리비아의 은광, 그리고 이탈리아산 인조견에 이르기까지 수많은 사업부문에 걸친 그의 성공담들이었다. 말하자면 그의 기업들은 현대적인 문어발식 재벌의 한 전형이었다.

오스트릭은 '노하우'를 가지고 있었으며, 그것을 실행했다. 그는 자신의 여러 사업들을 위해 증권시장의 은어로 '훌프라'라고 불리는 두 개의 금융회사, 즉 '프랑스 지주회사'와 '프랑스 산업발전을 위한 주식회사'를 설립했다. 이 두 회사의 주식은 그가 주가를 조작할 때, 소위 목적을 위한 수단 역할을 했다.

그는 신용으로 많은 주식을 매입함으로써 인위적으로 주가를 끌어올려 시장을 교란시켰다. 그가 인위적으로 끌어올린 주가를 투자자들은 정당한 것으로 받아들였고 그는 다시 수많은 투자자들에게 주가 하락을 예견하여 공매도를 하도록 부추겼다. 나도 그렇게 했다.

증권시장에서 실행한 오스트릭의 모든 술책은 다음과 같은 아이디어에서 나왔다. 가능한 한 많은 소액투자자들(나 같은 사람들)이 주가 하락을 예상하고 자신들이 보유한 주식을 공매도 하도록 하여 최종일에는 더 이상 공매도 물량이 나오지 않도록 하는 것이다. 물론 그 동안 공매도로 나온 모든 주식은 그가 사들였다. 그러고 나서 오스트릭은 주가를 마음대로 조정했다. 지금까지 주가 하락을 예상하고 공매도를 했던 수많은 사람들은 자신들이 공매도 했던 주식을 오스트릭이 올린 가격에 다시 사야만 했다.

그런데 이러한 술책이 통하려면 현실적으로 무한정 많은 금융자산을 가지고 있는 금융자본가여야 한다는 전제조건이 필요하다. 그러나 오스트릭이 가지고 있던 대부분의 자본은 은행 대출이나 주식 중개인들에게서 나온 것들이었다. 즉, 오늘 없어질지 내일 없어질지 모르는 불확실한 것들이었다. 최소한의 대출 제한만으로도 오스트릭의 공중누각을 붕괴시킬 수 있었다. 그리고 그러한 일이 실제로 일어났다.

당시 나는 정말이지 아주 골수파 약세장 투자자였다. 그 후로는 이런 사기꾼 자본가에게 특별한 원한을 갖게 되었지만 말이다. 나는 오스트릭의 투기가 파국을 맞이하는 것을 두 눈으로 확인했다. 내가 170~180프랑에 공매도 했던 홀프라의 주가는 바닥으로 곤두박질쳤으며, 증권시장에서 더 이상 거래될 수 없었다. 매일 밤 나는 잠을 잘 수가 없었다. 그것은 걱정 때문이 아니었다. 나는 돈을 그야말로 '퍼담을' 기회가 왔다는 것을 알았다.

오스트릭의 회사들은 파산했으며, 그들의 주식 거래와 주가 기록은 삭제되었다. 나는 그 주식을 바닥으로 떨어진 시장에서 3프랑에 되살 수 있었다. 백분율로 볼 때 주식투자자들에게 있어서 그렇게 높은 이윤을 내는 것은 매우 드문 일이었다.

폭락은 오스트릭 외에도 약 15개의 증권회사들을 문 닫게 만들었다. 뿐만 아니라 브로커와 수많은 중개인들, 모든 종류의 채권자, 고객, 고객의 친구, 얌전한 사업가들, 그리고 매우 평판이 좋았던 두 개의 오래된 은행도 함께 파산시켰다. 그 중 하나는 1776년에 설립된 프랑스은행보다 더 오래된 볼로냐의 어업은행이었는데, 그 결과 원양 어업이 14일 동안이나 중단되었다.

그뿐만이 아니었다. 그 사건의 연쇄반응은 영국 화폐에도 해를 끼쳤다. 파운드화는 여러 금융시장에서 몇 포인트나 떨어졌다. 왜냐하면 불안해진 프랑스 금융기관들이 고객의 출금사태에 대비하기 위해 파운드화를 대량으로 매도했기 때문이었다.

그러나 나는 개가를 올렸다. 나는 황홀경 속에 빠져 있는 것 같았다. 그리하여 나는 거만해졌고, 더 나아가 불손해지기까지 했다. 그 당시 나는 침체된 증권시장의 분위기를 조롱이라도 하듯 검은 양복에 까만 넥타이를 맨 상복 차림으로 다니곤 했다. 알베르토 오스트릭 때문에 전 세계가 화염에 휩싸였지만, 이와는 반대로 나는 계속되는 투자 이윤에다 오스트릭의 붕괴에 대한 내기 게임에서 더욱 더 많은 돈을 챙길 수 있었다.

당시 나는 증권시장 바로 옆에 있는 단골 레스토랑에 전용 테이블을 마련해 놓고 모든 일을 관리하게 되었다. 그곳으로 내 친구들과 당시 파리에서 '에이전트 드 체인지'라고 불리던 중개회사의 동료들이 찾아왔다. 그들은 끊임없이 주식시세를 나에게 알려 주었으며, 나로부터 주문서를 가져갔다. 다른 외국인들처럼 나도 처음에는 증권시장을 드나드는 데 출입증을 부착하지 않아도 되었을 뿐 아니라 어떠한 규제도 받지 않았다. 그러나 어느 날 갑자기 프랑스인이 아닌 우리에게 증권시장 출입이 거부되었다. 공식적으로는 외국인들이 국가 연금에 대한 투기를 통해 프랑스를 폐허로 만들고자 한다는 의혹 때문이었다.

그리고 이러한 프랑스 정부의 정책은 '이스라엘'이라는 이름의 한 키 작은 유대인에게는 이로운 것이었다. 그는 자주 내 옆 테이블에 앉아 내가 살아온 투자 인생에 대한 얘기를 엿듣고는 질투심을 가지고 따라했다. 그는 내가 올리는 개가의 노래들을 엿들었으며, 다른 사람들이 나에 대해 경탄하는 말을 들었다. 그러다가 그는 나를 고발했다 (그가 고발했다는 것을 나는 한참 후에야 알게 되었다). 고발장에 의하면 내가 프랑스 연금 주식과 국가 채무, 그리고 프랑화에 대해 투기를 했다는 것이었다.

어느 날 나는 두 친구와 함께 레스토랑에서 나오다가 체포되었다. 증권시장 옆 경찰서에서 오랜 신문이 이루어졌다. 나는 지문을 채취 당했으며 중범죄인과 같이 다루어졌다. 다음날 외사과 소속 경찰이 몽코공원 옆 로츠쉴드 궁전 건너편에 있는 내 사무실을 수색했다. 이어서 나의 서신과 모든 증권시장 통지서에 대해 참을 수 없을 정도의 통제가 시작되었다. 저녁에 나는 라디오에서 국가 채무에 대해 투기를 한 혐의로 헝가리인 앙드레 코스톨라니라는 사람에 대해 가택수색을 했다는 방송을 들었다. 이것은 엄연한 국가적 사건이었다.

2주일 뒤에 나는 재소환되었으며, 그 자리에서 "코스톨라니 씨는

48시간 이내에 프랑스를 떠나야 한다"는, 파리 경찰서장이 서명한 판결문을 경찰관 한 명이 나에게 낭독해 주었다. 나는 사랑하는 파리를 떠나야 한다는 사실이 가슴 아팠다. 그리고 오스트릭 폭락에 투기를 했었지만, 프랑스 연금에는 결코 개입하지 않은 순수한 진실을 밝힐 수 없다는 것 때문에 더욱 마음이 무거웠다. 더욱이 이는 기술적으로는 사실상 해명이 불가능했다.

나의 절친한 친구이며 당시 중개인으로서 나와 친교를 맺고 있던 에이전트 드 체인지회사 사장인 아드리안 페르켈은 나를 위해 고위층에 협조를 구하자는 아이디어를 냈다. 그의 아버지 친구이며 진보적 성향의 보수주의자인 그 지역 출신의 전 법무부장관 아나톨 드 몬치에게 부탁을 하자는 것이었다. 1920년대 드 몬치는 명망 있는 사람이었으며, 헝가리인들에게는 특히 연민을 느꼈던, 겉으로 보기에는 개화된 사람이었다. 그는 전직 국회의원으로 장관도 여러 번 지냈다. 그가 세상에 더 잘 알려지게 된 것은 1926년 에리오 정부의 재무부 장관으로 재직할 당시 의회에서 연설을 할 때 "신사 여러분 ! 나라의 금고가 텅 비어 버렸습니다"라는 유명한 말을 하면서부터였다.

곧바로 나는 아나톨 드 몬치의 사무실로 찾아갔다. 그리고 그에게 내가 처해 있는 고통스런 처지를 설명했으며 나의 결백을 맹세했다. 그는 서류를 검토해 보겠다고 약속했다.

다음날 아침 나는 프랑스를 떠나 벨기에로 가기 위해 서둘러 짐을

꾸리고 있었다. 그때 그의 여비서로부터 한 통의 전화를 받았다.

"떠나지 마십시오. 드 몬치 씨가 14일간의 연기를 얻어냈으며, 그가 당신 일을 잘 해결할 것입니다."

법무부 장관은 나에 대한 고발 건이 근거 없다는 것을 납득했다. 그러나 모든 공공기관이 하부의 결정을 중지시킨다는 것이 쉬운 일은 아니었다. 더군다나 파리 경찰청뿐 아니라 히틀러와 협력관계를 맺고 있는 프랑스 파시스트들까지도 상대하여 해명해야 한다는 것이, 그에게는 미묘한 문제였다. 그리하여 나는 제대로 된 체류허가서도 없이, 계속해서 연기해야만 하는 누더기 종이 조각을 가지고 1년을 파리에서 버텼다.

그러고 나서 나는 완전히 명예회복이 되었다. 그 기분 나쁜 서류는 폐기시켜 버렸다. 뿐만 아니라 나는 증권시장 출입증도 갖게 되었다. 나는 이 출입증을 지나친 교만의 위험성에 대한 경고 표시로 아직까지도 간직하고 있다.

어느 역사에서나 배울 것이 있듯이, 이 경우에도 마찬가지이다. 전쟁이 끝난 뒤에 나는 그 동안 피난 갔던 미국을 떠나 파리로 돌아왔다. 이전에 '국가의 적'이었던 나는 이때 드골 장군의 추천으로 프랑스의 도뇌르 훈장을 받은 기사가 되었다.

내가 다시 파리의 증권시장에서 활동한 지 얼마 지나지 않은 어느 날 나는 나를 밀고했던 이스라엘을 만났다. 그의 시선은 내 옷에 달린 도뇌르 훈장의 빨간 띠에 못 박힌 듯 고정되어 있었다. 그는 지나친 애국심에 빠져, 히틀러 때문에 독일 또는 중부 유럽 국가에서 도망쳐 나온 모든 유대인들에 대해 유대인이면서도 유대인 배척주의를 자행한 프랑스 유대인 중 하나였던 것이다.

내가 다시 파리에 거주하며 증권시장에서 매우 유명한 전문가로 불리는 것이 분명히 그를 애타게 했다. 더군다나 그는 나로부터 조언을 얻는 것을 포기할 수 없었을 것이다.

"지금 주식을 팔아야 할지 말아야 할지 말씀해 주세요."

"당신이 알다시피 나는 낙관론자입니다. 그냥 주식을 보유하고 계십시오!"

나는 간단하게 대답하며 그를 그 자리에 머물게 했다.

여담이지만, 나는 지난해에 감상적인 기분에 휩싸여 나에게 큰 고통과 성공을 동시에 경험하게 했던 '홀프라' 주식을 어느 정도 매입했다. 오래된 것이었으며 아마도 한 주당 가격은 10페니히(약 50원) 정도였던 것 같다. 그런데 그 후 기록적인 유가증권의 폭등으로 인해 그동안 내가 원해서 보유했던 추억의 증권들 중 몇 종류는 200마르크(약 10만 원)를 호가했다. 이것이 바로 나의 자기만족이다.

자기만족의 특정한 변화를 나는 지금까지도 실행하고 있다. 내가 투자한 종목의 시세가 불리하게 전개될 때에, 나는 결코 동요하지 않으며 그 주식에 대한 어떠한 정보도 들으려 하지 않는다.

확실한 것은 외교, 조세 및 금융정책, 세계에서 일어나든 무역관련 뉴스와 현상들을 나는 자세하게 관찰한다는 것이다. 이들에 대한 모험적인 분석이 내 전공이다. 그러나 주식 시세가 항상 논리적인 것은 아니며, 주변의 현상을 언제나 그대로 반영하는 것은 아니다. 증권시장의 반응은 일시적으로는 자주 예측할 수 없으며, 대부분 일정한 시간이 지나서야 내가 기대했던 것과 같이 발전된다.

물론 나는 주식 투자에 있어선 영원한 낙관론자이다. "모르는 게 약이다." 그렇기 때문에 그들은 음악적으로 잘 훈련된 내 귀에 불협화음을 울려 대지만 나는 전혀 듣고자 하지 않는다.

증권시장의 추세가 나에게 불리하게 전개될 때에는, 일부러 자기 최면을 걸고 확신을 갖고 기다린다. 이는 내가 시세에 비관적인 때가 없었다는 의미가 아니라 단지 그 해악에 대해 일찍 터득했을 뿐이라는 말이다.

몇 년 전에 나는 파리 증권시장에 매우 크게 관여하게 되었다. 상승 또는 하락으로의 아주 작은 이동은 그대로 나의 이익 또는 손실을 의미했다. 십 몇 년 동안 나를 위해 일한 나이든 비서는 나의 실수와 단점을 아주 정확히 알고 있다. 그는 나의 관심을 대변하기 위해 매일 증권시장에 갔다. 내가 앞에서 자주 언급했듯이, 투자자라는 고상한 직업의 가치를 인정하는 진정한 투자자는 개인적으로 증권시장에 나타나서는 절대 안 된다. 비서는 훈련이 아주 잘 되어 있었다. 증권시장이 약세일 때 그는 내 낮잠을 방해하지 않았으며, 침울한 증권시장의 분위기를 어떠한 말로도 언급해서는 안 된다는 것을 그는 정확히 알고 있었다.

　오랫동안 나는 파리 증권시장을 경멸을 가지고 대했으며, 오늘날에도 여전히 월스트리트에 대해 동일한 전략을 실행하고 있다. 그곳에는 내가 가끔씩 관계를 맺고 있는 증권 중개인 조합이나 회사가 적어도 열 개는 된다. 그러나 나에게 나쁜 시세를 알리는 것은 그들 모두에게 엄격하게 금지되어 있다. 나에게 부정적인 시세를 알리고자 시도하는 브로커는 나로부터 더 이상의 주문서를 받을 수 없게 된다. 나에게 잔인한 시세 폭락을 전달한 사람에게는 고통을 준다. 그는 내가 살아 있는 동안 고객으로서 나를 잃게 된다. 그리고 만약 내가 음악을 즐기고 있을 때 이러한 사고가 발생하게 된다면 나는 살인적인 증오심을 갖게 된다.

돈과 이자에 대해선 더 이상 말하지 말라

　이렇게 피가 튀기는 현장에서 오랫동안 투자자로 살아오면서 나는 "돈에는 냄새가 나지 않는다."는 사실을 이미 오래 전에 알았다. 그러면서도 내가 아주 민감한 후각을 가지고 있기 때문에 어쩌면 남들과 다를 수도 있지 않을까라는 생각이 오랫동안 나를 따라다녔다.

젊어서부터 세계 여러 증권시장에서 쉽게 돈 버는 법을 배운 나는 어느 날 갑자기 빚진 듯한 감정을 갖게 되었다. 나는 가끔 지식인, 교수, 또는 의사가 일 년 내내 이어지는 긴장과 연구의 대가로 받는 연봉의 액수가 증권인들의 일순간의 착각이나 실수로 날아갈 수도 있다는 것을 생각하면 양심의 가책을 받는다.

제2차 세계대전 초에 나는 파리에 있었는데, 전쟁 중인 국가에 사는 중립적인 입장의 외국인으로서 내가 그 순간을 어떻게 피부로 느꼈던가를 아직도 정확히 기억하고 있다. 내가 마지노선 대신에 팔걸이 의자에 조용히 앉아서 증권시장의 종목들을 주시하고 있는 동안에 내 또래의 사람들은 모두 군대에 징집되었으며, 내 친구들 또한 병영에 머물렀다. 비록 대부분의 증권인들이 군복을 입고 있었지만, 증권시장은 여전히 오랫동안 상승세를 보였다. 오스트릭에 대한 개가에 뒤이어 안 좋은 일을 경험한 후, 나는 동료들의 기분을 다치지 않게 하려고 온갖 노력을 다했다. 그리하여 나는 부의 상징으로서 남들을 자극시킬 수 있는 하바나 시가를 대중적인 파이프로 바꾸었으며, 가능하면 사치스러운 향락을 포기하였고, 또한 남의 이목을 의식하여 고급 레스토랑에서는 겸손하게 구석진 자리를 잡았다.

이처럼 나는 그 사이 성숙해진 인격으로 빚을 갚을 수 있었다. 그런데 이제 증권시장이 인간들을 자극했다. 나도 언제나 그림, 좋은 음식, 음악 등에 대해서 이야기를 하고 싶었지만, 사람들은 나와 오로지 돈에 대해서만 이야기를 하고자 했으며, 나를 단지 '증권시장의 그 사람'으로 대하려고 했다.

부다페스트에서 온 나의 가장 친한 친구 중 하나인 야노스가 한번은 내 손님으로 프랑스 리비에라에 왔었다. 그는 예술뿐만 아니라 특히 프랑스 문학에 조예가 깊은 사람이었다. 그를 즐겁게 해주기 위해서 나는 다른 한 친구와 저명한 프랑스 작가, 콩쿠르상 수상자, 예술 비평가, 그리고 미국문학 교수 등 이웃들을 식사에 초대했다. 야노스는 열광했으며, 그는 하루 종일 이런저런 문학적 테마를 준비했다. 그러나 유감스럽게도 초대된 손님들은 최소한의 예의도 없이 오직 전자공학 및 원유가, 금의 가격, 그리고 화폐시장 등에 대한 나의 생각을 물음으로써 그 소중한 시간을 완전히 망쳐 버렸다.

그렇기 때문에 손님을 후대하고자 하는 모든 사람에게 이렇게 경고한다.

"만약 여러분들이 작가, 예술가, 또는 문필가들을 초대하고자 한다면, 절대로 나를 초대하지 마십시오! 내가 참석하는 것만으로도 모든 분위기를 망칠 수 있습니다."

나는 어느 TV 쇼에서 "당신은 돈의 매혹이 어디에 있다고 생각하나요?"라는 짧은 질문을 받았다. 나는 결코 더 이상 돈에 매혹되어 있지 않다고 대답을 해야만 했다. 요즈음은 밴 존슨과 스테판 즈바이그의 유명한 연극 〈발폰(Volpone)〉의 마지막 독백이 내 마음에 든다.

구두쇠 발폰이 베네딕트로부터 국외로 추방된 후에, 영리한 그리고 즐겁게 사는 모스카가 모든 보물과 함께 발폰의 집을 상속받았다. 그는 어마어마한 집의 규모에 매우 놀랐으며 이렇게 말했다. "창문을 열어라, 문을 열어라! 공기와 빛과 사람들을 들어오게 하라! 그러나 아직도 불안의 냄새가 난다. 탐욕, 물욕과 악한 이야기의 냄새가 풍긴다. 더 이상 돈이란 말을 절대로 쓰지 마라! 우리는 이제 즐기기만 하자. 발폰의 음식을 먹고, 와인을 마시며, 멍텅구리와 돈에 미친 사람들을 마음껏 비웃자! 더 즐겁게 즐기자 ! 마음껏 즐기자! 음악을 ! 음악을 !"

물론 인간은 독립과 자유를 위해, 그리고 어느 정도 나이가 들어서는 편안함을 위해 돈을 필요로 한다. 유감스럽게도 머리가 그리 좋지 않은 나의 오랜 친구 에르스트 멘저가 매우 진실한 말을 했다.

"젊은이들이 돈을 가졌다면 돈은 그들에게 어떠한 역할을 할까? 나이든 사람들에게 재산을 갖는다는 것은 커다란 만족과 안전을 의미하는 데 말이지."

나는 별로 낭비를 하지 않는다. 나는 내가 필요한 모든 것을 다 가졌다. 나는 50년 전 카푸치네 블르바르의 '시모어'에서 한꺼번에 24 켤레를 샀던 양말을 아직도 신고 있다. 왜냐하면 품질만큼은 그 어떤 제품보다도 낫기 때문이다.

나를 위해 투자한 유일한 사치품은 수집품, 애호품, 그 중에서도 특히 귀중한 서적들이다. 1688년 암스테르담에서 출간된 증권시장에 대한 첫 번째 서적인 『혼돈 속의 혼돈』이란 책 한 권이 얼마 전 영국의 소더비 경매장에 경매물건으로 나왔는데, 그것은 내가 25년 전부터 찾고 있었던 책이었다. 카탈로그에는 최고 입찰금액이 2,000파운드로 되어 있었다. 나는 평가사의 조언을 바탕으로 그 책을 확실히 소유하기 위해 5,000파운드로 경매에 참여했다. 그러나 결국 이 책은 그보다 네 배나 비싼 가격을 부른 한 일본인 손으로 넘어갔다. 그 뒤 얼마 지나지 않아 두 번째 책이 뮌헨의 어느 골동품상에 나타났다. 나는 밤새 생각을 한 끝에 골동품상에서 요구하는 가격인 30,000마르크에 매입하기로 했다. 이는 런던 경매시장에서 제시한 가격의 두 배였다. 그러나 나는 다시금 뜻을 이루지 못했다. 내가 이처럼 작은 책 한 권에 그렇게 많은 돈을 투자하는 것에 대해 많은 사람들은 일종의 낭비라고 생각할 수도 있을 것이다.

또한 순수한 수집가들에게 있어 서적, 그림, 또는 우표들은 단지 이론적으로만 투자자산의 의미를 갖는다. 왜냐하면 수집가는 결코 자신의 귀중한 재산과 분리될 수 없기 때문이다. 그럼에도 불구하고 수

집은 특히 상속을 위한 최고의 투자임에는 틀림없다.

채무자와 거지

돈과 친해지는 것에 대해서는 오해가 무성하다. 예로부터 여자들은 결코 돈과 사귈 수 없다고 말해 왔다. 나는 살림을 뛰어나게 잘하고 가계부를 정리하는 많은 여성들을 알고 있다. 남자는 돈을 벌기 위해 창조되었고, 여자는 돈을 보유하기 위해 신에 의해 창조되었다. 만약 남자가 부지런한 새이고 여자가 구두쇠라면 가족 전체를 위해서는 가장 이상적인 것이다. 나의 아버지는 항상 어머니께 아름다운 선물을 하곤 했다. 그러나 그 대가로 아버지는 어머니로부터 낭비벽에 대한 비난만을 들었을 뿐이다. 그때마다 아버지는 이렇게 대꾸하곤 했다.

"왜 그래? 쓸데없이 낭비하는 것보다는 차라리 이렇게 선물하는 게 낫지!"

반대로 남자는 절약하고 여자는 그가 벌어온 돈을 창문 밖으로 내던지듯이 낭비해 버린다면 비극적인 가정이 될 것이다. 이런 경우를 나는 친지들과 내 가족 중에서 수없이 보아 왔다.

물론 내가 자주 인용하는 이 유머도 대다수의 여성들이 아직 직업을 갖기 이전에 유래된 것이다.

하루는 구두쇠 그륀이 커피숍에 앉아 한탄했다.
"우리 마누라는 나만 보면 돈을 달라고 조르는 통에 미치겠어!"
친구가 물었다.
"도대체 부인은 그 많은 돈을 어디다 쓴대?"
그러자 그륀이 대답했다.
"모르지. 아직 한 푼도 준 적이 없으니까."

일각에서는 '오늘날의 젊은이'들에 대해 개탄의 목소리를 높이고
있다. 물론 오늘날의 젊은이들은 그들 부모보다 더 뻔뻔스럽다. 결국
그들은 부모들이 일구어낸 부유함 속에서 성장했다. 뿐만 아니라 많
은 젊은이들이 돈을 탐내고 있다. 만약 이것이 정도를 지나치면 부정
적이다. 그러나 겸손과 절약이 결코 최고의 미덕은 아니라고 나는 생
각한다. 젊은이들에게 있어 더 큰 위험은 컴퓨터가 그들을 대신해 계
산과 생각을 해주기 때문이 아니라, 일련의 편안함과 게으름이 그들
사이에 만연해 있다는 데 있으며, 나는 그것을 우려하고 있다.
　지금도 여전히 많은 사람들, 특히 독일에서는 근검절약이 미덕으
로 간주되고 있다. 독일 사람들에게 있어 빚을 진다는 것은 곧바로 명
예훼손으로 이어진다. 그러나 나는 이것을 단지 한 경우에만 적용한

다. 투자자는 절대로 빚으로 투기해서는 안 된다. 왜냐하면 빚을 지지 않은 사람만이 자신의 생각에 온전히 따를 수 있기 때문이다.

하지만 빚이 없다면 현대 자본주의가 무슨 의미가 있겠는가? 오늘날에는 집을 짓기 위해 투자하는 것조차도 위험을 의미하며 미래 산업에 투자한다는 것은 더욱 그렇다. 전통적 산업분야의 기업들도 변혁의 시기에 새로운 도전을 해야만 한다. 현대의 기술은 더욱 더 많은 것을 요구한다. 실리콘 밸리와 다른 첨단기술의 중심지들은 벤처 사업가들로 꽉 차 있다. 이러한 모험은 빚 없이는 결코 시도될 수도, 그리고 일어날 수도 없다. 그렇기 때문에 금융계는 오늘날 더 과감하게 신용대출을 해주고 있으며 투자자들도 벤처에 투자할 준비가 되어 있다.

융자와 그로 인한 부채 규모는 끊임없이 증가한다. 오늘날의 부채 규모는 20년 전과 결코 비교할 수가 없다. 왜냐하면 돈의 구매력은 크게 떨어진 반면에 경제의 생산성과 함께 채무자의 채무변제 능력은 크게 증가했기 때문이다. 게으른 채무자에게 자신의 대출담당 직원들을 보내는 나의 오랜 친구 그륀의 경우는 은행과는 다르다. 대출담당 직원은 곧바로 채무자에게 간다.

"돈 받아 왔는가?"

그륀이 물으면 대출담당 직원은 이렇게 대답한다.

"받아온 거나 다름없습니다."

"다름없다는 게 무슨 뜻인가?"

"자, 설명해 드리지요. 채무자는 인문계 고등학교에 다니는 아들이 하나 있습니다. 나중에 그는 박사가 되겠지요. 박사가 되고 나면 그는 부유한 집안의 딸을 부인으로 얻습니다. 그리고 결혼지참금을 받자마자 아버지에게 돈을 줄 것입니다. 그러면 그 아버지는 우리에게 빚을 갚게 되지요."

무척 오래 전부터 나는 에른스트 멘저를 알고 지냈다. 나는 그를 무척 좋아했으며, '에른스트 경'이라고 불렀다. 그는 직업거지로서 매우 뛰어났으며, 코믹하고 작고 마른 외모를 가졌다. 간단히 말하면 그는 거의 불가해한 사람이었다. 훗날 한 영화감독의 눈에 띈 그는 어느 코미디에서 작은 역할을 했다. 그는 매우 재치가 있었다. 그러나 그의 재능은 완전히 거지에 맞추어진 것이었다. 그는 거의 안톤 쿠에 버금가는 영악한 거지였다. 예를 들면 거지왕 안톤 쿠는 한 친구로부터 한번에 1,000마르크를 빌리고자 하였다. 그러나 친구는 안톤 쿠에게 500마르크만 주었다. 쿠는 잽싸게 돈을 잡아채면서 이렇게 말했다. "우리는 이제 어떤 관계에 있지? 자네가 나에게 아직 500마르크의 빚을 졌나? 아니면 내가 자네에게 500마르크의 빚을 졌나?"

히틀러가 패망한 후에 그 거지는 "어느 곳에서나 사람들은 거지를 필요로 하지"라며 미국으로 여행을 떠났다. 그는 히틀러의 정의와도 같이 '모든 곳에 속한 사람'이었다. 그러나 그가 제일 좋아하는 고객은 바로 그가 항상 뒤쫓고 있는 베를린의 부유한 유대인들이었다.

에른스트 경은 나에게서 돈을 꾸준히 빌려갔다. 나는 그와 언제나 똑같은 논쟁을 되풀이하고 싶지 않아 결국에는 그에게 정기적인 수입을 허락했다. 그러나 3주만 지나면 그는 돈을 다 써버렸다. 그러면 그는 또 다른 내 친구들로부터 돈을 빌렸다. 그는 나에게 다시 와서 걱정했다.

"정기적인 수입을 이래저래 쓰고 나면 나는 월세를 낼 수가 없답니다."

"걱정 말게 친구여! 자네는 곧 낼 수 있을 걸세."

"당신은 어떻게 그렇게 확신할 수 있습니까? 나는 지금 돈이 한 푼도 없는데요."

나는 철학적으로 깊은 진리를 담고 있는 유대인들의 오래된 일화를 그에게 들려주었다.

가난한 콘은 유월절(출애굽을 기념하는 유대인의 제전)을 앞두고 부자 친구인 그륀에게 가서 도움을 청했다. 그는 유대인들이 의무적으로 먹어야 하는 사순절 빵을 살 돈이 없었다.

"자네는 빵을 갖게 될 거야. 그러니 걱정 말게."

그륀은 친절하게 말했다. 그러나 시간이 가까워짐에도 콘은 친구로부터 아무 말도 듣지 못했다. 축제 이틀 전에 그는 다시 그륀에게 갔다.

"다시 한 번 말하지만, 자네는 빵을 갖게 될 거야."

콘은 그륀에게서 똑같은 대답을 들었다. 그럼에도 불구하고 더 이상 아무 말도 듣질 못했다. 축제 바로 전날, 절박해진 콘은 빵을 사기 위해 서랍에서 부인의 보석을 들고 나와 저당 잡혔다. 축제가 끝난 뒤에 그들이 다시 만났을 때 콘은 분개했다. 그러자 그륀이 말했다.

"왜 그래? 무엇 때문에 화를 내는 거지? 어쨌든 자네는 빵을 가졌잖아. 안 그래?"

"이봐, 에른스트 경!"

그가 집세를 낼 수 없다는 데 대해 나는 내가 무엇 때문에 낼 수 있을 것이라고 확신하는지를 설명했다.

"자네는 콘의 이야기를 모르는가?"

그러자 에른스트는 한 쪽 손을 들고 맹세하듯이 말했다.

"아닙니다, 코스톨라니 씨. 잘 알았습니다. 그러니 제발 다시는 빵이야기는 하지 마십시오."

에른스트 멘저 개인에 관한 이야기를 나는 언젠가 우연히 듣게 되었다. 독일이 지배하던 헝가리로부터 도망쳐 나온 유대인이었던 그는 큰 어려움을 겪었으며 건강마저 크게 악화되었다. 그럼에도 불구하고 그는 독일 정부로부터 어떠한 배상도 받을 수 없다는 결정을 통보 받았다. 내가 이에 대해서 말을 꺼냈을 때 그는 이렇게 말했다.

"사순절 빵 이야기를 모르십니까? 나는 배상을 받게 될 겁니다."

그러나 이번에도 그는 서류신청 기한을 맞출 수 없을 것 같아서 배상결정을 기대하지 않았다.

"만약 자네가 당장 권리를 신청하지 않는다면, 나는 자네의 정기적인 수입을 끊어 버릴 거야!"

나는 공증 사무실로 그를 끌고 갔다. 그 곳에서 우리는 배상신청서를 작성했다. 그가 배상 받을 권리가 있다는 것은 의심할 여지가 없는 사실이었다. 왜냐하면 그는 법규에 명시된 것처럼 '독일 문화권'에 속하기 때문이었다. 그는 헝가리 출신인데다 라이헨베르그의 섬유공과대학을 다녔으며 독일어를 완벽하게 구사했다.

그러나 제출 기한이 지나버려 신청서를 접수할 수 없었다. 단지 한 경우에만 기한 연기가 받아들여질 수 있었다. 만약 신청자가 병원에 입원 중이어서 황망 중에 기한을 넘겨 버렸다는 것을 증명할 수 있으면 가능하다는 것이었다. 우리는 이 문제를 협의했으나 성공할 확률은 그리 높아 보이지 않았다. 그래서 나는 내 인생이 끝날 때까지 그를 보호해 주려고 생각했다.

몇 달 뒤에 레스토랑에 마련된 내 전용 테이블로 그가 찾아왔다. 그는 주머니에서 '멘저 씨는 이곳에서 얼마 동안 정신병 때문에 치료를 받았었다'라는 파리 정신병원의 확인서를 꺼냈다.

나는 그의 수완을 축하했다. 그리고 훗날 그에게 은근히 물어 보았다.

"우리끼리니까 말인데, 도대체 어떻게 그 서류를 받아낼 수 있었지?"

"아주 간단해요. 실제로 나는 그곳에서 치료를 받았거든요."

그가 정신병원에 간 사연도 나와 관련이 있다.

파리의 헝가리 타운은 헝가리 탈주자들을 위해 자주 커다란 자선무도회를 열었다. 나도 매번 초대장을 받았지만, 대개는 그곳에 가질 않았다. 왜냐하면 수다스럽고 매춘까지 하는 이러한 속물적 패거리들이 몹시 싫었기 때문이다. 나는 어느 날 에른스트 멘저에게 자선무도회장에서 뭔가 유머러스한 일로 작은 스캔들을 만들어야 한다는 심술궂은 조건을 붙여 내 초대장을 주었다.

초대장을 받자마자 그는 바로 턱시도 한 벌을 빌려 입고는 무도회에 갔다. 물론 거기에 따르는 모든 경비는 나로부터 가져갔다. 그는 그곳의 뷔페에서 훌륭한 음식을 실컷 먹을 수 있었다. 그러나 작은 스캔들을 일으킬 적당한 기회는 끝내 주어지지 않았다.

그러나 그는 이틀 뒤에 자신의 실수를 철저히 만회했다. 그는 그 자선무도회를 조직하고 집단의 매춘을 책임지고 있는 튈게 마담을 로

얄로에 있는 그녀의 의상실로 찾아갔다. 그는 자신이 헝가리 탈주자임을 밝히고 보호해 줄 것을 부탁했다. 그러나 튈게 마담은 그의 요청을 거절했으며, 그를 외면한 채 다른 사람들과 이야기를 하고 있었다. 화가 난 그는 큰소리로 외쳤다.

"당신이 겉으로는 의상실을 경영하는 척하면서 실제로는 매춘사업을 하고 있다는 걸 알아. 나는 당신을 고발하겠소!"

그는 의상실을 난장판으로 만들었고, 결국 경찰이 와서 그를 정신병원에 보냈다. 그는 정신병원에서 실제로 몇 달간 지냈다.

이러한 스캔들 덕분에 그는 결국 독일 정부로부터 배상금을 타낼 수 있었다. 그리하여 그는 매월 연금을 받게 되었을 뿐 아니라 더불어 지금까지 지불되지 않았던 돈까지 보상받을 수 있었다. 이것은 그의 처지에서는 매우 큰돈이었으며, 나는 그를 위해 그 돈을 안전한 주식에 투자를 하도록 했다. 지금 그 돈은 스위스 은행이 관리하고 있다.

오늘도 그는 외관상으로는 검소하게 살고 있다. 그는 도시 유랑자처럼 옷을 입고 다니며, 가구를 갖춘 단칸방에서 살고 있다. 그러나 그의 재산은 그에게 안정을 가져다준다. 그는 그 동안 단 한 푼도 찾아 쓰질 않았기 때문에 그 사이에 이자와, 그리고 그 이자에 이자가 붙어 아주 큰 액수로 불어났다.

에른스트 경은 투자자에게 요구되는 중요한 특질들을 어느 정도 보유하고 있다. 투자자는 자신이 하는 일에 대해 인내를 가져야 하며,

극단적으로 말한다면 거의 '잠을 잘 수 있어야 한다.' (진정한 투자자는 눈을 뜬 채로 자는 악어처럼 잠을 자야 한다!). 그가 자신의 구좌에 예치되어 있는 돈이 얼마인지조차 모른다는 것을 나는 분명히 말할 수 있다. 나역시도 그렇다. 나는 내 구좌에 대해 한 번도 결산을 하지 않았다. 왜냐하면 나는 그 누구에게도 그것을 보고할 의무가 없기 때문이다.

그 사이에 그는 아주 늙어 버렸다. 몇 주 전에 만났을 때 그는 나에게 유언장을 작성하는 것을 도와달라고 부탁했다. 그는 헝가리어 뿐만 아니라 프랑스어와 독일어조차도 정확히 쓸 수 없을 정도로 늙어버렸다. 그래서 그가 불러주는 대로 내가 문장을 작성했다.

"내가 죽으면 나의 모든 재산을 두 명의 조카에게 주고 싶다…." (두조카 중 한 사람은 하버드 대학의 수학자이다. 에른스트 경은 그를 '제2의 아인슈타인'이라고 불렀다.)

이렇게 해서 작성된 유언장에 그가 서명을 하고, 봉투에 넣어 봉했다.

"친구여! 알기나 하는가, 내가 유언장에 뭐라고 적었는지?"

내가 그에게 물었다.

"모르지요."

"그러면 자네에게 푸치니의 유명한 오페라 〈리브레토〉의 지아니쉬 씨 이야기를 들려줌세."

매우 부자인 늙은 농부가 죽어 가고 있었다. 모든 가족이 유산에 대한 즐거운 기대를 품은 채 그의 침대 주위로 모였다. 농부가 죽고 나자 가족들은 곧바로 유언장을 찾아서 열어 보았다. 그리고 그들은 까무러치게 놀랐다. 농부가 자신의 전 재산을 한 사원에 기증한다고 적어 놓았던 것이다. 주위에 모였던 가족들은 어찌할 바를 몰랐다.

"모두들 흥분하지 마십시오."

그 중에서 가장 영리한 지아니쉬가 말문을 열었다.

"우리는 아직 아저씨의 죽음을 아무한테도 알리지 않았습니다. 내가 침대 속 그 자리에 누워 있을 테니 신부님 한 분과 공증인 한 사람을 모셔 오십시오. 신부님으로부터 나는 종부성사를 받을 것이고, 공증인에게는 유언을 쓰게 할 것입니다."

일은 그의 말대로 진행되었다. 그는 그 자리에 참석한 가족들에게 몇 가지 작은 것들을 상속한다고 설명한 다음, 떨리는 목소리로 이렇게 말했다.

"그 밖의 모든 재산은 나의 믿을 만한 친구이며 조카인 지아니쉬에게 주겠다!"

"자, 에른스트 경! 내가 자네 유언장에 뭐라고 적었는지 알겠는가? 내가 죽으면 나의 모든 재산은 코스톨라니 씨의 것이다!"

그러자 그는 큰 걱정을 하면서 곧장 봉투를 다시 뜯었다.

이처럼, 살다 보면 가끔 오페라에서나 볼 수 있음직한 일들을 실제로 겪기도 한다.

돈에는 어두운 면이 많이 있음에도 불구하고 돈 없이 돌아가는 현대사회를 나는 상상할 수가 없다. 칼 마르크스와 그 이전의 토마스 무어도 돈 없이 돌아가는 사회를 그렸었다. 그러나 이런 세상은 유토피아에나 존재한다. 자본주의는 번영하기 위하여 돈을 필요로 하며, 복지가 향상되면서 부자들이 더욱 부유해지는 것처럼 가난한 사람들도 더 이상 가난해지지 않고 자신들의 삶의 질을 높이기 위하여 돈과 자본유동성을 필요로 한다. 이미 칼 마르크스의 어머니도 "만약에 칼이 자본론을 쓰기 위해서 필요했던 돈보다 더 많은 자본을 가졌었다면……."이라고 말하지 않았던가! 그가 책에서 예측했던 정의로운 사회에 대한 많은 것들은 대부분이 그가 생각했던 것과는 다른 방법으로 실현되었다.

나는 마르크스를 숭배한다. 왜냐하면 그는 당대의 유명한 사상가였으며, 내가 그의 작품을 매우 높게 평가하기 때문이다. 나는 내가 읽은 독일어로 쓰여진 모든 서적 중에서 그의 산문을 최고로 친다(어떤 사람들은 프리드리히 엥겔스가 쓴 것이라고도 말한다).

무지한 대중

1987년 10월 세계 증권시장의 대폭락이 있은 뒤에 전 독일 수상 헬무트 슈미트가 "증권시장은 온통 정신병자들로 뒤덮여 있다"고 말한 적이 있다. 경제학을 공부한 슈미트의 말에 내가 언제나 동의하는 것은 아니지만, 그의 이 말만큼은 당시의 증권시장을 확실하게, 그리고 적절하게 표현했다는 것을 나는 인정해야만 했다.

구스타브 르 봉은 그의 고전적 저서 『대중심리학』(1895)에서 "대중은 알지 못한다."고 기술했다. 대중이 영리하고 또한 생각하는 인간들로 구성되었다면 이러한 특성은 더 잘 적용된다. 만약 천재에 가까운 100명의 인간들이 좁은 한 공간에 몰아넣어진다면, 이들은 정신에 의해서가 아니라 감정에 의해서 지배된다.

한 증권시장 전문가가 이러저러한 이유와 충분한 심사숙고를 거쳐, 자신이 보유한 모든 주식을 팔기로 아침에 결정했다고 치자. 객장으로 나간 그는 매우 낙관적 분위기가 그곳을 지배하고 있다는 것을 느낀다. 그리고 몇 초 뒤, 그는 조금 전까지의 결정과 계획을 바꾸어, 자신의 주식을 파는 대신 새로운 주식을 더 사게 된다.

미국에서는 이들 증시 전문가들의 변덕이 매우 커다란 역할을 하며, 때로는 결정적 역할을 한다. 수십만 명, 어쩌면 수백만 명이 이들 변덕쟁이들의 뒤를 따라 모든 거래를 잘못 판단하는 실수를 저지른다. 만약 시세가 상승하게 되면, 개미(소액투자자)들은 떠나는 기차에 빨리 뛰어오르기 위해 아무 생각 없이 주식을 매입한다. 그러면 변덕쟁이는 현재 진행되고 있는 시세가 대중의 생각을 나타내는 것이라며, 개인들에게 거부할 수 없는 힘을 행사하여 동행하도록 만든다.

변덕쟁이는 전쟁터의 깃발과도 같은 것이다. 깃발이 높이 솟구쳐 있고 힘차게 전진하는 한, 군대는 그 뒤를 따라 행진하게 된다. 그러다가 깃발이 내려지면 병사들은 불안과 걱정에 휩싸여 전진을 멈추게 된다. 사기는 떨어지고 군대는 각기 흩어지게 된다. 이와 똑같은 일들이 증권시장에서도 일어난다.

그렇기 때문에 강세장 투자자라면 깃발이 자랑스럽게 나부끼고 있는지 그리고 앞으로 나아가고 있는지를 항상 주의 깊게 살펴야만 한다. 만약 그런 상태라면 군대는 분명히 뒤따른다. 그래서 나는 이런 내막을 아는 사람들을 '시세 부양자'라고 부른다. 미래에 일어나는 일에 대한 대중의 반응을 아주 조금이라도 추정할 수 있기 위해서는 시장의 기술적인 기초에 대한 분석이 최고의 길잡이라고 생각한다.

앞에서 이미 말했듯이, 단기적 그리고 중기적으로는 심리학이 증권시장의 90퍼센트를 결정한다! 그러나 장기적으로는 근본적 이유들이 보다 큰 역할을 한다.

심리학 외에 증권시장의 단기적 추세를 결정하는 요소로 시장의 기술적 기초가 있다. 이는 주식이 충분한 자본과 배짱을 가진 투자자의 손에 있는가, 아니면 그렇지 못한 즉, 겁쟁이 투자자의 손에 있는가를 말한다.

단기적으로 볼 때 경제 상황은 증권 시세에 어떠한 영향도 주지 못한다. 다만 몇몇 투자자들이 보다 먼 미래의 문을 열 때에만 금리와 산업부문 경기가 영향을 미친다. 주식 매수자가 매도자보다 더 강한 물질적 또는 심리적 압박상태에 있을 때만 시세는 상승한다. 그리고 증시 주변에서 일어나는 '사건'들이 증시에 영향을 주는 것이 아니라, 사건에 대한 투자자들의 '반응'이 증시에 영향을 준다.

심리학 외에, 증권시장의 중기적 추세에 대한 결정적 요소는 금리이다. 소위 자본시장의 유동성인 금리는 증권시장에서 수요와 공급 중 어느 쪽이 더 올라갈 것인가를 결정한다. 금리는 일차적으로 채권시장에 직접적인 영향을 준다. 만약 금리가 떨어져 채권의 수익성이 낮아지면, 많은 유동성 자금들이 증권시장으로 몰린다. 그러나 증권시장에 대한 이러한 금리효과는 일정한 시간이 지난 뒤에야 비로소 느낄 수 있게 된다. 즉, 중기적으로 영향을 미치는 것이다.

그러나 장기적 추세를 놓고 볼 때, 심리학은 이제 더 이상 그렇게까지 근본적인 요소가 되지 못한다. IBM, 지멘스, 다임러. 벤츠 등은 만약 그들이 성공할 수 있었던 기본적인 요인들이 없었다면 결코 지금처럼 주가가 올라가지 못했을 것이다. 이들 기업들의 주가를 그렇게 높인 것은 결코 심리학이 아니다(어느 누가 훗날에 대한 걱정, 기대, 그리고 평가를 지금 앞당겨 보기를 원하겠는가? 존 메이나드 케인스는 "장기적으로는 우리 모두 죽는다!"라고 설파했다). 일반적 경기변동과 특히 산업부문 경기가 주식의 질과 미래 수익을 결정한다. 따라서 한 산업부문의 발전을 몇 년 앞당겨 볼 수 있는 안목을 갖고 있는 사람은 큰돈을 벌 수 있다.

내 견해로는 다음의 두 가지 기본요소들이 증권시장의 시세를 결정짓는다. 그 나머지 요소들은 결국 이 두 가지 요소에 포함된다.

1. 통화량과 신주 발행
2. 심리적 요소(낙관주의 또는 비관주의 등), 즉 미래에 대한 예측

모든 사건들, 모든 정치적·경제적·금융적 수단들이 의미가 있든 없든, 결국 그것들은 이 두 가지 사실에 접하게 된다.

나는 이 이론을 이미 오래 전에 다음과 같이 하나의 수학 공식으로

나타냈었다. 이것은 증권시장의 시세를 결정하는 기본원칙이다.

시세=돈+심리

여기서 '돈'이라는 요소를 나는 증권시장의 뜻대로 움직일 수 있는 돈으로 이해했다. 만약 돈이 꾸준히 채권(또는 배상채권)의 높은 이자율에 투자되면, 그리고 만약 은행이 정기예금에 대해 높은 이자를 지불하게 되면 주식을 살 수 있는 돈은 아주 조금밖에 남지 않게 된다. 간단히 말하면, '돈'이라는 요소는 장기적 금리에 달려 있다.

이와는 달리 '심리'라는 요소는 자세히 들여다보면 수많은 여러 부차적인 요소들의 산물이다. 만약 어느 한 회사의 이익과 배당금이 줄어들고 세금이 올랐다고 가정한다면, 그 회사의 주식을 매수하는 데 매우 소극적이 될 것이다. 그러나 만약 대중이 미래를 낙관적으로 평가한다면 그러한 악재 속에서도 매수를 하게 된다. 왜냐하면 그 악재들은 단기적으로만 영향을 끼치고 말 것이 확실하기 때문이다. 심리적인 요소는 이러한 경우 악재에도 불구하고 긍정적으로 머무른다.

이는 극적인 정치적·사회적 사건의 경우에서도 확인된다. 가끔은 한 회사의 파업에도 불구하고 그 회사의 주가가 하락하지 않는 경우가 있다. 왜냐하면 대중이 파업을 위험하지 않은 것으로 판단하기 때문이다.

지구촌에서 일어나는 전쟁이나 평화가 증권시장의 시세를 결정하는 절대적인 요소가 아니라, 이에 대한 대중의 심리적 반응이 더 결정적인 역할을 한다.

어느 한 주식의 가격. 이윤 비율에 대한 평가도 사실은 순수한 심리적 환경의 소산이다. 소위 시장분석가라고 하는 사람들이 15대 1의 가격. 이윤 비율을 낮은 것으로 보고, 그 주식에 대해 낮게 평가할 수도 있다. 그러면 주식은 저평가된다. 그러나 그들은 다른 어떤 시점에서는 같은 주식에 대한 동일한 비율을 고평가된 것으로 나타낸다.

나는 애널리스트들이 결정적인 순간에 그릇된 판단을 내렸다고 주장하고 싶지는 않다. 그러나 사람들은 결과에서 원인을 추론하는 귀납적 추론 없이도 이러한 판단으로부터 앞으로의 전개상황을 끌어낼수 있다. 왜냐하면 '저평가 또는 고평가'라는 판단은 결코 산술적인것이 아니고 심리적 요소에 의해 영향을 받는 상대적 평가이기 때문이다. 그렇기 때문에 수백 명의 애널리스트들이 이러한 가격관계의 최면에 걸려 있는 것을 볼 때마다 나는 그저 웃음이 나올 뿐이다.

'가격-이윤 비율'을 증권시장 예술의 구구단으로 여기는 사람이라면 절대로 IBM, 다임러. 벤츠, 그리고 다른 수많은 주식을 사서는 안된다. 왜냐하면 이 계산법에 따르면 이들 주식들은 언제나 너무 고평가되어 있기 때문이다.

그러나 이처럼 경직되고 일방적인 견해가 얼마나 잘못된 것인가는 적자를 보는 회사의 경우 가장 잘 보여준다. 우리는 애널리스트들을 따라서 가치평가에 손을 대서는 안 된다. 왜냐하면 '가격. 이윤 비율'의 이론에 따르자면 그 가치는 항상 마이너스 상태에 놓여 있어야만 하기 때문이다. 그러나 내가 가장 흥미를 가지는 주식은 적자상태에 있는 회사의 주식이다. 적자상태일 때 주식을 샀는데 그 회사가 회복세에 들어서게 되면 시세는 급격히 상승하게 된다.

1980년대 초반 증권시장의 위기 때 어려움을 겪은 미국의 자동차 기업, 크라이슬러 주식의 경우에 이러한 일이 있었다.

나의 투자 계획은 다음과 같았다. 미국 정부가 전통적인 기업인 크라이슬러가 파산하도록 방치하지는 않을 것이라고 나는 확신했다. 그리고 일반적인 경기의 회복과 자동차 수요에 있어서 엄청난 반등이 있을 것이라고 계산했다. 더욱이 나는 그 회사의 새로운 총수인 리 아이아코카를 믿었다.

내가 그 이전까지 실행했던 것 중에서 가장 대담하고 성공적인 투자는 1946년에 이탈리아의 자동차 회사인 이소타-프라쉬니의 주식을 샀던 일이었다. 당시 그 회사는 기진맥진한 채 과거의 명성에 기대고 있었다. 말하자면 1980년대의 크라이슬러와 매우 흡사한 상황이었다. 나는 그 투자에서 몇 배의 돈을 벌었다.

크라이슬러의 경우는 그보다 더 큰 열매를 내게 가져다주었다. 나는 5달러에 산 주식을 105달러에 팔았던 것이다.

일상생활의 논리와는 다른 증권시장의 논리

"너는 이해해야 한다. 하나로부터 열을, 그리고 둘은 그냥 보내고,
셋은 같게 한다. 그러면 너는 부자이다. 넷은 잃어라 ! 다섯 그리고
여섯으로부터, 악마가 말하거늘 일곱과 여덟은 만들어라, 그제야
완성된다. 그리고 아홉은 하나이고 열은 없다. 이것이 악마의 구구
단이다"

—괴테의 〈파우스트〉에서

내 생각에 의하면, 사람들은 수학적 지식을 가지고는 증권시장에서 절대 이득을 볼 수 없다. 인치 자로는 결코 시세를 잴 수 없으며 수학적 계산으로 증권시장의 전망을 미리 말할 수 없다. 나는 수학 중에서 오직 한 가지만을 증권투자에 적용한다. 이를 설명하기 위해서 다음의 일화를 들려주고자 한다.

나의 오랜 친구 중에서 아주 뛰어난 투자자가 하나 있었는데 어느 날 나를 찾아와서는 매우 불안한 표정으로 "자네는 이렇게 보기 드문 현상을 어떻게 설명할 수 있겠는가?"라고 물었다.

"그동안 나는 내가 보유한 주식, 채권 및 현물투기에서 이상한 현상을 발견했네. 나는 지금 증권시장에서 상호간에 결코 어떠한 관계도 가지고 있지 않은 열 종이 넘는 주식을 가지고 있다네.

나는 시세가 올랐을 때 남아프리카의 광산에, 시세가 하락할 때는 프랑스의 국채에, 또 시세가 올랐을 때는 미국의 자동차기업에, 시세가 내렸을 때는 영국의 은행들에, 그리고 시세가 올랐을 때는 주석에, 시세가 내렸을 때는 귀리에, 마지막으로 시세가 올랐을 때는 원유에 그리고 시세가 하락했을 때는 카카오에 투자를 했다네. 자네는 이러한 투자가 서로 간에 그리 많은 연관이 있지 않다는 사실을 인정할 것이네. 그럼에도 불구하고 모든 것이 내 뜻대로 되지를 않았다네. 하락해야 할 것이 상승하고, 상승해야 할 것들이 하락했지. 그리고 또 상승해야 할 것들이 상승하고 하락해야 할 것들이 하락하는 경우도 발생하더구만. 나는 미국의 자동차 주식과 카카오 사이에, 그리고 영국의 은행들과 비니펙의 귀리 사이에 어떠한 관련이 있는지에 대해서 정확히 알고 싶어. 나는 지금 미칠 지경이야. 잠시 동안 내가 보유하고 있는 모든 주식의 종목들을 머리에 정렬시켜 보았네. 한때는 나에게 유리했으나 현재는 완전히 불리하게 결탁된 알 수 없는 비밀로 가득 찬 그 어떠한 힘들이 그 뒤에 숨겨져 있단 말인가?"

이러한 질문에서 나는 수많은 투자자들에게 전형적인 미신을 찾아낸다.

나의 대답은 이러했다. "그래, 요즈음은 정말로 시세가 좋지 않아. 그리고 자네는 논리학의 주식에 가장 의존하고 있어. 자네는 주식투자를 하면서 아마 결산, 이윤. 손실계산, 배당금 등을 늘 염두에 두겠지. 그리고 현물에 투자하면서는 수확량과 소비에 대한 통계와 무역의 계약, 국내외 정치 및 모든 경우의 대외정치에 촉각을 곤두세우고 있을 것이네. 그러나 현재 자네의 그런 논리학은 전체적인 시장의 상황과는 따로 놀고 있어. 그래서 자네나 나 같은 사람이 불리한 입장에 놓이게 되는 거지. 약간의 인내를 가지게. '논리학'이라고 부르는 주식은 다시 오르게 될 것이며, 그러면 모든 것이 논리적으로 정상이 될 것이네.

자네는 2 곱하기 2는 5보다 1이 적다는 나의 신앙고백을 알고 있을 것이네.

투자에서뿐만 아니라 삶에서도 간단한 것은 아무 것도 없다네. 모든 존재가 이러한 진실에 기인하고 있으며 경험이 그것을 보여준다네. 사람들은 결국 목표에 도달하지만 그렇다고 꼭 반듯한 길 위로 가는 것은 아니라네!

나의 '증권시장 수학'은 거의 형이상학에 가깝다고 할 수 있지. 그러나 종교 또는 예술과 같은 다른 분야의 삶에서도 이 법칙은 적용이 된다네. 특히나 음악은 정말 긴장과 이완의 편차 위에서 만들어졌으며 이것이 아름다운 멜로디의 비밀이라네."

친구에게 나는 계속해서 설명을 했다. "지금, 우리는 곡선 그래프 상에 있다네. 어떤 이유로 논리학이 그렇게 낮은 시세에 있는가? 이에 대해서는 수천 가지의 해답들이 있을 수 있지.

　만약 자네의 생각이 정말로 논리적이라면 언젠가는 자네의 뜻이 이루어질 수도 있겠지. 그러나 문제는 그 시기야. 그래서 주춤거리게 되거나 심지어는 생각과는 정반대 방향으로 이끌리기도 하는 것이지. 어제까지만 해도 확실했던 것이 오늘은 불확실한 것일 수 있다네. 그러나 만약 자네의 투자를 이루고 있는 요소들이 그 정당성을 유지하고 있다면 모든 것은 오로지 시간의 문제일 뿐이지. 그 무엇인가가 비정상적이라면 그것이 무엇인지 정확히 평가할 수 있어야 할 것이야. 비논리적인 이유를 알지 못하는 것처럼 불쾌하고 답답하며, 위험한 것은 없다네.

　그리고 사람들은 징후를 알아낼 수 있어야 한다네. 만약 진단을 통해 지나가는 악재를 인지한다 하더라도 용기를 잃지 말고 꿋꿋하게 버틸 필요가 있네. 그러나 만약 전쟁 또는 평화, 중요한 정치적, 경제적 또는 금융적 결정, 정부의 정책 등 기본적인 요인들에 변화가 생기면 즉시 결론을 내려야 하며, 비상시라고 생각되면 어제까지만 해도 사랑스럽고 고가품이었던 것들을 즉시 바닥에 던져버려야 한다네.

　자네의 경우에 나는 다음과 같은 진단을 내리고 싶어. 얼마 전에 소위 핫머니라는 아주 많은 액수의 자본이 있었다네. 이것은 결코 집안의 대들보처럼 정상적으로 안전하게 투자되기를 원하지 않았으며, 그보다는 꾸준히 교묘한 수단의 투기를 찾고 있었다네. 이러한 이동

자본들이 자네의 자본처럼 순수하고 단순한 논리 위에 세워진 투자에 투입되어졌다네. 따라서 자네 같은 사람이 결코 하나가 아니라는 말이야. 어마어마한 자본을 가진 수많은 투자자들이 동일한 부문에서 자네와 비슷하게 똑같은 투자를 하고 있다는 거지. 그들은 동일한 물건과 유가물을 샀으며 또한 동일한 것들을 몽땅 팔기도 했다네. 그 결과 시세가 오를 때 자네가 투자를 했던 시장들은 초과매입 상태가 되었으며, 자네가 하락하는 시세에 투자를 했던 시장들은 초과매도 상태가 되었지.

자네는 원유주식을 보유하고 있다고 그랬지. 얼마 전에 원유주식을 산 국제투자자들 역시 주가가 오르기를 기다리고 있을 테지. 주식들이 어떤 기본적인 요소의 변화로 오르기 시작하는 순간, 수많은 투자자들은 어서 빨리 효과를 보기 위해 보유한 주식들을 곧바로 처분하려 하지. 그 결과 그 주식들은 아주 적게 오르거나 또는 전혀 오르지 않게 되어 버린다네. 자신들이 기대했던 가격 상승이 나타나지 않으면 투자자들은 안달하게 되고 마찬가지로 또 팔아버리게 된다네.

사람들이 투자를 하도록 만든 근본적 이유들이 기술적 이유들로 상쇄되는 경우도 일어날 수 있다네. 그럴 때 투자자들은 쓸 만한 주장들이 왜 주가에 반영되지 않았는지를 이해하지 못하는 상황이 벌어지지. 주가는 소위 예외의 경우에만 실질적 가치를 나타내며, 이는 어느 주식이나 마찬가지라네. 일단 공급량이 늘어나면 시세는 떨어지게 되겠지.

원유 주식의 배당금이 올라가면 주가가 상승한다는 것이 논리적으로 맞는 것과 마찬가지라네. 그러나 이 경우에는 기술적 요인의 논리가 근본적 요인의 논리를 이긴 경우지. 그러니까 매도와 매수가 단지 근본적인 이유들에 의해서만 이루어지는 것이 아니라는 말일세.

결국 주가가 이동하는 것은 오로지 수요와 공급 변화 때문이라고 말할 수 있다네. 증권시장이 개장하는 어느 하루에 이루어진 모든 매도 및 매수주문이 과연 어떤 동기에 의해 이루어지는지 한 번 연구해 보는 것이 매우 흥미로울 것 같네.

마이어라는 사람은 다음 날 어음을 막아야 하기 때문에 그가 보유한 주식을 오늘 파네. 두 번째 사람도 주식을 파는데 그는 집을 하나 사고자 하기 때문이지. 세 번째 사람은 결혼하는 딸의 지참금이 필요하여 주식을 팔고 네 번째 사람은 주식을 보다 싸게 되살 수 있으리라는 기대를 갖고 주식을 판다고 해보세. 그렇다면 같은 날, 슐제라는 사람은 무엇 때문에 주식을 살까? 그는 바로 전에 집을 팔아서 수중에 현금을 갖고 있을 수도 있지. 또 어쩌면 전에 이미 높은 가격으로 팔았던 주식을 이제 다시 싼 가격으로 매수하고자 하기 때문일지도 모르지.

사람들은 이러한 논제가 불합리하다는 것을 입증할 수 있어. 어떤 주식의 주가가 투자자들이 예상했던 최대치까지 상승했다고 가정해

보자. 그것은 곧, 주가가 위험수위에 도달했다는 뜻이라고 볼 수 있어. 그 순간부터 소위 적절한 시세라는 것은 더 이상 투자자에게 매력적인 요소가 되지 못하거든. 그 주식을 사려는 사람은 적은 반면에 이득을 보기 위해서 기대했던 높은 가격에 팔려고 시도하는 사람들은 아주 많아. 이들은 그런 목적을 가지고 바로 전에 그 주식을 사들인 사람들이지. 그리하여 이 모든 사람들이 동시에 하나의 문으로 들어가기를 원하게 되는 것이라네. 그들이 기대했던 시세 상승이 일어났음에도 불구하고 바로 그것 때문에 시세는 하락하게 되는 것이지.

이런 동일한 과정이 정반대의 경우에서도 일어날 수 있다네. 예를 들어, 급박한 재정적인 문제로 어려움에 처해 있는 극단적인 경우와 같이 절대적인 이유 때문에 주가가 떨어지고 있는 어떤 회사의 주식을 예로 들어 보자구. 주가는 하락하고 또 하락하여 논리적으로 최저치에 도달했네. 그럼에도 불구하고 그 주가는 더 이상 떨어지지 않고 오히려 조금 높은 시세에 머물러 있네. 더욱이 좋지 않은 뉴스들이 있음에도 불구하고 오랜 시간 동안 그런 시세에 머물러 있는 것이네.

이것을 증시 용어로는 '페따 꼼쁠리(Fait accompli: 기정 사실)'라고 부른다네. 많은 사람들이 주식을 바로 전에 팔았는데 이 주식들이 이제는 회사의 파산을 감수할 용의가 있으면서 동시에 또 다른 목적을 가지고 있는 사람들의 수중에 있기 때문에 이런 일이 발생하는 것이지. 이미 오래 전에 많은 양의 주식을 공매도한 하락장세의 투자자들은 이제 그들이 기대했던 대로 이루어지는 것을 보면서 확실하게 이득을 챙기게 되겠지. 그들이 주식을 다시 사들이면서 시세는 상승하고 말이지. 나는 위와 같은 현상을 수도 없이 경험했어. 부도채권 그리고 파산직전 뿐만 아니라 이미 파산된 가망 없는 회사의 주식들이 완전히 바닥으로 급락하기 전에 여전히 오랫동안 상대적으로 높은 시세를 유지하는 것을 말이야.

시세의 변화는 특정한 사실에 아주 특별한 의미를 부여하기도 하지. 전쟁의 위험이 있다고 가정해 보자. 많은 투자자들은 서둘러서 그들의 유가증권을 팔겠지. 그러나 정작 선전포고 당일에는 모든 사람들의 기대와는 달리 시세가 상승하거든. 1939년 전쟁 발발시 이러한 전형적인 예가 실제로 미국과 유럽의 증권시장에서 똑같이 일어났다네. 이 모든 것들이 여기 언급한 기술적 이유들로부터 야기된 것들이라네.

당시에 나는 스스로 금융 대란에 대비하고 있었지. 나는 모든 은행들이 문을 닫을 것이며, 증권시장도 정상거래가 이루어지지 않을 것이라고 굳게 믿었어. 나는 외환규정이 더욱 엄격해지리라 생각해서 그에 대비했고 주말을 신경과민적 긴장 속에서 보냈다네. 그 다음 월요일, 전쟁이 터졌지. 나는 너무 정신이 없어서 외국과의 전화통화를 신청할 때 적어야 하는 내 전화번호마저 생각이 나지 않았다네.

그러나 길거리에 나섰을 때 나는 매우 놀라지 않을 수 없었어. 말할 것도 없이 은행들은 모두 문을 열고 있었고 증권시장도 역시 정상적으로 거래를 하고 있는 거야. 마치 아무 일도 일어나지 않은 것처럼 말이지. 그러나 가장 놀라웠던 것은 증권시장의 주가지수가 180도 선회했으며 그 후 6개월 동안 지속적으로 상승했다는 사실이네. 이것이야말로 바로 완벽한 페따 꼼쁠리 현상이라고 말할 수 있지. 당시 시세 폭락을 예측했었던 투자자들에게는 정반대의 사실이 왔던 것이네.

장례식에 참석해서 나는 종종 이런 기묘한 현상을 겪기도 하네. 장례식의 조문객들은 장지로부터 돌아와 함께 식사를 하지. 시간이 조금 지나서 어느 정도 먹고 마시고 나면 사람들은 점점 밝아지고 대화소리가 커지고 즐거워지기까지 하잖아. 이렇게 곧 사람들은 모든 것을 잊어버린다네. 사람들은 아마도 이미 죽음을 오랜 동안 예상하고 있었으며 어쩌면 기다리고 있었을지도 모르지. 그리하여 만약 어느 환자가 오랜 병고 끝에 죽었다면 사람들은 이미 예고된 죽음에 대해서 어느 정도 조금은 편안한 마음으로 이렇게 위로할 것이야. "신이 보내 주셨으니 신이 데려갔노라."

"그러나 만약 사람들이 전쟁 동안에 평화가 가까워졌다고 생각한다면," 나는 나의 친구에게 대답을 계속했다. "다시 유가증권을 사들이기 시작하겠지. 그러면 전쟁 중일지라도 증권시장의 시세는 상승할 테지. 그러나 막상 휴전협정이 서명될 때 기대했던 투자상승 효과가 발생하지 않을 수도 있다네. 아니, 오히려 시세는 하락하기도 하는

데 이것 또한 페따 꼼쁠리의 전형적인 예라고 볼 수 있지.

그러나 이와는 반대로 전쟁 중에 신경과민적 대중이 많은 주식을 이미 매도해버릴 수도 있겠지. 그런데 갑자기 평화가 찾아오게 된다면 증권시장은 곧장 급변하게 되며 주가는 천정부지로 오르게 된다네.

간단히 말해서 내 경험에 의하면 센세이셔널하고 충격적인 사건은 증권시장의 추세를 180도 돌려놓는다고 볼 수 있네. 다시 1939년 전쟁발발 당시 상황으로 돌아가 보세. 만약 증시가 전쟁 시작 전 한 달 동안 내내 상승했었다면, 전쟁이 발발하였을 때 큰 폭락이 일어나는 것은 기정사실이지. 하지만 여기서 페따 꼼쁠리보다 더 문제가 되는 것은 그 극적인 나쁜 뉴스거든.

전쟁과 평화는 물론 극단적인 경우라고 볼 수 있지. 페따 꼼쁠리 현상은 주식시장 외의 다른 많은 정치적 그리고 경제적 사건들에서도 물론 관찰할 수 있으며 그것은 모두 동일한 모습을 보이기 때문에 나는 그것을 하나의 법칙으로 받아들였다네.

따라서 나는 다음과 같은 결론을 내리고자 하네. 자네의 논리는 단지 통계적, 경제적, 정치적 그리고 기타 요소들과 같은 소위 기본적인 요소들에만 의지하고 있네. 그러나 이러한 모든 것들은 앞에서 언급한 기술적 요소들에 의해 영향을 받지. 한 마디로 자네의 생각은 너무 이론적이야. 그렇기 때문에 그것들은 현실하고는 맞지 않는 것이네."

유가증권과 원자재 투자를 하는 내 친구에게 상승장과 하락장 투자에 대해 내가 해준 많은 조언들은 사실 일반적인 증권시장에서도 얼마든지 써먹을 수 있다.

사람들은 가끔 어안이 벙벙해하며, 증권시장은 왜 경기하락에도 불구하고 상승하며 경기가 호황기인데도 하락하는지를 묻곤 한다. 증권시장 추세와 경기변동 추세는 서로 간에 상호의존하고 있으며 동일한 법칙에 지배되고 있다. 그러나 결코 평행선 상에서 진행되지는 않는다는 것이 나의 설명이다.

몇 년 전에 이미 나는 그 당시 가끔 인용되어지는 다음과 같은 예를 든 적이 있다.

"한 남자가 그의 개와 함께 길을 따라 가고 있는 그림을 상상해 보십시오. 그 남자는 일정하게 앞으로 걷고 있습니다. 그것이 바로 경제이지요. 개는 앞으로 달려가며 이리저리 뛰어다니다가 그의 주인에게 돌아옵니다. 다시금 앞서 달려 나갔다가 또 다시 돌아옵니다.

개가 걸어 다닌 길이 증권의 움직임을 나타낸 것입니다. 주인과 개, 둘 모두 앞으로 나아갑니다. 마침내 그들은 산책의 목적지에 함께 도달합니다. 주인은 1킬로미터를 걸었습니다. 그러나 개는 동일한 산책길을 왔다갔다하면서 3킬로미터 또는 4킬로미터를 걸었습니다. 증권시장의 움직임도 이와 아주 동일합니다. 그들은 앞서거니

뒤서거니 하며 경제적 확장에 동행합니다."

돈과 신용상황, 그리고 대중심리, 이 두 가지 근본적인 요소들은 경기변동이나 증권시장 또는 경제에 동시에 작용하지 않는다. 화폐시장과 경제적 삶은 유기적으로 밀접한 관계를 가지고 있다. 그러나 이 관계는 사업상으로는 아주 적절할지 모르지만 증권시장에서는 그렇지 않다.

내 생각으로는 개별 주식이 아니라 전체 증권시장의 시세를 놓고 볼 때, 더욱 결정적인 영향을 끼치는 것은 근본적인 사실보다는 환상과 돈이라는 요소이다. 물론 거기에도 예외는 있다. 만약 근본적인 이유들이 매우 심각하게 존재한다면, 아주 비관적인 상황에서도 주가는 상승할 수 있다. 그러나 그 움직임은 매우 느리다. 왜냐하면 어느 정도는 험한 파도를 헤치며 앞으로 나아가야 하기 때문이다. 이런 현상은 반대의 경우에도 적용된다. 만약 어느 주식을 둘러싼 기본적인요인들이 낙관적 추세에서 이야기되면 그 주가는 일반 추세보다 훨씬 빠르게 상승하게 된다.

또는 시장이 전체적으로 낙관적일지라도 좋지 않은 주식은 그 기본적인 이유 때문에 주가가 바닥으로 떨어질 수 있다. 따라서 증권시장 전체가 하나의 추세를 가지며 모든 주식은 하나하나 별도로 자기만의 기본적인 요인에 의한 추세를 갖는다. 기본적 요인들은 매우 중요하다. 그러나 자본이라는 거대한 태풍 앞에서는 제대로 길을 뚫고 나가기 힘들 수도 있다.

뿐만 아니라 시세의 변화가 근본적 방향과는 반대로 나타나는 경우도 자주 눈에 뜨인다. 왜냐하면 불안정한 경제 상태가 앞에서 이미 설명했듯이 금리를 인상시키거나 유동성을 악화시킬 수도 있는데 그것은 기업들이 직접 투자를 위해 가지고 있는 현금을 있는 대로 끌어모으기 때문이다. 그리하여 이윤과 배당금 등 기본적인 요인들이 부정적인 데다가 경기가 불황이고 금리마저 떨어지는 상황에서도 주가는 올라가는 경우가 종종 일어난다. 경제가 호황이고 무역과 산업이 번창하며 사람들이 보유하고 있던 자본을 더욱 늘리기 위해 풀어놓는다면 기관들(중앙은행, 정부)은 경제 과열을 막기 위해 제한적 수단들을 시행한다. 할인율은 상승하고 대출이 제한될 것이다. 그 결과 통화량은 줄어든다. 또한 은행들은 금리를 올리고 극단의 경우에는 이미 승인했던 대출을 줄이거나 중단하기도 한다.

한 주식의 정확한 가치와 시세가 절대로 일치하지 않는다는 것은 명백한 사실이다. 주식의 시세는 언제나 그 가치보다 높거나 또는 낮다. 그렇다면 주식의 가치라는 것이 정확히 측정 가능한 것인가? 그것이 가능하다면 한 제조회사의 정확한 가치를 제시할 수 있을 것이며, 증권시장이 존재할 필요가 없어질 것이다. 하나의 주식값을 정확하게 계산하기 위해 우리는 컴퓨터의 도움을 받는다. 그러나 이것은 전혀 들어맞지 않는다. 그렇기 때문에 컴퓨터로 증권시장 추세를 예측하고자 하는 모든 실험들이 좌절을 맛보는 것이다.

어떤 주식에 대한 추정과 평가는 투자자들에 달려 있다. 그러나 사람마다, 그리고 동일한 사람일지라도 한 기업의 전망과 미래에 대한 의견은 날마다 변한다. 많은 요인들이 평가에 영향을 끼치며 매도자의 감정과 개인적 문제도 중요한 역할을 한다.

전체 증권시장의 추세를 평가하고자 할 때도 이러한 것들이 동일하게 적용된다. 마지막으로 증권시장의 분위기는 증권시장 참여자들 간의 타협에 달려 있다. 그들의 과반수가 낙관적인지 또는 비관적인지에 대한 타협 말이다. 이로부터 발생되는 소위 증권시장 분위기는 시세에 결정적인 영향을 미친다. 그리하여 이런 시황에서 다시 주식을 매도하는 것이 좋은지 또는 반드시 그렇게 해야만 하는 것인지 투자자들은 알 수 있으며, 또는 현금을 보유하고 있는 사람이라면 지금이 주식을 매입할 때인지 아닌지를 알 수 있게 될 것이다.

하여튼 분위기가 어떻게 만들어지는지에 대해선 꼭 집어서 말하기가 어렵다. 왜냐하면 그 분위기라는 것은 미래보다는 현재와 더 관련이 있기 때문이다. 비관주의와 낙관주의에는 역사적, 정치적, 경제적 또는 예를 들어 재정정책에 대한 신뢰 또는 불신 등 여러 요소들이 작용을 한다. 그러나 이러한 요소들은 결코 객관화할 수 없는 것들이다.

우리가 증권시장의 기분 또는 분위기라고 말하는 것은 결코 논리학을 따르지 않으며 자주 전문가들을 놀라게 한다. 증권시장의 논리는 일상생활의 논리와 같지 않다.

시세가 상승하면 사람들은 몰려오고
시세가 하락하면 사람들은 떠난다

사람들이 위의 말을 곧이곧대로 받아들인다면, '증권시장의 심리학'에 대해 말할 필요도 없을 것이다. 하지만 증권시장은 심리학 그 자체이다. 1688년 증권시장에 대하여 출간된 최초의 책인 『혼돈 속의 혼돈』에도 이 같은 사실이 잘 나타나 있다.

우리가 사는 세상은 밀물과 썰물 같은 순환, 사계절의 연속, 변화하는 달의 끊임없는 순환 등의 자연 상태를 보여준다. 사회적 삶 속에서 우리는 경제에서의 호황과 불황, 민족 간의 전쟁과 평화—요컨대 인간 공동체의 역사—속에서 낙관주의(혁신)와 비관주의(정체) 간의 왕복운동 등의 순환들을 만나게 된다. 증권시장도 이와 똑같다. 이곳에서도 대중심리가 결정적 요인으로 작용하여 이러한 끊임없는 움직임을 가능케 한다.

금융시장에서 일어나는 일들을 보다 투명하게 들여다보기 위해서 나는 십 수 년간의 경험과 관찰을 거쳐 주식, 채권, 귀금속, 원자재 등의 시장, 그리고 투자가 이루어지고 있는 모든 시장들에서의 순환적 시세 움직임에 관한 이론을 개발했다. 또 다른 나의 저작인 『증권 세미나』에 자세히 나와 있는 내용이므로 여기서는 간단하게만 소개하도록 하겠다.

증권시장의 순환은 다음 세 종류의 발전단계로 이루어져 있다.

1. 조정국면
2. 적응국면 또는 동행국면
3. 과장국면

상승운동을 예로 들어 보자. 새로운 첫 번째 단계 동안 아주 큰 폭으로 하락했던 시세가 어느 정도 현실적이고 적당한 수준으로 조정된다. 두 번째 단계에서 시세는 진행되는 사건들과 평행으로 발전하게 된다. 만약 이러한 사건들이 특정 종목에 부정적으로 작용하면 그 종목의 시세는 적절한 수준으로 다시 떨어진다. 그러나 만약 사건들이 호재로 작용한다면 이들 종목들의 시세는 상승운동에 동행한다. 두 번째 단계의 어느 시점에서 긍정적인 요소가 계속 작용한다면 자동적으로 세 번째 단계로 넘어가게 되는 위험이 뒤따른다. 상승시장의 이러한 단계에서 시세는 매 시간마다 높게 뛰어오른다. 시세와 증시 분위기는 상호 영향을 주고받으며 단계적으로 상승한다. 상승된 시세는 장밋빛 분위기를 만들어 내고, 낙관론자들은 끝 모를 행복감에 젖게 된다. 이러한 것들이 이제 시세를 계속 상승 쪽으로 몰고 간다. 결국 군중의 히스테리가 시세를 끌어올리는 것이다.

세 번째 단계의 낮은 시세는 순환적 하강운동에서 무거운 비관주의를 만들어낸다. 이러한 비관론은 다시금 가격을 억누르게 되고 시세는 추풍낙엽처럼 떨어진다. 과장단계의 이러한 하강 파도 또는 상승 파도는 모종의 심리적 전기충격이 악마의 순환을 돌파하고자 할때까지 이어진다. 반대의견들이 이미 존재하고 있을지라도 전기충격이 오지 않으면 마지막 단계는 아주 천천히 진행된다. 그러다가 어느날 갑자기, 인식할 만한 뚜렷한 동기도 없이, 이에 대한 준비조차 되어 있지 않은 투자자들과 특히 전문가들에게 아주 커다란 놀라움을 선사하면서 시장의 시세는 극적으로 반전한다. 이제 순환의 반대운동이 시작된 것이다. 이것이 증권시장에서의 영원한 회전 또는 윤회여행이다.

그러면 이러한 세 단계에서 투자자는 각각 어떻게 행동해야 할 것인가? 소위 하강운동의 세 번째 단계인 과장국면에서 주가가 계속 떨어지는 상태에서 매입을 한다. 그리고 주가가 더 떨어진다 하더라도 놀라서 허둥거리면 안 된다. 왜냐하면 부다페스트의 곡물 거래소에서 노련한 투자자들이 이미 말했던 것처럼 "가격이 하락했을 때 밀을 갖고 있지 못한 사람은 가격이 올라도 밀을 갖지 못하기"때문이다. 상승운동의 첫 번째 단계에서는 시세가 저점을 통과했기 때문에 계속 매입한다. 두 번째 단계에서는 관객으로만 머물며 시장의 움직임에 단지 수동적으로만 대처한다. 그리고 세 번째 단계로 넘어가면 시장을 지배하고 있는 행복감에 동행하기 위해 슬슬 준비를 차린다. 이렇게 증권시장의 순환적 움직임 속에서 투자자들의 3분의 2는 추세와는 반대로, 3분의 1은 시세와 함께 가고자 할 것이다.

투자자가 하강운동의 세 번째 단계인 과장국면에서 추세와 반대로 간다는 것. 이는 동료들, 대중매체, 그리고 전문가들이 매도를 권장하는 상황에서 반대로 행하는 것을 뜻하며, 일반적 추세에 역행하여 주식을 매입하고자 하는 것이다. 은 물론 매우 어려운 일이다. 왜냐하면 이론을 알고 있으면서 그것을 따르고자 하는 사람조차도 마지막 순간에는 군중심리의 압력에 쉽게 굴복하고 말기 때문이다. 그들은 생각을 바꾸고 "이번에는 상황이 달라"라고 말하며 군중의 물결에 휩쓸리고 만다. 그러나 이번에도 자신의 결정이 최선책이 아니었다는 것을 뒤늦게 알게 된다.

따라서 투자자가 군중 히스테리를 떨쳐 버리기 위해서는 많은 훈련을 해야 하고, 다른 사람들을 믿지 말아야 하며 조금은 건방진 면이 있어야 한다. "너희들은 모두 바보야. 나 혼자만 뭔가를 알고 있지." 또는 "어쨌든 내가 더 많이 알고 있어!"라고 말할 수 있기 위해서는 약간의 교육이 필요하다. 그것들이 결코 훌륭한 특성이라고 말할 수는 없지만 스스로 생각하기 위해, 그리고 부득이한 조건 하에서 성공하기 위해서는 아주 유익한 것들이다. 그렇기 때문에 증권시장에서 단지 소수만이 성공적으로 투자를 하게 되며, 대다수는 손실을 보는 쪽에 속하게 되는 것이다.

최근 요하네스 그로스가 자신의 칼럼에 다음과 같은 견해를 피력했다.

존 트레인은 만약 누군가 투자에서 확실하게 성공하려면, 상황을 정확히 판단해야 할 뿐만 아니라 다른 모든 사람들이 잘못되어 있어야 한다는 전제가 필요하다고 말했다. 만약 금융계에서 어떤 일치된 합의가 이루어진다면, 성공적인 투자자들은 즉시 그 소식을 기쁜 마음으로 받아들인다. 많은 사람들의 의견은 잘못되기 마련이므로 이제 그 성공적인 투자자에게는 사냥감이 풍부한 사냥터가 열릴 것이기 때문이다.

다시 세 번째 단계에서의 투자로 돌아가 보자. 이 단계에서 사람들은 어떠한 상태에 있는가? 이 단계에서 완전한 투자방법이 없는 것과 마찬가지로 완벽한 지침서 또한 없을 것이다. 사람들이 맹목적으로 따라할 수 있는 방법도 있을 턱이 없다. 상태가 어떠한지 그리고 어떻게, 어떠한 강도로 대중이 반응을 할 것인지? 증권시장의 기술적 상태는 어떠하고 누구의 수중에 주식이 들어 있는가? 소신파들의 손에 있는가, 아니면 부화뇌동파들의 손에 있는가? 이러한 모든 것들에 대한 해답을 나는 경험으로부터 얻어야만 한다.

한 단계에서 언제 다른 단계로 넘어갈 것인가를 정확하게 계산해 낼 수 있는 과학적인 방법은 없다. 언제 변환점이 올 것인가를 달력으로 정확히 계산하는 것은 맞을 확률이 더욱 낮다. 하나의 상승운동은 일 년이 걸릴 수도 있고, 또는 단지 몇 달이 걸릴 수도 있다. 사람들은 자신들의 경험을 바탕으로 이러한 징후를 스스로 찾아내야 한다. 만약 증권시장의 시세 또는 추세를 '학문적' 방법을 가지고 예측하고자 하는 사람이 있다면, 그는 사기꾼이거나 바보이다.

매우 오랜 경험을 통해서만이 흔히들 '손가락 끝 감각'이라고 부르는 것을 얻을 수 있다. 숱한 경험과 산전수전 다 겪은 투자자도 잘못 예측할 수 있다. 더욱이 그는 필수적인 경험을 수집하기 위해 자주 헤매야 한다. 자신의 생애에서 적어도 두 번의 파산을 경험하지 않은 사람에게는 '투자자'라는 표현이 어울리지 않는다. 우리 모두는 어두운 공간 속에 있다. 그러나 이미 수십 년 동안 이 방에 머물러 온 사람이 바로 얼마 전에 들어온 사람보다는 틀림없이 더 쉽게 올바른 길을 찾을 것이다.

나의 사촌 조지 카토나라면 내가 말하는 '예술' 또는 '손가락 끝 감각' 같은 개념에 대해 회의적으로 바라볼 것이다. 왜냐하면 그는 학문적 담론에 얽매여 있기 때문이다. 그럼에도 불구하고 증권심리학이 하나의 영원한 즉흥시라는 것을 그도 이해하리라고 나는 믿는다. 사람들은 증권시장에서 일어나는 일과 대중의 반응을 절대로 예언할 수 없다. 단지 추측할 뿐이다.

공황-대중심리의 한 예

　대중심리의 반응은 전염병과도 같다. 만약 연극 공연 때 한 사람이 하품을 하게 되면 짧은 시간 내에 모든 사람들이 그를 따라 하품을 한다. 한 사람이 기침을 시작하면 다름 사람들도 곧바로 기침을 한다. 증권시장도 이와 같다.

　"고통은 그 자체로는 긍정적이다"라고 심리학자 쇼펜하우어는 말했다. 행복은 고통이 없다는 뜻이다. 투자자에게 있어 유일하게 긍정적인 고통은 손실, 약세장 투자, 또는 그보다 더한 주가 폭락과 같은 것이다.

　주가 폭락은 투자자의 상태를 감지할 수 있는 하나의 현상이며 폭락이 갑작스럽게 오면 올수록 그 상태는 더 잘 드러난다. 주가 폭락은 갑작스럽게, 그리고 신들의 복수와도 같이 격렬하게 오는 반면에, 시세가 상승할 때는 부드럽기가 그지없다. 사람들이 알아차리지도 못할 정도로 한 발짝 한 발짝씩 기어오른다. 주가 폭락은 재산을 한 순간에 붕괴시킨다. 먼저 갑작스런 충격으로 재산을 깨뜨리고, 그런 다음 결국에는 재산을 완전히 가루로 만들어 버린다.

만약 바로미터가 안정적이면 증권시장의 상황은 만족스럽다. 모든 것이 잘 돌아가면 투자자는 이익을 챙길 수 있다. 증권시장이 잘 돌아가면 이는 투자자에게 지극히 정상인 것으로 보이고, 질서가 잡힌 것처럼 보인다. 그는 상황이 잘못 돌아갈 수도 있다는 것을, 더욱이 매우 폭력적으로 돌변할 수도 있다는 것을 상상조차 하지 못한다. 그런 일이 일어날 수도 있다고 말하면 그는 모욕감을 느낄 것이다.

그러다가 정말 증권시장이 폭락하고 시세 하락이 그의 재산을 갉아먹게 되면 그는 그제야 고통을 느낀다. 그리고 그는 자신이 운명에 의해 부당한 대우를 받는다고 느낀다. 이제 이윤은 환상이고 손실만이 현실이다.

전쟁과 주가 폭락은 역사의 기나긴 길 위에 있는 이정표이다. 그것들 스스로가 역사이고, 역사를 끌고 가며, 역사를 여러 시기로 나눈다.

증권시장의 역사는 호황과 주가 폭락같이 좋은 시기와 나쁜 시기 간의 교환으로 특징지어진다. 이들은 결코 뗄 수 없는 짝이다.

호황은 번영의 리듬 속에서 우선 돼지의 방광처럼 서서히 팽창한다. 그러다가 어느 날 갑자기 돌아보면 바늘 끝 하나에 의해 터져 버릴 만큼 거대한 풍선이 되어 있다. 투자에도 법칙이 존재한다. 호황이 앞서지 않은 주가 폭락이 없고, 주가 폭락으로 끝나지 않는 호황은 없다.

프랑스인들은 증권시장의 폭락을 표현하는 데 독일어 'Krach'를 빌려 썼다. 이는 'Krack'으로 발음되며, 거울이 깨지는 것을 연상시킨다. 영어로는 'Crash'라고 한다. 이것은 구름 한 조각 없는 파란 하늘에서 천둥이 치는 것처럼, 어떤 예고도 없이 갑작스럽게 폭발하는 것이다.

오늘도 투자자들은 1987년 10월 19일의 세계적인 주가 폭락을 뼛속 깊이 새기고 있다. 도대체 이러한 참사가 어떻게 올 수 있었단 말인가?

1987년 여름, 아무런 까닭도 없이 금리가 천천히 오르기 시작했다. 그러나 금리가 오르는 것보다 낙관론자들의 전망이 더 우세했다. 그리하여 주식 시세는 바퀴가 한번 구르기 시작하면 멈추기 힘들 듯이 계속해서 높게 치솟았다. 그러자 슐레징어의 지휘 아래 독일 연방은행은 인플레이션(독일의 성스러운 소)을 억제하기 위해 이자율을 높였다. 그 뒤를 따라 미국의 연방준비제도이사회는 한번 미국의 금리를 인상시켰다.

그것이 바로 부풀대로 부푼 풍선을 터뜨린 바늘 끝이었다.

투자자들은 풍선 속의 공기는 금리 상승과 함께 몇 개월 뒤엔 저절로 풍선에서 빠져나간다는 사실을 간과했던 것이다.

최고치에 대한 반사작용으로 시세가 25퍼센트 하락하는 것이나 상승운동이 5년 동안 이어지는 것이 내게는 결코 새로운 것이 아니다. 나는 이미 20번이나 이런 일을 경험했던 것이다. 그런 나에게도, 시세가 이미 7~8월에 최고치에 도달했으며 이미 약간 떨어지고 있었다고 하더라도 다우존스 지수가 하루에 500포인트나 빠진 것은 놀라운 일이었다. 그러나 갑자기 폭락장이 들어서서 시세가 급격하게 떨어지게 된 것은 몇 가지의 기술적 사건의 결과였다.

우선 시카고에서 도박꾼들의 횡포가 있었다. 그곳에서 사람들은 약 5퍼센트의 보증금만 내고 신용으로 주식거래를 할 수 있었다. 이를 통해 수십억에 달하는 거래가 이루어졌다. 이는 완전히 타락한 상태였다.

지수계약을 가지고 하는 거래는 비뚤어진 게임의 한 가지이다. 오늘도 유혹자는 이러한 왜곡된 게임을 가지고 그들이 증권시장으로부터 벌어들여 조성한 거대한 카지노로 대중들을 유혹하고 있다. 이 시장에는 기관의 주식 소유자를 제외하고는 무엇보다도 소액 투자자들이 커다란 자리를 차지하고 있다.

지수는 평균가격일 뿐이며 별다른 의미를 지니고 있지 않다. 지수라는 것은 언제나 있게 마련이다. 지수거래는 인플레이션 동안에 현물 정기거래를 통해 많은 돈을 번 시카고 중개인들의 발명품이다. 인플레이션이 성공적으로 잡히고 나서 더 이상 현물거래로 돈을 벌기 어려워지자 그들은 지수계약 거래를 하기 시작했다. 1990년 7월에 약 17만 달러의 액수에 달하는 500여 종의 주식으로 지수계약이 시작되었다. 이것을 놓고 게임을 하기 위해 그들이 투입하는 돈은 단지 1만 달러에 불과했다. 은행원들의 말에 따르면 매입한 증권의 94퍼센트가 신용으로 산 것이라는 것이다. 그것은 잘못 되도 한참 잘못된 것이다. 그렇게 되면 상승효과는 희소가치를 갖게 된다. 현물 선물시장에서는 더욱 그렇다. 적어도 10퍼센트는 투입해야 했던 20년대의 증권시장에서는 그런 일이 한 번도 일어난 적이 없다.

그러나 소액 계약 투자자들은 500여 주식들의 시세에서 형성되는 계약의 가치를 전혀 스스로 계산할 줄 모르기 때문에, 얼마 전부터 이들을 위한 새로운 방법이 생겨났다. 즉, 머리를 짜서 만든 컴퓨터 프로그램이다. 거래자의 컴퓨터는 매분마다 증권시장의 총 500개 주식 중 약 50~100개 주식이 어떻게 움직이는지를 보여준다.

500개의 주식 중에서 어떤 50~100개의 주식을 선택할 것인가도 물론 컴퓨터가 계산한다. 평균치와 가장 평행으로 움직이는 주식들이 있다. 컴퓨터 모니터에 나타나는 수치에 따라 거래인은 반응을 한다. 예를 들어 만약 지수거래가 동일한 시간에 주식 시세보다 단지 0.5퍼센트 높은 상태에 있다면 그는 계약을 팔고 주식을 사게 된다.

이와 반대로 만약 거래가 바랬던 것보다 0.5퍼센트 낮은 상태에 있게 되면 그는 지수계약을 사고 주식을 팔게 된다. 이것을 재정거래라고 한다. 왜냐하면 여기서 주식은 전혀 주고받지 않았기 때문이다. 아주 짧은 시간 내에 작은 모순덩어리 거래들이 이루어지거나 상황이 반전되어 버린다. 예를 들어 최단 시간 내에 높은 가격에 팔린 지수거래들은 만일 상황이 반전되면 예상보다 낙폭이 더욱 커지게 된다는 전제 하에 거래가 이루어지는 것이다. 그렇게 되면 재정거래자는 취득했던 주식들을 팔아서 팔았던 지수계약을 다시 사게 된다. 이것은 오로지 그 어떠한 생각이나 동기도 없이 모순투성이의 거래가 번개같이 빠르게 계산되는 것이다.

금리 상승으로 인하여 시세가 하락하면 거래인들은 돈을 더 많이 밀어 넣어야만 한다. 왜냐하면 시세하락은 그들의 5퍼센트 보증금을 잠식하기 때문이다. 만약 불입금이 몇 분 내에 정확히 불입되지 않으면 어려움에 처해 있는 계약은 강제로 집행되어 버린다. 그것이 대량 매도의 첫 번째 파도인 것이다.

1987년 10월 19일 폭락의 두 번째 기술적 요인은 다음과 같다. 그들의 증권구좌에서 수십억의 주식들을 마음대로 주무를 수 있는 소위 매우 영리한 골든보이들이 불안감을 갖기 시작했다. 그럴 만한 이유가 있었다. 뉴욕 한 군데만 하더라도 그들의 동료 중 6만 명이 좋은 직장과 호화 아파트 그리고 고급 자동차 등을 잃어버렸기 때문이다.

그들은 유가증권을 '보증하고자' 했다. 즉, 그들은 수십억의 주식을 시카고 지수시장에서 기간을 두고 매도했다. 이와 함께 가격은 더욱 더 바닥으로 급격히 곤두박질쳤다.

소위 이러한 유가증권 보험은 원래 증권시장에서 발생할 수 있는 폭락에서 자신들을 보호하기를 원했던, 거대한 금융기관들을 위한 보험기구였었다. 그들은 매우 귀찮더라도 결코 주식을 매도하지 않았으며 그보다는 지수계약을 매도했다.

물론 연쇄반응이 일어났다. 왜냐하면 시세가 떨어지면 떨어질수록 더욱 낮은 지수계약거래가 이루어졌기 때문이다. 시장이 바닥으로 가게 된 것은 금리를 올린 결과였지만 그처럼 큰 폭락이 발생한 것은 시카고의 비뚤어진 게임 탓이었다. 여기에 더하여 울타리 밖에 있던 수천 명의 소액 구경꾼들의 지수계약이 강제집행 되는 바람에 모든 대중들은 일시에 혼란 속으로 빠지게 되었다. 대중들은 만약 다우존스가 500포인트 폭락하는 것을 보게 되면 양떼들처럼 한사람 뒤를 다른 사람들이 뒤따른다. 그리하여 보유하고 있던 주식들을 완전히 팔아버린다. 그 날 나는 한 브로커 곁에 있었으며 고객들이 얼마나 소란스럽게 전화를 해대는지를 들었다. "모두 팔아 버려!" 그것은 어떤 한 종류의 주식 또는 다른 종류의 주식이 아니라 가지고 있는 주식을 몽땅 팔아 버리라는 것이었다.

강제집행, 기관의 유가증권 완전매도, 대중의 소란, 이 모든 것들이 1987년 증권폭락을 야기시킨 주요 요소들이다.

당시 세상은 온통 흥분의 도가니였다. 그런 속에서 나는 하루 종일 TV, 라디오, 신문과 인터뷰를 해야만 했으며, 셀 수 없을 만큼 많은 전화를 받았다. 그러나 대부분의 주가 대폭락 때처럼 나 자신은 매우 차분했다. 그때 나는 이미 열 살 때부터 투자를 시작한 증권시장의 여우이자 나의 오래된 친구인 오이게네 바인렙을 떠올렸다.

어느 날 그의 비서가 달려와서는 매우 흥분된 어조로 말했다.
"주가가 급격히 떨어지고 있습니다!"
그는 아무렇지도 않게 대답했다.
"뭐? 주가가 하락한다고? 그렇다고 내가 흥분할 것 같나? 나는 아우슈비츠에서 3년 동안이나 있었다구."

당시 많은 사람들이 "주식시장이 미쳤어"라며 '혼란, 소란, 히스테리' 등을 이야기했다. 이 분야를 전공한 심리학자들은 그러한 '검은' 증권시장의 날에는 보통 이성에 의해서만 반응되는 영역의 무의식으로부터 오는 어둡고, 소위 죽음을 갈구하는 힘들이 점령한다는 그들 이론이 입증되는 것을 지켜보았다. 나는 재해에 대해서 여전히 지나칠 정도의 비관론을 유지하고 있었다. 그럼에도 불구하고 나는 인간 본성에 대해서는 호의적인 시각을 갖고 있었다. 영혼 깊숙한 곳의 어두운 힘들이 폭락을 불러일으킨 게 아니라, 그보다는 오만이 폭락을 불러일으킨 것이라는.

호황일 때 투자자들은 특히 방자하게 된다. 행복감에 쌓인 그들은 풍선이 터질 수 있다는 것을 알지 못한다. 그렇지만 바늘 끝은 언젠 가는 다가오게 마련이다. 다음과 같은 오래된 이야기가 있다. 시세상승 및 시세하락, 행복감과 폭락, 밀물과 썰물은 모두 순환한다는 점에서 는 같다. 그러나 단 한 가지 차이가 있다. 해양학자는 썰물과 밀물의 차이를 1초 안에 계산할 수 있다는 것이다.

심지어 증권시장의 늙은 '해양학자'인 나조차도 폭락의 정확한 시 점과 강도를 예견할 수 없다. 그러나 나는 이미 1986년 6월에 〈캐피 탈〉지 칼럼에 다음과 같이 썼다.

…지난 몇 달 동안 매수자들의 질이 그리 좋지 않다. 내국인이든 외 국인이든 마찬가지이다. …요즘 수백만의 주식들이 좀 더 높은 시세 에 되팔고자 벌벌 떨고 있는 사람들의 손에 들어 있다. 만약 새로운 매수자가 나타나지 않는다면, 그들은 인내심을 잃게 되어 손해를 보고서라도 팔게 될 것이다.

1987년 9월에 나는 당시 증권시장의 상태에 대한 나의 평가가 옳았 다는 것과, 이미 15개월 전에 내가 가진 독일 주식들을 팔아버렸다는 것, 그리고 이제 독일 시장에서 빠져 나올 계획이라는 것을 널리 알리고자 한다고 말했었다. 그러면서도 한편으로 나는 신주 발행이 어떻게 이루어지는지, 그리고 은행들이 어떻게 시장의 히스테리를 부추기고 있는지를 지켜보았다.

나는 그런 일들이 어떻게 진행되는지를 알고 있다. 예를 들면 독일의 한 대형 은행의 관리자가 스코틀랜드에 있는 존스 씨에게 전화를 걸어 이렇게 말한다.

"존스 씨, 지금은 지멘스에 동승해야 합니다."

영향력 있는 독일의 한 은행 관리자가 자신을 신뢰하고 있다고 느낀 그는 감격해한다. 그는 곧바로 지멘스의 주식 5만 주를 산다. 그렇게 해서 시세 상승이 이루어진다.

이때 런던 경제학교나 하버드 경영대학에서 이제 막 시험을 마치고 강의실 의자에서 곧장 금융기관의 의자로 옮겨 앉은 젊은 유가증권 매니저들은 증권시장이 어떻게 돌아가고 있는지 전혀 모르고 있었다. 독일의 증권거래인들도 독일 증권시장을 지나치게 과대평가했다. 만약 모든 사람들이 일시에 팔고자 한다면 그 유명한 '병목 현상'이 발생하게 되는데, 그 엄청난 액수를 감당하기에 독일 증권시장은 너무 작았던 것이다.

1987년 10월 19일보다 한 달 앞서 발표된 나의 '10월 칼럼'에는 다음과 같이 쓰여져 있다.

세계 증권시장의 지속적인 상승 앞에는 얼마나 더 이런 현상이 계속될 수 있을 것인가, 언제 전환점이 올 것인가, 그리고 폭락사태는 올 것인가 등의 질문이 놓여 있다. 비관론이 팽배했던 1980년대 초반, 나는 주가 상승이 늦게 나타날수록 증권시장의 상승은 더욱 더 폭발적으로 일어날 수 있다고 기술한 바 있다. 증시는 마침내 폭발했으며, 이는 월스트리트 한 곳만이 아니라 세계 곳곳의 작은 증권시장들도 마찬가지였다.

나의 신조, 즉 "언제나 겁을 먹어라. 그러나 절대 놀라지는 말라!"가 다시 한 번 옳다는 게 증명되었다. 칼럼에는 굵은 글씨체로 다음과 같이 적혀 있다.

"증권시장의 다음 폭락은 틀림없이 온다. 그러나 시장이 오랫동안 상승세를 지속하게 된다면 소련에 감사하라!"

고르바초프 시세 상승

그것은 삼중의 명중탄이었으며, 운동선수들이 말하는 '해트 트릭'이었다. 시장이 붕괴되었다. 그럼에도 불구하고 주식시장은 계속해서 상승세로 진행되었다. 사람들은 당시의 상승세로의 진전을 '고르바초프 시세 상승'이라고 부른다.

변화된 동서간의 관계는 두 사람의 덕택이었다. 무장, 초과무장 및 추가무장에 수십억 달러, 그리고 다시 한 번 수십억 달러를 지출했으며 더욱이 이를 위해 재정적자를 참아내야 했던 당시 미국 대통령 로널드 레이건과 영리하고 이성적인 '국가인' 미하일 고르바초프이다 (그는 결코 정치인이 아니라 '국가인'이라고 나는 강조한다). 그는 소련의 경제는 비용게임의 무기경쟁에서 숨이 차게 될 것이며, 자본주의보다 더 빨리 힘들어질 것이라고 내다보았다.

제네바 협정 당시 고르바초프는 세 번이나 회의장의 자리를 비웠으며 거의 회담을 망치게 했다. 그럼에도 불구하고 로널드 레이건은 굳게 자리를 지키고 있었다. 따라서 크레믈린의 주인은 레이건과의 회담을 끝내기 위해서 필요한 의견들을 가지고 제 자리로 돌아와야만 했었다. 오늘도 유럽의 경제인들은 '카우보이'또는 '얼뜨기 배우'인 레이건이 중무장으로 미국을 지옥의 언저리로 끌고 갔다는 견해를 가지고 있다.

부다페스트의 한 유머가 이를 아주 잘 비유하고 있다.

영리하고 신중한 그륀이 10만 포린트(형가리의 화폐단위)를 투자하고자 한다는 말을 들은 저축은행 지점장이 말했다.

"높은 이자를 쳐 드릴 테니 우리에게 관리를 맡기십시오."

그러자 그륀이 걱정스러운 표정을 지으며 물었다.

"그러나 만약 당신들이 부도를 내면 어떻게 되지요?"

"국책 은행과 헝가리 정부가 우리를 보증합니다."

"만약 그들도 부도를 낸다면요?"

"그건 불가능한 일이지요. 소련 정부가 그들을 보증하고 있거든
요."

"아주 좋군요. 그런데 만약 그들조차 멸망하면 어떻게 되지요?"

매사에 조심스러운 구두쇠, 그륀이 이렇게 묻자 지점장이 대답했다.

"그륀 씨! 우리끼리 얘긴데요, 소련정부가 당신에게 십만 포린트의
가치가 있습니까?"

세계 정세에 근본적인 변화를 줄 수 있다면 미국이 조금 재정적자
를 본들 무슨 대수이겠는가?

신뢰를 주는 고르바초프의 정치와 군비 축소, 그리고 그가 이끄는
개방정책은 미국이 소련과 모든 동구권에 대해 수출을 금지한
COCOM 목록을 조금 누그러뜨렸으며, 아마 결국에는 완전히 없애
버리게 될 것이라는 전망을 낳게 했다. 소련은 이전에는 금지되었던
수천 종의 물품을 사들였다. 당연히 미국으로부터 가장 먼저 사들였
으며 특히 최첨단 제품들을 수입하기 시작했다. 서유럽과 일본에서

도 물건을 사들이기 시작했으므로 소련은 자연히 그들 나라의 우수 고객이 되었다.

나는 1920년대에 소련이 독일 산업계에 어마어마하게 많은 주문서들을 냈던 것을 기억하고 있다. 내가 알고 있는 많은 사람들—그들 대부분은 러시아에서 도망쳐 나온 사람들이었다—은 모스크바의 국영기업이 수입대금으로 지불한 어음을 할인하여 재산을 모으는, 뛰어난 사업수완을 발휘했다. 그들 중 많은 사람들은 명품관의 마네킹(쓸모없는 인간)이 되기도 했지만 부유한 귀족과 그들의 아름다운 부인들은 파리로 갔으며, 사업을 하는 사람들은 베를린으로 갔다. 독일 기업들은 소련으로의 수출 자금을 조달하기 위해 연 30퍼센트의 이자를 내고 있었다. 이렇게 높은 이자를 내려면 그 기업들이 얼마나 많은 이익을 내야 하는지 상상이 가지 않는다. 그러나 소련이 지불한 어음은 하나도 부도가 나지 않았으며 그들은 그들이 원하는 모든 것을 사들였다.

그 무시무시한 '블랙 리스트'가 완전히 해제된 지금까지도 그들은 그들이 원하는 모든 것을 사고자 한다. 그들의 욕구는 그처럼 어마어마하게 크다. 사람들은 조심스럽게 "그들이 충분한 돈을 가지고 있소?"라고 묻는다. 대답은 "그렇다"이다. 그것은 이 거대한 제국의 땅덩어리 밑에 채굴이 가능한 엄청난 자원이 묻혀있기 때문이다.

소련은 신뢰할 수 있는 나라이다. 나는 이미 제2차 세계대전 당시 러시아 무역사절로 활동했던 많은 친구들을 알고 있다. 그들은 담배 연기 가득한 호텔 방에서 동이 틀 때까지 밤새워 토론을 벌이며 계약서에 서명할 때까지 흥정을 하고 보드카를 마신다. 그러나 일단 서명을 하고 나면 그 뒤로는 어떠한 이의도 달지 않았다. 그리고 마치 영국의 은행처럼 모든 지불이 분명하게 이루어졌다.

나는 1992년부터 시작될 유럽연합 체제에서 무엇을 할 것인가에 대한 질문을 자주 받곤 했다. 나는 기구에 대해서는 확신하지만, 시기에 대해서는 그렇지 않다. 나는 시기는 비현실적이라고 보고 있다. 시기는 절대적으로 중요한 것은 아니다. 왜 그런가는 오늘날에도 가끔 '코미디 프랑세스'에서 공연되고 있는, 1930년에 초연된 줄르 로맹의 프랑스 연극작품이 명확하게 설명해 준다.

한 젊은이가 실패를 비관해 자살하려고 했다. 그는 마지막 순간에 늙은 지리학 교수 르 트루하텍을 만났다. 트루하텍도 심한 충격 상태에 놓여 있었다. 왜냐하면 그의 라이벌이 학회 회원 선거에서 그가 진실하지 못한 학자라고 폭로할 가능성이 있었기 때문이었다. 트루하텍은 자신의 책에다 남아프리카 어딘가에 도노구통가라는 나라가 있으며 거기에는 매장량이 엄청난 금광이 있다고 썼는데, 그의 라이벌은 도노구통가라는 국가는 결코 존재하지 않으며 이는 단지 트루하텍 교수가 날조한 것이라는 사실을 증명했던 것이다.

그 이야기를 듣자 자살하려던 사람은 갑자기 활력을 되찾았다.

"뭐라구요? 도노구통가가 존재하지 않는다구요? 그러면 우리가 당장 그걸 만듭시다."

그 남자는 도노구통가로부터 금을 캐내기 위해 주식회사를 세웠으며, 은행가, 금융가, 언론인들과 관계를 맺으면서 요란스럽게 주식을 분배했다. 곧 전 세계가 도노구통가에 대해서 이야기하기 시작했다. 탐험가, 금광 채굴자, 파산한 생존자 등 모든 사람들이 트루하텍 교수가 기술한 금광을 찾아 나섰지만 결국 찾지 못했다. 그러나 그들은 그곳에다 자신들의 생활 터전을 만들었다. 오두막집을 세웠고, 그 오두막집은 다시 벽돌집으로 변했으며, 그리하여 작은 도시가 생겨났다.

연극의 마지막 장면은 이렇게 끝이 난다. 그들이 도노구통가에 도착한 10주년 기념식 날, 그들은 모든 것이 매우 훌륭하게 진행되고 있다며 즐거워들 하고 있다. 그들이 축제를 진행하면서 학문적 오류에 헌정하는 동상의 덮개를 벗겨내는 순간, 르 트루하텍 교수가 학회 회원으로 선출되었다는 전보가 날아든다.

이와 똑같은 일이 현재 유럽에서 일어나고 있다. 1992년에 대한 기대 속에 모든 것이 성급하게 투자되고, 건축되고, 세워지고 있는 것이다. 1992년부터 유럽통합시장이 보여주게 될 것처럼 이러한 준비는 고르바초프에게서 비롯된 시세상승에서 시작하여 유럽에게만 득이 될 수 있는 경제적 낙관론을 조성할 것이다. 경영학 전공자 몇 사람이 누가 마지막으로 대부분의 이익을 보게 될 것인가를 분석하고자 했다. 확실한 것은 비관론자들을 제외한 모든 사람들이 통합시장에서 이윤을 내게 된다는 것이다.

그리하여 나는 열 번째로 다시 반복하고자 하며, 이 예측도 들어맞기를 기대해 본다. 즉, 지금 세대들은 일찍이 경험해보지 못했던 세계적인 경기 호황에 우리가 지금 다가가고 있다는 것이다.

만약 내가 지금 70세만 되었어도, 즉 좀 더 젊었다면, 상습적 비관론자들의 코를 납작하게 만들 수 있을 것이다. 1987년 이후 3년 동안 사람들이 증권시장으로부터 많은 돈을 벌어들였다는 것이 이를 확인하고 있다. 그러나 증권시장에서 '지도자' 자격증을 받기에 3년이란 세월은 결코 충분하지 않다. 이를 위해서는 적어도 40년간의 수련이 필요하다.

컴퓨터가 투자를 할 수 있을까?

옛날에 한 네덜란드 이주자가 전설에 따라 인디언들로부터 자신을 보호하기 위해 뉴암스테르담(오늘날은 뉴욕 또는 맨해튼으로 불림) 꼭대기에 담을 쌓았다. 오늘날 월스트리트라고 불리는 똑같은 곳에 금융시장들을 엉망으로 만드는 수백만의 히스테릭한 게임가들로부터 시장을 보호하기 위해 다시 높은 담을 쌓는 것이 결코 우연이 아니다.

1987년 10월 19일 증권시장의 대폭락 이래 정치가, 교수, 그리고 증권시장 관계자들은 이와 비슷한 극적인 사건이 반복되는 것을 어떻게 막을 수 있을까에 대해 논의했다. 그러나 유감스럽게도 교수들과 정치가들은 문제의 핵심에 접근할 수 있을 만큼 충분한 경험을 갖고 있지 못했다. 이때에도 정확한 진단은 바로 필요한 처방을 내리기 위해 예측을 하는 것이다.

오랜 증권시장 경험을 통해 나는 지수선물거래를 약간 바꿔야 한다는 의견을 갖게 되었다. 내 생각으로는, 10월 19일의 연쇄폭락의 근원지가 시카고의 지수선물시장이었다는 데는 재론의 여지가 없다고 본다. 내 의견을 설명하기 이전에 먼저 프로그램 매매가 무엇인지, 그리고 금융시장에서 컴퓨터가 어떤 역할을 하고 있는지에 대해 알아보자.

컴퓨터에 대한 가장 큰 도전자이며 개척자인 토마스 왓슨 주니어가 만약 오늘날 컴퓨터가 금융세계의 모든 재해에 얼마나 큰 책임이 있는지를 듣는다면 무덤 속에서 눈을 감지 못할 것이다. 물론 그것은 넌센스이며, 불쌍한 컴퓨터는 실상 아무 죄도 없다.

컴퓨터가 실행하는 모든 것들은 금융매니저들의 지시에 따른 것이다. 사람들이 부패한 생선을 먹어 탈이 났다면, 그걸 먹는 데 사용된 포크나 나이프를 탓할 것인가? 컴퓨터는 이들 식사도구와 마찬가지로 아무 죄가 없다. 잘못은 오직 냄새나는 생선에 있는 것이다. 전자정보 분석체계는 오물을 넣으면 오물이 나오는 것과 같이 자신에게 제공된 먹이를 가공할 뿐이다.

예를 들어, 사람들이 어느 회사의 결산이 어떻게 되었는가에 대해서 알고 싶어 한다면, 자료들을 준비하는 데 있어 컴퓨터는 중요한 보조도구가 될 수 있다. 사람들은 20년 전에는 오랫동안 도서관들을 헤매고 다녀야만 찾을 수 있었던 정보들을 아주 간단한 방법으로 얻게 되었다. 따라서 컴퓨터는 과거에 대한, 그리고 결산이 끝난 회계연도에 대한 정보들을 자유롭게 열람하는 데 도움이 될 수 있다. 그러나 컴퓨터는 결코 미래에 대해서 생각할 수 없으며 투자자들 대신 생각을 해줄 수도 없다.

그럼 프로그램 매매란 무엇이며, 무엇이 잘못되었는가에 대해서 알아보자. 원칙적으로 프로그램 매매는 '스톱-로스(stop-loss)' 방법으로 거래를 빠르게 회전시키는 것이다. 이 방법은 가격이 떨어지고 있다면 가능한 한 빨리 팔아서 손실을 적게 하며, 이와 반대로 가격이 상승하면 계속 상승하기 전에 빨리 사들여서 이익을 늘리는 방법이다. 이 방법은 시장이 오늘날과 마찬가지로 정말로 혼란스러웠던 20년대의 월스트리트에서 유래된 것이다. 당시에도 이미 브로커들에게는 보증금에 관한 조항이 문제가 되었다. 보증금으로 10퍼센트만을 건 매수신청을 받아들여야 했던 것이다. 그러나 그들을 위한 안전장치는 있었다. 예를 들어 10만 달러를 매수하고자 할 때 고객은 1만 달러의 보증금 외에도 2퍼센트 낮은 시세에 '스톱-로스' 매도주문을 한다. 왜냐하면 10퍼센트의 보증금은 5일 뒤에는 벌써 각기 2퍼센트의 시세차이로 인하여 모두 상쇄될 수 있기 때문이다. 이러한 이유로 인하여 브로커는 만약 보증금의 절반 이상을 잃게 되더라도 더 많은 돈을 받아내기 위하여 고객을 쫓아다니는 일은 하지 않아도 되었다.

오늘날 월스트리트의 골든보이들이 추구하는 바는 그러나 20년대의 동료들이 했던 것과는 기본적으로 다르다. 그들은 보증금에 신경쓰지 않는다. 왜냐하면 모든 것이 그들의 거대한 기관에 의해 자동적으로 계산되어지기 때문이다. 그들은 생각할 줄을 모른다. 왜냐하면 그들은 대학에서 경제학만을 공부했지 생각하는 법은 배우지 않았기 때문이다. 그들은 어떠한 시세에 그들이 자동적으로 팔 것인지 또는 살 것인지를 미리 확정을 한다. 그리고 나서 그들은 그들의 거래행위를 '막대그래프 구조' 또는 '타원형'과 같은 무의미한 차트에 의지한다. 차트이론에 대해서는 뒤에서 다시 다루겠다.

오늘날 '스톱-로스' 혹은 '스톱-바이(stop-buy)' 주문은 증권시장 거래에서 금융매니저들이 사용하고 있는 가장 중요한 도구이다. 그들은 버릇이 되어 오래된 증권시장의 좌우명에 따라 행동한다. "시세가 하락하면 더 떨어뜨리고 시세가 오르면 더 올린다." 그 결과 거래는 '스톱-로스' 방식으로 지속된다. 이는 주식이 어느 특정시세까지 하락했을 때 매도한다는 것을 의미한다. 그러나 결코 그 특정시세 위에 있을 때는 팔지 않는다. 예를 들어 어떤 주식이 지금 100에 있다고 하자. 이는 컴퓨터에 입력된 '스톱-로스' 매도거래서에는 '90에 매각하라'는 것을 의미한다. 만약 1만 명의 거래자들이 '스톱-로스' 매도거래서를 90에 그들의 컴퓨터에 입력하여 그 매도신청이 실제로 처리된다면 시장에 어떤 일이 일어날지는 뻔한 이치이다. 동시에 일어난 매도는 시세를 다시 85 방향으로 밀어 넣고 새로운 '스톱-로스' 매도 거래서들이 동시에 입력되면 시세는 또 80 방향으로 기울어진다. 그러면 새로운 '스톱-로스' 거래서는 80에 팔아 버릴 것을 지시한다. 그렇게 하여 시장은 급락과 소동의 소용돌이 속으로 빨려들게 된다.

이러한 '프로그램 매매'에서 컴퓨터의 역할은 단지 '스톱-로스' 주문서를 등록하고 실행하는 것이다. 시세 또는 지수가 이러저러한 이유로 큰 폭으로 하락하면 컴퓨터는 금융매니저가 지시한대로 주식과 지수계약을 팔아치운다. 시세가 많이 하락하면 할수록 매도량은 늘어난다. 반대의 경우도 이와 꼭 같다. 컴퓨터는 주식을 많이 매수해야 하지만 그것은 시세가 어느 특정 높이만큼 도달했을 때이지 결코 그 아래에서는 아니다.

나도 그러한 '프로그램 매매'가 경우에 따라서는 예외적으로 하나의 보조수단이 될 수 있다는 데는 동의한다. 그러나 오늘날의 금융관리인은 컴퓨터를 정기적으로 또 자동적으로 사용하고 있다. 따라서 소란스러운 매도 또는 주식 투매는 전자정보 분석기계에게 책임이 있는 것이 아니라 그들에게 책임이 있는 것이다.

'스톱-로스' 매도가 1987년 10월 그리고 1989년의 폭락에 책임이 있는 것은 확실하다. 아마도 거래자들도 미신을 믿는 사람들인 것 같았다. 그들은 1989년 10월 13일 금요일 증권시장의 마감시간에 그들의 주식들을 한꺼번에 동시에 팔아버리고자 했다. 그 직후 거래일인 월요일, 투자자들은 다시 상승할 경우에 대비해 '스톱-바이' 주문서를 냈다.

만약 사람들이 이 주문서를 며칠 전에 서류상으로 또는 구두상으로 냈다 하더라도 그 결과는 동일했을 것이다. 따라서 당시의 프로그램 매매는 아노의 게임 방법과 비교했을 때 결코 새롭거나 혁신적인 것이 아니다. 모든 것이 대다수 투자자들의 원칙에서 기인한 것이다. "이윤은 계속 나도록 하고, 손실은 제한하라!"

시장에는 몇 가지 규칙이 있기는 하지만 이는 순전히 각자의 기호에 달려 있다. 과거 한때는 나도 그걸 믿었다. 그러나 그때는 내가 아직 게임가였을 때였다. 그 뒤로 나는 많은 것을 배웠으며, 많은 수업료를 지급해야만 했다. 투자자로서 70여 년을 보낸 오늘날 나는 장기

투자자이며, 그간의 경험을 바탕으로 순환과 반대로 행동함으로써 그리고 장기적 관점 하에서만 큰돈을 벌 수 있다는 생각으로 기울게 되었다. 프로그램 매매자는 이윤을 낼 수도 있으며 잃을 수도 있다. 그러나 그는 결국에 가서는 파산하게 된다.

또한 뉴스에 대해서도 금융매니저는 자동적으로 컴퓨터의 도움을 받아 대응한다. 한 거대 중개인회사의 중개인이 나에게 설명하기를, 미국 무역수지 적자 발표가 나기 전에는 언제나 그 전 달에 비해서 적자폭이 더 커지면 즉시 주식을 팔아달라는 고객들의 주문을 받았었다는 것이다.

그밖에도 채권시장에서 컴퓨터에 의존한 계산은 이미 10년이 넘게 존재해 왔다. 수십억의 확정금리 채권들을 보유하고 있는 보험회사들은 보다 높은 이율의 채권을 찾아 교환할 목적으로 컴퓨터를 이용한다. 예를 들어 16분의 1퍼센트라도 더 높은 수익을 올릴 수 있는 채권이 어느 것인지 끊임없이 찾아 헤매는 것이다.

시카고에서 거래되고 있는 지수 계약은 일정한 컴퓨터 신호에 따라 수십 억이 팔린다. 이때 일초라도 심사숙고하는 사람은 아무도 없다. 왜냐하면 모든 것들이 컴퓨터를 통해 자동적으로 이루어지기 때문이다. 모든 일은 사람들이 밤새 잠 못 이루어 가며 무엇을 할 것인가 골똘하게 생각하고 심사숙고한 다음에 일어나는 것이 아니라, 히스테릭하게 일어난다.

증권시장에서의 일일 주식 거래액은 약 100억 달러 정도에 머물고 있는 반면, 계약 거래에 의한 주식거래액 규모는 약 270억 달러에 달한다. 월스트리트가 지수를 정하는 것이 아니라 시카고가 그것을 정한다. 하루 중 시장 변동은 더욱 커지며 더욱 히스테릭하게 되어가고 있다. 그러나 17세기에 처음으로 설립된 암스테르담의 주식시장에서와 마찬가지로 아주 동일한 영향요인과 전제는 앞으로도 계속 유효할 것이다.

지수선물거래의 개선에 대한 나의 의견은 다음과 같다. 지수계약의 선물거래를 아예 없애자는 것이 아니다. 그보다는 뉴욕 증권시장이 열리고 있는 동안에 진행되는 거래를 금지시키자는 것이다. 증권시장이 마감된 후에, 그리고 모든 공급과 수요가 충족된 시점에서 하루에 하나의 고정된 시세로만 거래가 이루어지기를 원한다. 이는 하나의 고정된 가격에 매일 단 두 번만 모든 주문을 교환하는 영국 금시장의 경우와 똑같은 것이다.

이것은 결코 새로운 것이 아니다. 이미 2차 세계대전 이전에 우리는 저녁에 커피숍에 앉아 다우존스 마감 시세를 놓고 내기들을 했었다. 계속되는 거래, 즉 계속되는 내기는 히스테리가 되었고 그 히스테리는 월스트리트로 향했다. 이런 개선책으로 바보들이 없어질지는 나도 잘 모르겠다. 그러나 분명 시장의 히스테리는 억제할 수 있을 것이다.

또한 중개인들의 수수료도 많이 줄어들 것이다. 그러나 이것은 다르게 보면 대중의 이익이 커지는 것을 의미한다. 담배산업에 수십억의 손실을 끼칠 수 있음에도 불구하고 니코틴에 대한 엄격한 조처들을 실시하고 있는 것과 마찬가지다.

나는 나의 이런 의견을 언젠가 국회에 제출할 생각이다. 그러나 과연 그들이 나의 제안을 진지하게 받아들일까? 성난 유령과 같은 중개인들은 수수료 수입이 줄어드는 것을 어떻게든 막기 위하여 모든 사람들을 상대로 강력한 로비활동을 하고 있다.

컴퓨터 프로그램 매매인도 빠른 매수와 매도를 수행할 수는 있다. 그러나 투자자는 사색가여야 하며, 미친 군중과 컴퓨터로부터 멀리 떨어져 있어야 한다. IBM의 창립자인 왓슨 주니어도 분명 인간들의 자유로운 생각이 컴퓨터에 의해 통제당하거나 또는 타락할 수 있을 거라는 걱정을 했었다. 그렇지 않다면 무엇 때문에 모든 직원들의 책상 위에 "생각하라"는 말이 적힌 작은 구리 표지판을 설치하라고 지시했겠는가?

지난번 하노버에서 열린 CEBIT 박람회장을 돌아다니다가 IBM 부스로 가게 되었는데, 지배인이 나를 알아보고는 이렇게 물었다.

"코스톨라니 씨, 무엇을 보여 드릴까요? 특별히 관심을 갖고 계신 거라도?"

내가 대답했다.

"다음날 증권시장 시세를 뱉어내는 컴퓨터요. 그 밖의 모든 것을 위한 컴퓨터는 이미 가지고 있소."

그는 내가 정말 어떤 모델을 원하는지 알고 싶어 했다.

"내 머리와 똑같은 것!"

이것이 내 대답이었다.

"그 컴퓨터가 어떻게 작동을 하는지 설명하리다."

그러고 나서 나는 프린츠 물리아르로부터 들었던 유머를 그에게 말해 주었다.

19세기 갈리지엔의 어느 작은 도시에서 일어난 일이다.

경비초소를 시장통으로 옮긴 야간경비원이 자신의 극(도끼와 창이 함께 붙어 있는 중세 무기의 일종)과 등불을 옆에 두고 초소 안에 앉아 있다가 꾸벅꾸벅 졸기 시작했다. 그런데 갑자기 밝은 불빛 하나가 그를 깨웠다.

'이게 뭐야?'

여전히 졸린 눈을 한 채로 그는 자신에게 물었다. 그리고 생각하기 시작했다.

'가로등 불빛인가?'

그러나 19세기 갈리지엔의 도로변에 가로등이 있을 리 만무했다.

'그러면 달빛?'

그는 날짜를 계산해 보았다. 이제 막 초승달이 뜰까 말까할 때였으니 결코 달빛도 아닐 터였다. 그는 초소 밖으로 손을 내밀어 보았다. 비가 오고 있었다. 그러니 별빛일 리는 더더욱 없었다.

이때쯤 그의 'PC'가 빠르게 작동했다. 그는 생각의 터널을 다시 한 번 통과했다. 이것은 가로등이 아니다. 이것은 달도 아니다. 또한 이것은 별도 아니다. 급기야 이 한마디가 그의 입에서 튀어나왔다.

"불이야!"

이 인연으로 인해 IBM 사람들이 나를 강연에 자주 초빙하게 되었고, 그때마다 나는 물리아르의 유머를 들려주어야만 했다.

예언자, 교수 그리고 도사로 자칭하는 사람들에 대하여

1987년 10월 19일의 주가폭락 이후에 몰아닥친 대중들의 혼란은 전문가를 자칭하는 사람들이 깊이 생각하지도 않고 이때를 1929년과 비교했기 때문이라는 것은 의심의 여지가 없다.

1929년의 경고는 실업, 문을 닫은 공장들, 은행원들이 길에서 사과 장사에 나서거나 구두를 닦는 모습 등이다. 낮은 실업률에 고용이 최고조에 달했으며 경제가 활발하게 돌아가는 상황에서 그런 상상이 가능이나 한가?

1929년에는 모든 것을 살 수 있었지만 그 누구도 호주머니에 10그로센(오스트리아의 소화폐, 100분의 1실링)을 가진 사람이 없었다. 그러나 오늘날 거대한 금융회사들은 각기 다른 기업들을 차지하려고 다투고 있다. 금융회사들은 서로 간에 수십 억을 제공하며, 이는 공급의 초과를 야기한다. 더 나아가 이렇게 만들어진 수십억이 금융권으로 다시 유입된다는 것이다. 그리하여 기업들보다 금융권에 더 많은 돈이 있다. 왜냐하면 경제위기 또는 경제침체에 대한 그 어떠한 징후도 없기 때문이다.

또 하나의 다른 차이는, 세계경제가 더 이상 금본위제도 위에 있지 않다는 것이다. 경제 상황에 따라 중앙은행은 통화량을 늘릴 수 있다. 10월 20일, 미 연방준비제도이사회가 충분한 자금을 보유하여 시장을 통제할 수 있다고 발표했을 때 나는 이제 위험은 사라졌다고 생각했다.

게다가 사람들의 기대와는 달리 금값은 상승하지 않았다. 이에 반해 국채의 발행은 늘어났다. 국가에 대한 신뢰가 온전하게 유지되고 있다는 한 증거이다. 단지 증권시장에만 불신이 흘러다녔다. 주가는 하락했고 투자자들로부터 신뢰가 사라졌다. 이런 상황에서 누가 대세를 거슬러 행동하겠는가? 그렇다. 언제나 소수만이 그렇게 행동했다. 1987년의 대폭락 직후에 소신을 가지고 증권시장에 승차한 사람들은 오늘날 높은 수익을 올리고 있다.

"1987년의 상황을 1929년과 비교하는 것은 일종의 범죄"라고 나는 썼다. 대중도 이를 인식하고 확신을 가져야 한다. 그래야만 약간의 금리 상승이 큰 피해를 야기하는 일을 방지할 수 있다. 중요한 것은 1929년의 악몽도 결국에는 사라졌다는 것이다.

전 세계 매스컴에서는 경제학을 전공한 전문가와 교수들이 잘못된 전망을 내놓았다고 연일 대서특필했다. 대폭락 바로 얼마 뒤인 1987년 11월초에 세계 각국의 교수 33명이 워싱턴의 한 심포지엄에서 만나 세계경제에 대해 가장 어둡고 가장 극단적인 예측을 내놓았다. 이에 대해 나는 "33명의 교수님들, 당신들은 졌습니다!"라고 기술했다.

〈슈피겔〉지의 한 기자가 나의 낙관론에 대해 이렇게 썼다.

"나는 여전히 부정적 평가에 머물러 있다. 그리고 앙드레 코스톨라니 같은 소위 증권시장의 프로가 세계에 대해 긍정적 예측을 하는 것을 나는 이해하지 못하겠다."

그의 글은 나를 매우 즐겁게 했으며, 특히 '소위 증권시장의 프로'라는 표현이 그랬다. 만약 그가 '증권시장의 교주'라거나 '증권시장의 교황'이라고 했더라면 그 말은 잊어버리기로 했을 것이다. 그렇다면 '증권시장의 프로'라는 직함은 내세울만한 사회적 지위인가? 내가 차라리 작곡가나 시인이라면 더욱 자랑스러웠을 것이다.

당시에도 나는 언론으로부터 끊임없이 긍정적인 반응들을 불러일으켰다. 나는 1987년 말 뮌헨의 독일 박물관에서 2천 명의 청중을 앞에 놓고 강연을 했다. 나와 공동발표자로 나선 이는 후에 독일 외무부 장관을 역임한 겐셔 씨였다. 그는 대외정책에 대해 주로 말을 했으며, 나는 경제와 증권시장의 발전적 전망에 대해서 이야기했다. 남부독일신문은 이를 자세하게 보도했는데, 깊은 비관주의 시대의 한가운 데서 한 낙관론자의 말을 들을 수 있었던 것이 얼마나 다행스러운 일인가라고 기술했다.

잘못 붙여진 이름: 벤처회사의 정크 본드

나를 '증권계의 프로'라고 쓴 〈슈피겔〉지 기자는 의미론의 법칙을 마스터하지 못한 것이 틀림없다. 사물에 정확한 이름을 부여하지 못하는 이러한 무능력한 경우를 나는 자주 관찰했다.

'유가증권 보험'이라는 개념에 어떤 정신병자 같은 배경이 숨겨져 있는가에 대해서는 이미 기술한 바 있다. 한 사람이 그의 집을 위하여 보험에 가입하였으나 그 사이에 집을 판 것이 그 대표적인 사례.

다른 예는 '은행원'이라는 단어이다. 나는 '은행원'이라는 개념보다는 차라리 '돈의 상인'이라는 말이 더 잘 어울리지 않는가 생각하기도 한다. 그러나 은행과 상인의 결합은 모순이 아닐 수 없다. 은행원은 돈을 다루며, 상인은 구체적인 물건을 취급한다. 그들의 관심은 결코 같을 수 없다. 은행원은 이자를 받는 입장이므로 높으면 높을수록 좋다. 반면에 상인은 이자를 지급해야 하는 입장이므로 낮으면 낮을수록 좋다. 은행원은 안전한 투자처를 찾는 반면에 상인은 환상을 좇는다. 사람들은 이편이거나 또는 저편이다. 그들은 언제나 입장이

다르다.

최근 몇 년 동안에 월스트리트의 용어로 떠오른 것 중에 '정크 본드'라는 것이 있다. 이는 그대로 직역하면 쓰레기 또는 오물 채권이 된다. 이러한 개념은 이 종이들을 외관상 기분 나쁘게 특징짓고 있다.

정크 본드는 원래 2차 세계대전 후의 독일·이탈리아·일본의 채권과 옛날 제정 러시아 시절의, 그리고 중국의 '종이쪽지들'을 일컫는 말이었으며, 그것들의 지급 가능성은 매우 희박했다. 그러나 나는 자주 이러한 위험을 감수했으며, 2차 세계대전 후에 독일과 이탈리아의 종이쪽지들, 즉 '확실한 정크 본드'로 큰돈을 벌었다. 뿐만 아니라 나는 오래된 러시아 채권을 액면가의 1퍼센트에 사두었는데 고르바초프 덕분에 또 한 번의 큰 성공을 거두었다.

오늘날 미국에서는 증권시장에서 매우 저평가되어 있는 기업들을 남의 자본을 가지고 흡수하기를 원하는 회사들에 의해 산업 정크 본드가 발행된다.

물론 이러한 새로운 채권들은 '절대적으로 안전한 투자' 개념과는 거리가 멀다. 투자자는 스스로 위험 부담을 안는다. 대신 성공할 경우에는 엄청난 보답을 받는다. 그들은 결국 16~18퍼센트의 수익을 올리게 되는데, 이는 일등급의 정부 채권들보다 8~10퍼센트가 더 높은 것이다.

따라서 투자자는 일정한 양만큼 거래의 기회를 사실로 받아들이는 한편 위험도 함께 부담한다. 이는 그가 투자한 기업의 운명에 참여한다는 뜻이다. 이때 그가 갖는 위험은 투자한 회사의 현금 흐름이 이자를 지급하기에 충분하지 않다는 것이다. 이는 극단적인 경우 발행자에겐 부도를 의미한다. 그렇게 되면 채권자는 지급유예 또는 이자의 하락을 받아들일 수밖에 없다.

정크 본드를 발행한 회사의 다른 가능성은, 투자한 회사들이 어려움에 빠져들게 되면 채권을 주식으로 교환할 수 있다는 것이다. 지금까지 실제로 부도를 낸 정크 본드는 사실 얼마 되지 않는다.

자본주의에서 모험 없이 얻을 수 있는 이익이란 없다. 오늘날의 증기기관, 자동차, 그리고 전자계산기의 발명과 도입은 자신들의 돈을 걸고 환상을 자유롭게 좇은 모험가들이 없었다면 결코 불가능했을 것이다. 그밖에도 미국의 마천루, 이집트의 수에즈 운하, 또는 세계의 다른 놀라운 것들도 마찬가지이다. 엄밀하게 말하면, 전 세계가 모험 또는 요즘 말로 '벤처'이다.

무명회사, 유한회사, 주식회사, 법인 등 각종 기업들은 모험이라는 하나의 공동 조상을 갖고 있다.

돈과 이자 문제에 대해 많은 학설을 내놓은 바 있는 카토는 로마에서 무역 및 선박사업을 하기 위해서는 그룹, 즉 회사들이 설립되어야 한다고 설명했다.

"선박사업은 결코 혼자 시작해서는 안 된다. 배를 바다로 보내기다."

　'모험'이라는 표현은 많은 사람들의 귀에 뭔가 진지하지 못하거나 낭만적인 음으로 들린다. 그러나 17세기에는 모험이 매우 정확하고 올바른 의미를 가졌었다. 그 당시의 '모험'은 하나의 상업적 프로젝트였으며, 가끔은 위험한 사업 또는 탐험을 실행하기 위해 세워진 식민지 사업이기도 했다. 회사의 설립자와 주식투자자들은 공식적으로 '벤처'란 이름을 갖게 되었다. 이러한 지칭은 오늘날에도 가장 오래된 주식회사, 즉 1670년에 설립된 앵글로-캐나다 회사인 허드슨 베이에서 찾아볼 수 있다. 전통적으로 사장은 연말 총회에서 개회사를 "벤처 신사 여러분"이라는 말로 시작하는데 이 말은 거대한 회의실의 마호가니 천장 아래에서는 이상하게도 더욱 장중하게 울린다.

　허드슨 베이가 첫 번째 주식을 발행한 지 300년이 지난 오늘날 모험, 즉 '벤처'라는 단어가 다시 유행하고 있다. 가장 먼저 월스트리트에서 시작되었으며, 몇 년 전부터는 독일에서도 유행하고 있다. 이는 위험자본을 위한 강력한 광고이며, 증권시장에 새로운 사업이 도입되었다는 의미에서 감사하게 생각한다.

　그러나 지금 독일 내에서 이루어지고 있는 벤처 사업의 홍보에 대해 나는 몇 가지 의문점을 가지고 있다. 그런 광고들은 유력 일간지에 비싼 광고료를 지급함으로써 큰 효과를 노리고 있다. 지난 25년 동안 투자 부분에서는 너무 많은 상어 떼들이 활개를 치며 수백만에 이르는 소액 투자자들의 자본금을 약탈했다. 이들 중개인 함대들은 이제 '벤처'라는 깃발을 날리며 행패를 부리고 있는 사실이 명백하다. 이들은 과거 IOS펀드, 원유시추 사업, 공제회사 그리고 이와 비슷한 '투자'로 지워지지 않는 기억을 남겨준 바로 그 사람들인 것이다.

우리 모두는 실로 이러한 위험 속에서 살아야만 될 것이다. 왜냐하면 위험 없이는 결코 진전이 없기 때문이다. 아무튼 투자는 항상 모험이다. 이것은 언제나 그러했으며 앞으로도 계속 그럴 것이다. 그렇다고 해서 그것이 나와 다른 진지한 동료들이 밀알에서 겨를 골라내는 작업을 방해하는 것은 물론 아니다. 모험가는 "예스"지만 자기 주머니만을 챙기는 모험가들은 "노"이다.

다시 한 번 반복하지만 '정크 본드'라는 말을 사용하는 것은 마음에 들지 않는다. '정크'라는 말은 고철 또는 누더기를 의미한다. 그러나 정크 본드는 어느 정도 위험을 안고 있는 합법적이고 정상적인 투자이다.

게다가 이러한 자본투자는 더 이상 요즘 유행하고 있는 벤처자금 지분으로서의 '정크'가 아니다. 통신재벌인 AT&T조차 연기금의 투자 포트폴리오를 소량의 우량주와 대량 벤처자본으로 구성하기로 결정했다. 이는 아마도 이러한 벤처지분이 증권시장에서 거래되지 않기 때문에 가치가 하락하더라도 일반인들의 눈에 잘 띄지 않기 때문일 것이다.

정크 본드가 위험한 것은 사실이다. 경제가 위기일 때 또는 침체했을 때 정크 본드는 어려움에 처하게 된다.

기업체 인수의 대부분은 원래 지속적이고 적절한 경제발전을 기대한 투자라고 볼 수 있다. 그리하여 부채가 고정되어 있는 동안에 매입된 기업은 가치상으로는 크게 증가한다.

전형적인 정크 본드의 금리는 매우 높기 때문에 그런 채권의 보유자는 날이 지나면 지날수록 더욱 유리한 위치에 있게 된다는 것을 또한 잊어서는 안 된다. 왜냐하면 약 4년 뒤에는 이자와 이자의 이자를 통해 구입비용을 상쇄할 수도 있기 때문이다.

대규모 기업인수 때문에 금융시장 전체가 충격을 겪는 것을 보면 금융시장이 얼마나 히스테릭한지 알 수 있다. 이 때 투자자들은 대규모 회사의 인수가 자신들이 보유한 구채권의 신용가치를 떨어뜨리게 될까봐 걱정한다.

신용으로 인수하는 것은 미 연방준비제도이사회가 미국의 경기침체를 호락호락 허용치 않는다는 것과 이사회가 가지고 있는 여유자금들을 통해 경제를 확고하게 다잡을 것이라는 전제 하에서 이루어진다.

사람들은 도사를 믿지 않으며 그가 무슨 말을 하든 상관하지 않는다

10년 동안 세계의 멸망을 예언한 적지 않은 수의 공황 선동자들이 있다. 나의 절친한 친구이며 프랑크푸르트의 전직 은행원인 필립 프라이헤머 폰 베스만은 지속적으로 〈프랑크푸르터 알게마이네차이퉁〉에 전면광고를 냈다. 광고에서 그는 다가오는 세계의 경제 붕괴를 경고했다. 다른 많은 사람들은 불안 심리를 이용해 유리한 사업을 하고 있는 반면 그는 계속 광고에 큰 돈을 쏟아 부었다.

약 5년 전에 나는 모든 말세 예언자들이 집합한 한 세미나에 참석한 적이 있다. 그들은 차례대로 메마른 현실 상황에 대해서 말들을 했다. 사람들은 어떻게 하면 자신들과 자신들의 재산을 가장 안전하게 미국으로 옮겨갈 수 있을까를 고민했다. 나는 그들이 너무 지나치다고 판단했다. 그래서 자리에서 일어나 옆에 앉아 있던 여자에게 작별인사를 했다. 그녀는 놀라면서 내게 물었다.

"당신은 벌써 우리 곁을 떠나려 하십니까?"

"떠나요? 아닙니다. 나는 그냥 가는 겁니다."

유감스럽게도 한 기자가 내가 이 행사를 얼마나 싫어했는지를 관심 있게 지켜보고는 이에 대해 신문에 글을 썼다.

공황 선동자들은 전반적인 파국이 이미 도래했다고 상상하고는 다른 사람들에게도 이를 설득시키려 한다. 우리가 아직 모르고 있을 뿐이라는 것이다. 전쟁 전에 독일에서도 매우 성공적으로 공연되었던 줄 로맹의 작품 속의 돌팔이 의사 코노크 박사의 말과 같다. "스스로 건강하다고 느끼는 사람은 실제로는 환자이다. 단지 그것을 모르고 있을 뿐이다."

도사를 믿지 않는 사람들에게는 그가 무슨 말을 하든 아무 의미가 없다. 만약 그가 교수일지라도 마찬가지이다. 지난여름 나는 매년 그랬듯이 알프바흐 포럼에 참가했다. 알프바흐는 늘 내게 즐거움을 선사한다. 구 오스트리아. 헝가리 2중제국 출신인 나로서는 황홀한 무대와 향기가 가득한 거대한 커피숍에 자연스럽게 매료되기 때문에 그리 이상한 일은 아니다. 내가 그곳 포럼에 참가하는 것은 거기에서 뭘 꼭 배우기 위해서라기보다는 그곳의 그런 분위기를 즐기고 싶기 때문이다.

정말이지 나는 교수들과는 쉽게 친해지지 못한다. 지난 여름 어느 날 저녁에 나는 세 명의 경제학자들과 바에서 자리를 함께 했었다. 그들 중 두 명은 외환경제가 전공이었는데 그들이 얼마나 좁은 시야를 가지고 있는지를 알고 나서 나는 깜짝 놀랐다. 국제 외환거래에 있어서 정말로 중요한 과정들은 무대 뒤에서 이루어지는데, 그들은 그런 사실을 전혀 모르고 있었던 것이다. 그래서 내가 몇 가지 뉴스를 누설했더니 그들은 주의 깊게 경청했다. 그들 중 하나는 인스부르크 대학에서 강의를 하는 사람이다. 나는 그에게 나의 저서 『달러의 역할은 무엇인가?』를 보내주었으며, 그는 나에게 자신의 학문적 연구물을 보내주었다.

나는 결코 교수들을 싫어하지 않는다. 오히려 나는 그들에 대해 고맙게 생각한다. 그들은 나에게 알파벳, 구구단, 그리고 외국어를 가르쳐 주었다. 그러나 그들은 경제 또는 증권시장의 예측에는 쓸모가 없다. 그리하여 나는 그 문제에 관해서라면 차라리 점성가나 점쟁이의 말을 믿는다. 특히, 나는 프랑스 문학에 있어서 아마도 가장 명민한 사람 중 하나인 미셸 드 몽테뉴의 말을 늘 가슴에 새기고 있다. 그는 이렇게 말했다.

"나는 내 아들이 혼란스런 집회보다는 차라리 술집에서 말을 배우는 것이 더 좋다고 생각한다."

하늘의 별이라도 따온다고 허풍을 떨어대는 '도사'들 중에 한동안 믿을 만한 사람이라고 평가받던 로버트 프렉터가 있었다. 30대 중반에 불과했던 그는 벌써 세계에서 가장 유명한 증권시장의 도사로 여겨졌다. 1월에 한 기상학자가 8월 15일에는 섭씨 25.4도가 될 것이라고 정확하게 온도를 예언하는 것처럼, 1987년 8월에 그는 1988년에는 다우존스 지수가 정확히 3,686포인트가 될 것이라고 예언했었다.

그러다가 10월에 대폭락이 발발하자 그는 즉시 다우존스지수를 1,300 포인트에, 그리고 몇 주 지난 뒤에는 400포인트에 갖다 맞추었다. 증권시장은 1000포인트만큼 오르거나 또는 떨어질 수 있다. 따라서 위와 같은 예언은 어리석음의 극치와 다름없다. 오늘날과 같이 혼란스러운 시대에는 '도사'라고 자처하는 사람들이 우후죽순처럼 나오고 있다.

그런 사람 중에 메릴린치의 분석가요 월스트리트의 천리안으로 평가받고 있는 로버트 파렐 씨도 있다. 한 번은 그가 증권시장에 관한 논설에서 이런 말을 했다.

"다음 계곡으로 가기 위해서 증권시장은 하나의 순환적 봉우리를 만들려고 할 수 있다. 그러나 상승운동이 계속되어 기대하지 않은 높은 수준이 될 수도 있다."

그의 이 말은 마치 "만약 수탉이 퇴비 위에서 운다면 날씨가 변하거나 지금처럼 그대로 있을 것이다"와 같이 유치한 수준의 예측이라고 밖에는 볼 수 없다.

나는 존 피어폰트 모건의 한마디를 기억하고 있다. 1907년 월스트리트 증시가 폭락하고 있을 때 한 기자가 그에게 앞으로의 전망에 대해 물었다.

"증권시장은 동요하게 될 것이다."

그는 농담처럼 말했지만 이 한마디는 간결하면서도 의미심장한 것이었다. 여기에다 나는 나부끼는 깃발을 보면서 한마디를 덧붙였다.

"흔들리지만 아래로 떨어지지는 않는다."

이와 같은 정신 나간 사람들의 발언을 다 모으면 한 권의 책으로 묶어도 모자랄 것이다.

사람들은 이러한 모든 점괘와 예언들에 대해 아주 많은 주의를 기울여야 하며 또한 이들에 대해 저항할 수 있어야 한다. 그러나 유감스럽게도 대중들은 빠르게 잊어버린다. 투자금액이 크면 클수록 더욱 더 진지하게 거기에 빠져들게 된다. 대부분의 사람들은 그곳에 뭔가가 있을 것이라고 생각한다. 그들은 예언가들을 원하며, 누군가가 한 두 번 정확한 예측을 하면 그를 증권시장의 도사로 떠받든다.

정치, 경제 또는 학문으로부터 얻게 되는 내부자들의 예측과 증권시장의 암시들은 스스로 전문가라고 부르는 사람들의 예측이나 암시보다 덜 맞아떨어진다. 1930년대에 나는 런던에 갔었는데 그곳에는 로드 밸로라고 부르는 한 헝가리계 사람이 살고 있었다. 그는 젊은 시절 나와 매우 절친했으며 당시 노동당의 재정자문으로 런던의 증권시장에 관한 정보들을 많이 가지고 있었다. 로드 밸로는 펄크 앤드 컴퍼니사의 분석가로 고용되었는데, 그는 당시 가장 위대한 경제학자였던 존 메이나드 케인즈보다 결코 못하지 않았다. 그러나 아이러니컬하게도 내가 그 친구를 통해 받은 증권시장에 관한 암시는 하나도 맞지 않았다.

그러나 귀족이었던 케인즈는 성공적인 투자를 통해 재산을 모았다. 그는 무엇보다도 1차 세계대전 후에 인도의 루피, 프랑스의 프랑, 마르크, 리라 등의 시세하락 시에 투자를 했다. 그의 외환투자는 언제나 성공적이었다. 그의 증권시장 거래는 아마도 그보다 적었을 것이다. 예외적으로 그는 1929년의 폭락 후에 월스트리트에 많은 돈을 투입하여 맹렬한 시세상승이 올 때까지 기다린 적이 한 번 있었다.

바로 얼마 전에 새로운 도사 한 사람이 나타났는데, 그는 미국의 경제학자인 마틴 펠드스타인이다. 그는 로널드 레이건 대통령의 자문위원이었다. 요즘에는 그가 조지 부시의 자문위원 중 하나가 될 거라는 소문이 파다하다. 그러나 나는 이를 믿지 않으며, 지금까지 그 어떠한 징후도 보질 못했다.

약 5년 전에 나는 그의 명성에 비추어볼 때 이미 마스터했어야 할 테마를 가지고 펠드스타인과 토론을 한 적이 있었다. 나는 그에게 미국의 원유 수입이 얼마나 될 것이라고 생각하느냐고 물었다. 그는 당혹스러운 표정을 감추지 못한 채 볼을 실룩거렸다. 그는 분명히 기억을 하지 못하고 있는 것 같았다.

도대체 어떻게 대외무역 문제에 관한 전문가라는 사람이 총수입의 4분의 1을 차지하는 원유 수입이 얼마나 되는지도 모르고 있단 말인가.

그는 교수이기도 하므로, 아마도 무역적자와 국가재정의 적자 등 미국의 두 가지 적자 문제를 어떻게 정리할 것인가에 대해서 강의를 할 것이다. 그는 무역적자를 해소하기 위해서는 미국이 달러에 강력하게 개입해야 한다고 주장하고 있다. 이런 주장을 듣고 있노라면 그가 마치 미국의 수출 로비스트 같다는 느낌을 지울 수 없다. 왜냐하면 로비스트들은 지칠 줄 모르고 달러환율의 지속적인 인하를 주장하고 있기 때문이다.

펠드스타인의 모든 주장을 반박하기 위해서는 아마 이 책 한 권으로도 모자랄 것이다. 다만 여기에서는 몇 가지만 짚고 넘어가겠다.

자동차 총수입 분량의 3분의 1을 차지하는 일본산 자동차들은 너무 비싸다. 그래서 수완 좋은 일본인들은 그들의 자동차를 미국에서 만든다. 그렇게 해서 오늘날 미국에서 생산되는 자동차 5대 중 1대가 일본회사 제품이며 머잖아 3대 중 1대 꼴이 될 것이다. 그리하여 이들 자동차들은 외국으로, 또 결국은 일본으로까지 수출된다. 이 수출이 미국의 무역수지에 미치는 효과는 약 300억 달러에 이를 것이다.

또한 일본 자동차업계는 아직 생산은커녕 주문조차 받지 않은 자동차들에 대해 아주 유리하지는 않더라도 수용할 만한 달러 시세를 보장하기 위해 이미 2년 전부터 수십억 달러를 매도했다. 그렇다면 이렇게 사전 매도된 달러들은 어떻게 될 것인가를 나는 펠드스타인 씨에게 묻고 싶다.

코스톨라니의 낙관적 학교

폭락 도사들은 경제적 이유들로부터 시세하락을 계산했었다.

월스트리트가 이라크의 쿠웨이트 침공 뉴스에 큰 폭의 하락을 겪었다는 것은 놀라운 일이 아니다. 투자자나 중개인들이 중동지역에서의 번개와도 같은 전쟁에 대해 걱정과 놀라움 외에 어떤 반응을 보일 수 있겠는가?

정말 미스테리한 반응은 그러는 사이에 이라크가 아닌 미국에서 새로운 실업자 통계가 발생했다는 것이다. 실업률이 5.2퍼센트에서 5.5퍼센트로 올랐다는 통계가 월스트리트 텔레타이프 담당자의 눈에 띄었을 때 증권인들은 비로소 모든 신경이 곤두서는 것을 느꼈다. 그들은 이미 몇 달 전에 다른 이유로 주식 시세를 떨어뜨렸는데 그 때는 실업률이 낮았었던 것이다. 그들은 또 경제에 대한 낙관론이 확산되어도 미국의 주식들은 곤경에 빠질 수도 있음을 목격했다.

어쨌든 미국 증권시장의 프로들이 통계의 노예로 전락해버린 것은 매우 안타까운 일이다. 언제부터인가 그들은 비관주의자들이 되어버렸다. 왜냐하면 경기가 좋은 방향으로 진행된다 해도 그것은 곧 미 연방준비제도이사회가 금리를 내리지 못하도록 막는 요인이 되기 때문이다. 그러면서 그들은 한편, 경기가 그들이 예상한대로 좋게 진행될까봐 그것을 걱정한다. 그러니 월스트리트의 시세가 밀실의 협약에 의해 정해지는 것이 틀림없다고 나는 생각한다.

최근 미국의 실업률 증가 소식은 월스트리트의 증권인들을 혼란 속으로 빠뜨렸다. 왜냐하면 그들은 앞으로의 경기변동에서 커다란 하향곡선을 예견했기 때문이다. 그러나 현실은 이와 반대로 나타났다. 이미 1년 전에 미 연방준비제도이사회의 그린스펀 의장은 모든 대중매체에 "성장 억제를 통해 경기를 진정시키기 위해서는 미국 경제성장률을 2~2.5퍼센트로 하향 조정해야 한다."는 소견을 밝혔었다. 바로 그것이 이제 이루어졌다. 그래도 투자자들은 다시 뭔가 불만스러운 것을 찾아내고 있다.

그린스펀은 무엇이든 일단 약속을 하면 반드시 그것을 실행했다. 1990년도 성장률은 2~2.4퍼센트까지로 예측되었었다. 그러나 화난 증권시장은 결코 그렇게 간단하게 진행되려고 하질 않았다. 월스트리트는 언제나 '내일은 어떨 것인가'에만 곁눈질을 한다. 증권거래자들은 룰렛처럼 빨간 것 또는 까만 것을 가지고 게임을 하며, 다음날 기대했던 바로 그 시세에 매도 또는 매수를 실행한다.

대부분의 프로들은 아침이면 자신들이 사고자 하는가 아니면 팔고자 하는가를 분명히 알고 있다. 그러나 저녁 때 많이 먹을 것인가 아니면 적게 먹을 것인가를 어떻게 이른 아침에 결정할 수 있단 말인가? 그 결정은 오직 식욕이나 메뉴판에 어떤 음식이 나오는가에 달린 것이 아닐까?

진정한 프로는 단기간의 변동, 아랍의 독재자, 또는 실업률 따위에는 주목하지 않는다. 아마 약은 투자자들은 또 다우존스 지수의 돌진이 무위로 끝남에 따라 3,000포인트 선을 포기한 것으로 보이는 곡선의 의미로부터 영향을 받지 않을 것이다.

다우존스는 두 번이나 2,999.75포인트를 달성했다. 그것은 차트 분석가들에게 경고를 의미한다. 만약 지수가 장벽을 넘을 수 없다면 지수는 당장 다시 하락할 것이기 때문이다. 동시에 그것은 미국 증시를 측정하는 데 아무 의미도 없는 종합지수일 뿐이다. 그렇기 때문에 3,000포인트 장벽은 예를 들어 1,000 또는 2,000포인트 때와 마찬가지로 증권시장에서는 별 의미가 없다.

그보다 훨씬 중요한 것은, 1925년 이래 보통 주식들의 주가가 수백 배로 뛰었으며 우량주들의 시세는 그보다 25배가 더 올라갔다는 사실이다.

나는 겸손을 다하여 다음과 같이 말하고자 한다. 8년 동안 경제의 붕괴를 예언했던 모든 도사들이 지금까지는 틀렸다. 그들은 "그래, 내가 그렇게 말하지 않았던가!"라고 의기양양하게 알릴 수 있는 날만을 손꼽아 기다리고 있다. 그러나 나의 대답은 "아니다!"이다. 왜냐하면 걸프전에도 불구하고 그들의 예측은 맞지 않았기 때문이다. 증권시장은 완전히 별개의 세상이다. 1939년 전쟁이 발발했을 때 시세가 갑자기 높게 치솟았던 것과 같은 현상이 다시 일어날 수도 있다.

대부분의 미국 유가증권 매니저들은 1,900에서 거의 3,000포인트까지 올라간 다우존스 지수의 상승을 놓쳤다. 그 때부터 그들은 시세 뒤를 따라가고 있다. 시세는 언제나 그들보다 한 발 앞서 있다. 이제 월스트리트 투자자들은 시세가 떨어지면 다시 승차하고자 한다.

많은 브로커들도 주가가 더 하락하기를 원했다. 왜냐하면 그들은 불안감 때문에 고객들에게 매수하지 말 것을 권유했다가 후에 비난을 받았기 때문이다. 브로커들은 비관적 분위기 속에서 언짢은 표정을 지은 채 서성거린다. 오늘날과 같은 거래량으로는 제대로 돈을 벌어들이지 못하기 때문이다. 하루 거래량이 최소 1억5천만 주는 되어야만 그들은 비로소 적자에서 빠져나올 수 있다. 그러나 그만한 정도의 거래량이 자주 있는 것은 아니다.

그리하여 1929년 식의 침체 때 디플레이션을 예고했던 사람들은 1987년 10월 폭락 후에는 인플레이션이 올 거라고 이야기했다. 활력 있게 진행되는 경제는 인플레이션이라는 병을 동반하게 된다고 그들은 주장했다. 인플레이션은 다시금 미 연방준비제도이사회에 금리인상을 강요하고, 인상된 금리는 결국 증권시장의 시세를 아래로 잡아당기게 된다.

예언가들은 날마다 모든 사소한 일들을 면밀하게 분석하여 곧 들이닥칠 인플레이션의 징후로 해석한다.

- 아주 낮은 실업률—나쁘다!
- 많은 새로운 일자리들—나쁘다!
- 수출의 증대—또한 나쁘다. 왜냐하면 수출 증대는 활력 있는 경제를 더욱 더 활력 있게 하여 인플레이션을 몰고 올 가능성이 높기 때문이다.

일방적이고 근시안적으로 뉴스를 따라가는 것은 증권시장에서는 완전히 미친 짓이다. 투자자는 폭넓게 생각하고 멀리 보아야 한다. 금리가 상승한다 하더라도 급격히 증가하는 기업의 이윤과의 관계에서 본다면 반드시 너무 높은 것이 아닐 수도 있다. 그럼에도 불구하고 고금리는 브레이크 작용을 하게 되는데 이 브레이크 노선이 폭락으로 이어져서는 안 된다. 또한 미 연방준비제도이사회가 지난 일 년 동안 금리를 서서히 그리고 지속적으로 올렸기 때문에 경기 냉각 징후가 이미 느껴지고 있다. 미 연방준비제도이사회는 금리정책을 통해 경제 성장을 완전히 통제하고 있다.

끊임없는 인플레이션 걱정에 시달려온 사람들은 최선의 방어책은 금이 아닐까 하고 스스로에게 다시금 질문해 보게 된다. 그러나 내가 보기에 금은 죽은 자본일 뿐이다. 금의 시세는 여전히 낮다. 그럼에도 불구하고 소련은 이 노란 물건을 끊임없이 내다 팔고 있다. 왜냐하면 그들은 요즈음 서방세계의 '금수 목록'이 느슨해진 덕택으로 이

전에는 결코 얻을 수 없었던 많은 물건들을 살 수 있기 때문이다.

금 시세가 너무 낮게 형성되어 있기 때문에 모종의 정치적 사건에 즉각 반응하여 올라갈 수도 있다. 예를 들면 이라크가 쿠웨이트를 침공한 것이 바로 그러한 사건이다. 그 사건은 금 시세에 영향을 주었고, 소련은 높아진 시세를 활용하여 더욱 많은 금을 국제시장에 내다 팔았다.

그렇다면, 더디지만 과격하지 않은 인플레이션 상황에서는 어떤 것이 최고의 투자일까?

몇 주 전 나는 케른트너 길을 통해 빈에 갔다가 갑자기 1919년에 있었던 기억 한 토막을 떠올렸다. 전쟁 중에 아주 많이 다친 상이군인 한 사람이 양쪽에 목발을 짚고 끈다발을 손에 든 채로 날마다 어느 길 모퉁이에 서 있었다. 그는 아돌프 히틀러의 유령 같은 형상을 하고 있었다(히틀러는 그 즈음에 성과는 없었지만 길가에 자신의 사진을 붙여 놓았었다. 물론 그 사실에 대해서도 나는 한참 뒤에야 알게 됐다). 상이군인은 끊임없이 큰소리로 반복해서 외쳤는데, 지금도 나이든 빈 사람들은 그 소리를 기억하고 있다.

"짚이 아닙니다. 종이도 아닙니다. 평화시의 물건입니다."

나는 그의 말을 빌려 이렇게 큰소리로 외치고 싶다.

"금이 아닙니다. 은도 아닙니다. 순수한 평화시의 물건입니다. 바로 주식!"

비관적 견해를 가진 교수, 경제학자, 경제 전문가들의 학교가 있으며 국영은행의 파산, 금융 위기, 금리의 대혼란 그리고 이와 유사한 불행을 점치는 폭락예언가들과 상습적 비관주의자들이 이에 합류하고 있다.

　여기에 나는 이러한 전문가들에 반대하는 낙관적 학교의 설립을 공표하노라! 지원자는 대환영입니다.

여섯 번째 강의

증권시장과 그 나머지 세계

투자자는 자신의 정치적 입장에 영향을 받지 않는다. 정치적으로 아주 완고하고 흔들림이 없는 입장에 있었던 것만으로 많은 주식 투자자들이 대단한 성공을 했다는 것을 경험이 말해주고 있다.

그럼에도 불구하고 세계 여러 증권시장의 대다수 투자자들은 이와는 반대로 정치적인 사건들을 과대평가하는 것을 안전수칙 제1조로 삼고 있다. 그들은 모든 일들을 자신들의 증권 투자라는 측면에서 바라본다. 내 친구 중 하나가 그런 전형적인 인물인데, 그는 자신의 투자에 적절치 않은 새로운 법규나 정부의 정책이 발표되면 어리석고 비윤리적인 것이라고 잽싸게 비난한다.

"정부는 가장 큰 범죄자야!"

이와는 반대로 새롭게 발표된 법규나 정부의 결정들이 그의 사업에 긍정적으로 작용하면, 그때는 이 모든 것이 영리하고 윤리적이며 아주 훌륭한 것이 된다.

"얼마나 사려가 깊은 정부인가!"

투자자는 과연 윤리적인 사람들인가 라는 질문을 나는 가끔 받곤 했다. 내 생각에 이것은 인간적인 관점에서의 윤리를 말하는가, 아니면 바로 지금 많은 투자자들을 비윤리적이라고 낙인찍은 것과 같이 법적 윤리를 말하는가에 달려 있다고 본다. 이는 외환통제 경제가 지배하는 국가들과 특별한 관계가 있다. 나는 오래 전에 빈에서 파리로 건너온 투자자 한 사람을 알고 있다. 그가 커피숍에서 동료에게 던진 첫 번째 질문은 이랬다.

"이봐, 친구! 말 좀 해주게. 여기서는 무엇이 금지되어 있는가?"

당시만 해도 법과 규정들을 속일 수 있는 복잡한 사업으로 커다란 이윤을 낼 수 있었던 시대였다.

인간적 관점에서 나는 현물투기, 즉 면화 같은 중요한 원자재 또는 생활필수품에서의 가격 조작은 확실하게 비윤리적인 행위라고 생각한다. 왜냐하면 그러한 행동들은 해당 국민들의 이해에 역행하기 때문이다.

그러나 소위 '이타주의', 즉 이웃에 대한 사랑을 나는 증권시장에서는 다만 한 종류의 승부에서만 알고 있다. 어느 특정 주식의 시세 하락기에 투자를 했던 약세장 투자자 또는 그룹이 만약 자신들이 보유한 주식들보다 더 많이 공매도를 했다면, 이웃을 사랑하는 사람은 바로 그 주식을 가지고 있는 사람들이며 또한 그 주식을 관대하게도 곤경에 빠진 시세하락 투자자들의 처분에 맡기는 사람들인 것이다 (약세장 투자자들의 종류에 대해서는 뒤에 다시 다루기로 하겠다).

투자가 오고나서 음악이 온다

베르트 브레히트는 "배부르고 나서야 윤리도 있다"라고 말했었다. 내가 소중하게 여기는 음악은 나에게는 피할 수 없는 운명이다. 이제 나는 고백하고자 한다. 이 이야기는 돈에 대한 모험의 희생양이 된, 그러나 아직도 끝나지 않고 존재하는 나의 음악재단에 대한 것이다.

제2차 세계대전이 끝났을 때, 나는 별로 투자가치가 없어 보이는 여러 종류의 국채와 자치단체 채권에 덤벼들었다. 당시 시장을 지배하고 있던 혼란의 이면에는 모든 것이 다시 정상화될 것이라는 확고한 믿음이 자리 잡고 있었다. 전후 국가와 도시들 중에는 자신들의 채무를 빨리 이행한 채무자들이 있었던 반면에, 오랫동안 괴롭힘을 당한 후에야 부채를 갚는 채무자들도 있었다. 이처럼 큰 어려움을 겪고 있던 유가물들 중에는 내가 이미 오랫동안 작전을 해왔던 프랑스 정부의 채권도 있었다. 그런데 프랑스 정부는 그 어떠한 법적 근거도 없이 이 채권에 대한 지불이행을 하려고 하지 않았으며, 단지 원소유자가 보유하고 있는 것만 지불하고자 했다. 프랑스 정부는 채권들을 터무니없이 싸게 사 모았던 투자자들에게는 투기적 효용성을 보장해 주지 않으려고 했던 것이다. 이것은 언뜻 보면 매우 윤리적인 입장 같지만, 그러나 증권시장의 윤리와는 모순된 것이다.

증권시장에서 이유 없이 크게 하락하는 증권들을 사 모으는 것은 당연한 일이다. 만약 증권인들이 앞으로의 가격상승을 정확하게 예측하고 증권을 싸게 사 모으는 것을 벌한다면 우리 투자자들은 어떻게 살아야 한다는 말인가? 이것이 바로 이번 강의에서 다룰 테마이다.

나는 이러한 헐값의 채권들을 몇 킬로그램씩 무더기로 사들였다. 이때 나는 특별한 계획을 세우고 있었고, 다음과 같이 생각하고 있었다.

'이번에는 내 주머니를 위해서가 아니라 사랑스러운 예술을 위해서 투자를 하자.'

나는 프랑스 정부에 대해 채무증서 전액을 지불해 줄 것을 요구했다. 그리고 내가 욕심 많은 투자자가 아니라는 것을 증명하기 위해, 내가 되돌려 받은 금액 전부를 프랑스 음악 진흥재단을 위해 쓰는 것을 상상해 보았다.

내가 그 채권을 살 때는 명목가치의 극히 일부, 즉 싼 가격이었지만, 이제 되돌려 받게 될 총액은 음악을 위해 뭔가 유용한 일을 하기에 충분했다. 그렇게 되면 내 이름도 어딘가에 황금으로 조각될 수 있을 것이고, 재단의 이자로 코스톨라니 상을 줄 수도 있을 것이다. 백 년이 지난 뒤에도 여전히 매년 작곡가 한 명에게 코스톨라니 상이 수여된다는 것을 생각하는 것 자체만으로도 그 얼마나 고귀한 감정인가?

나는 전략을 아주 치밀하게 세웠으며, 전문가들과 내 계획을 마음에 들어 하는 사람들에게 자문을 받았다. 나는 이미 나의 재단을 꿈꾸고 있었다. 그렇다. 누구나 증권인이 될 수는 있다. 하지만 음악가는 그렇지 않다. 어차피 내가 음악가가 될 수 없는 운명이라면, 적어도 음악 애호가의 한 사람으로서 내 이름이 음악사에 기록되었으면 했다. 이러한 모든 것들이 치밀하게 계획되었다. 그런데 증권시장이 나의 이 훌륭한 계획을 방해했다.

내가 세무서의 한 사무실에서 재단에 대한 나의 계획을 설명하고 있는 동안에 같은 건물의 다른 곳에서는 책임 있는 신사들이 채무의 윤리, 채무자가 했던 말 등에 대해서 철학적인 논의들을 하고 있었다. 그리고는 갑자기 놀라운 결정이 내려졌다. 프랑스 정부는 모든 채권에 대해 그것을 소유하고 있는 사람이 원소유자이든 새로운 소유자이든 관계없이 모두 상환할 계획이라는 것이다. 이것은 곧 내가 가진

'몇 킬로그램'의 채권이 온전하게 명목가치로 지불된다는 뜻이었다. 이제 나는 창구에 가는 일만 남았다. 그러나 일단 돈을 찾게 되자 그렇게 큰 액수의 기부금을 선뜻 내놓기를 저어할 만큼 내 감각은 자본주의에 심하게 물들어 있었다. 게다가 그 상황에서는 그 돈이 나에게 중요했다. 나는 정말 음악을 열렬하게 사랑하는 사람이며 또한 유능한 투자자이기도 하지만, 그렇다고 결코 천사는 아니었던 것이다.

정치화된 증권시장

증권시장과 외환시장이 한 편에, 그리고 경제가 다른 한 편에, 이처럼 두 영역은 서로 마주하고 있는 것처럼 보인다. 뿐만 아니라 두 영역들 간의 다양한 상호관계가 한 시스템 내의 파이프라인처럼 존재한다는 것은 확실하다. 따라서 다음과 같은 질문들이 자주 제기된다.

'누가 누구에게 영향을 주는가?'

'정치와 경제가 증권시장의 분위기를 만드는가? 아니면 증권시장의 심리적 상태가 다른 사회 분야에까지 영향을 미치는가?'

두 번째 질문은 달걀이 먼저냐 닭이 먼저냐를 따지는 것과 같다. 물론 증권시장에 대한 국내정치의 영향은 크다. 금리정책, 대부정책 및 조세정책은 정부에 의존하고 있다. 우파 또는 좌파 등과 같은 정치적 흐름은 투자자의 심리에, 그리고 기업의 미래에 영향을 미친다. 또한 국제적 상황도 증권시장에 크게 작용을 한다. 긴장과 완화 등 세계상황은 대중의 심리에 영향을 미치고, 국제발전은 모든 부분에 영향을 미친다. 증권시장에 영향을 미치는 것들로는 그밖에도 국제수지, 무역협정 등 많은 것들이 있다. 이라크 위기가 그 한 예이다.

그러나 내가 이미 말했듯이 증권인들은 강세장 투자자냐 약세장 투자자냐에 따라 이 모든 상황들을 자신들의 심리적 기본관점에서 해석한다. 여기 증권시장과 정치의 복잡한 관계를 아주 훌륭하게 나타내 주는 일화가 있다.

한 늙은 증권시장의 여우가 자신의 최고 고객 몇 명과 편안하게 앉아 철학에 관한 이야기를 하게 되었다. 그들은 하나씩 돌아가며 질문에 질문을 내놓았다.

"내가 이전부터 알고 싶었던 것은, 시세상승 투자와 시세하락투자가 도대체 어떻게 시작되느냐는 겁니다."

늙은 증권인이 설명하기 시작했다.

"자, 내가 예를 하나 들어 보겠습니다. 몇 십 년 전의 일입니다. 어느 날 오래된 스코틀랜드 혈통의 젊고 잘생긴 왕자가 매력적인 스페인 공주와 약혼을 했다고 신문에 보도된 적이 있지요. 온 세계가 이 아름다운 한 쌍에 매혹되었고, 사람들은 곧바로 그들에 대해 많은 것을 알게 되었습니다. 그리고는 그 둘의 로맨스가 앞으로 어떻게 발전할 것인가에 온갖 관심을 쏟게 되었지요. 이 사건은 대중들에게 긍정적인 분위기를 제공하며 일반적인 낙관론이 유럽의 증권시장에도 전염되었습니다. 그럴듯한 이유도 없이 시세는 오르고 또 올랐지요. 많은 투자자들은 부자가 되었고 사람들은 집을 사고 재화를 벌어들이며 투자를 계속했습니다. 당연히 경제는 번창해졌지요. 이렇게 해서 시세상승 투자가 발생한답니다."

주위의 모든 사람들은 동의하는 뜻으로 고개를 끄덕였으며, 그들 부모님들이 이야기해 주었던 당시의 황금기를 떠올리고 있었다. 증권시장 여우는 이야기를 계속했다.

"그러던 어느 날 전혀 기대하지 않았던 나쁜 소식이 날라듭니다. 혼인은 깨어졌고 왕자와 공주는 싸우다가 서로 헤어졌지요. 이 뉴스는 하나의 충격으로 작용하며 증권시장의 큰 폭락을 불러일으켰답니다. 주가는 끝이 보이지 않을 정도로 떨어졌으며 부를 구가하던 그 동안의 모든 생활이 거품처럼 날아가 버렸지요. 심지어 자살하는 사람도 있었답니다. 이것이 바로 시세하락 투자입니다."

잠시 침묵이 흘렀고, 결국 처음에 질문을 했던 사람이 화난 목소리로 다시 물었다.

"아니, 도대체 귀족들의 결혼이 증권시장과 무슨 상관이 있단 말입니까?"

그러자 늙은 여우가 이렇게 되물었다.

"이상하군요. 내가 처음에 시세상승 투자를 설명했을 때는 왜 그런 질문을 하지 않았나요?"

언젠가 한번 나는 이런 말을 한 적이 있다.

"세상에서 가장 큰 투기는 한 정치가를 그의 내재 가치에 따른 가격에 사들였다가 본인이 부르는 가격에 되파는 것이다."

많은 정치인, 국가 지도자, 그리고 경제와 국가재정에 책임 있는 결정을 내리는 모든 사람들은 자신을 과대평가하는 경향이 있는데, 그들은 자신들이 말하는 사실로 인해 예민한 대중들의 영혼에 혼란을 불러일으킬 수 있다는 것을 알지 못한다. 프랑소아 마리 볼테르가 "볼테르는 힘이 세지, 그러나 대중은 힘이 더 세지."라고 스스로에게 이야기했던 것과 같다.

그런데다가 정치인들 대부분은 국제적인 투자자들의 음모에 대해 감감하다. 정치인들은 국제투자자들의 성향, 영향력 등에 대해 알지 못하며, 뿐만 아니라 심사숙고하지 않은 설명과 의미론적으로 잘못된 정의를 가지고 장세를 극단적으로 가열시킬 수도 있다.

어느 책임 있는 자리에 있는 사람이 경솔한 말 한마디를 하면 크고 작은 수천 명의 투자자들이 '사기' 위해서 또는 '팔기' 위해서 달려나간다. 심사숙고도 하지 않은 채 말이다. 이러한 투기적 거래행위는 지난 수년 동안 더욱 다양해진 복잡성과 더욱 공세적인 형태를 띠고 있어서, 경제에 매우 많은 피해를 야기시켰다. 그들은 대중매체에 특별한 영향을 미친다. 대중매체들은 그들 편에서 덩달아 피해를 더욱 확대시킨다. 왜냐하면 대중매체라는 것은 가격의 변화와 무역시장에 거의 언제나 부정적인 영향을 주기 때문이다.

오래된 한 예를 들어보자. 1977년 여름, 어느 누구도 이에 관한 질문을 하지 않았음에도 불구하고, 마이클 블루멘탈 미국 재무부 장관과 헬무트 슈미트 독일 수상은 같은 시기에, 앞으로 경제적인 이유로 달러화를 평가절하하는 데 자신들은 간섭하지 않을 것이라고 발표했다. 그러나 그 말을 함으로써 그들은 이미 개입한 셈이 되었고 더욱이 그것은 완전히 경제적 동기가 아니었음에도 불구하고 달러 시세의 급락에 일조했다.

그들의 말은 옳은 것이었다. 왜냐하면 개입을 하지 않는 것이 바로 '순수한 변동환율제'의 원칙이기 때문이다. 그러나 그것을 강조할 필요는 전혀 없었다.

위로부터의 이러한 윙크는 투자자들에게는 춤을 추자는 초대나 마찬가지였으며 연쇄반응이 일어나 손해가 발생하였다. 당시 독일 경제부 장관이었던 오토 그라프 람스도르프 씨도 임기 중에 지나치게 재치 있는, 그러나 쓸데없는 소견을 밝힌 적이 있다. 그는 두 가지 품목 즉, 휘발유와 달러 가격이 곧 똑같이 1.5마르크가 될 것이 우려된다고 밝혔다.

이것이 도대체 누구에게 이익이 될 것인가? 이러한 의견이 발표되자 잉크가 채 마르기도 전에, 모든 투자자들은 달려 나가 달러를 가지고 요술을 부리거나 또는 달러를 저편으로 밀쳐놓았다. 정치가들은 투자의 메커니즘과 투자자의 심리적 입장을 알아야 한다. 그러나 그들은 정확한 이유들을 찾지 않고 상투적으로 시세 및 가격변동을 설명하는 것으로 만족하고 만다. 그리하여 사람들은 원자재가 됐든 화폐가 됐든 시장을 불법행위로부터 보호할 수 없게 되는 것이다.

반대로 정치인들이 투기꾼들을 방지하고자 한다면 그들은 최소한 자신들의 말을 삼가야 한다. 이것은 모든 증권시장과 여타 시장들에서 자명한 이치이다. 투자자들이 상품, 화폐 또는 증권에 대해 시세 상승이나 하락을 기다리고 있거나 또는 대중매체에 의존해 이를 행한다면 그들은 원하는 가격이 될 때까지 계속해서 투자 대상물을 다량으로 사들이거나 팔게 된다. 뿐만 아니라 그 누구도 이러한 히스테리 속에서는 더 이상 심사숙고하지 않는다. 왜냐하면 그 누구도 군중심리를 거스를 수 없기 때문이다.

논리와 경제적 사실에 역행하는 시세운동의 끝은 붕괴이다. '아주 확실한' 투자를 했던 투자자들은 실망을 하게 되며 벌을 받게 된다. 왜냐하면 대부분의 사람들이 물론 최고시세에 샀기 때문이다. 그렇지 않았다면 가격은 떨어지지 않았을 것이다. 이제 살까, 팔까를 망설

이는 투자자들은 결국 돈을 잃게 된다.

　그러면 책임 있는 자리에 있는 사람들은 자신들의 계획이 이러한 바보 같은 또는 성난 투자자들에게 피해를 주지 않도록 하기 위해 어떻게 해야 할까? 수많은 방법들과 가능성들이 있다. 따라서 정치가, 재무부 장관 또는 중앙은행장은 언제나 투자자 출신을 자문역으로 두어야 하며, 그럴 경우 큰 도움을 받을 수 있을 것이다.

빨간 자전거

　큰 성공을 거둔 투자자는 대부분 총명하고 정치적인 분석가이며, 뛰어난 군중심리학자이기도 하다. 왜냐하면 그는 정치적 사건들과 이에 대한 투자자들의 반응이라는 두 개의 퀴즈를 동시에 맞추었기 때문이다. 이런 경우 사람들은 일련의 논리적인 전개를 그려볼 수도 있다. 그러나 투자자의 반응은 완전히 독자적이며 제멋대로인 법칙들을 따른다. 내가 이미 언급했던 것처럼, 전쟁이 시세를 날뛰게 만들었던 것을 우리는 얼마나 자주 경험했던가. 그리고 이와 반대로 같은 뉴스에도 얼마나 많은 주식들의 가격이 바닥으로 떨어졌던가. "대포 소리가 천둥칠 때 사고, 바이올린의 부드러운 음악 속에서 팔라."는 증권시장의 오래된 격언은 오늘날에는 더 이상 들어맞지 않는다. 왜냐하면 모든 사람이 알고 있는 것은 증권시장에서 더 이상 지혜로운 것이 아니기 때문이다. 이러한 어려운 시장에 참여하는 사람은 앞을 헤쳐 나갈 수 있어야 하며 사리가 밝아야 한다.

나는 아주 오래 전 내가 어린아이였을 때, 투자를 하는 사람은 결코 뉴스를 뒤따라가지 말아야 한다는 것을 경험을 통해 배웠다.

1914년 초여름의 어느 날, 유럽 대륙에 전운이 감돌기 시작하면서 진짜 투기열이 일어났다. 사람들은 더 이상은 헝가리 국내로 수입될 수 없을 것 같은 물건들에 우선 덤벼들었다. 그리하여 수입품들의 가격이 상승했다. 사람들은 바닐라 분말, 후추 등 여러 가지 물건에 모든 것을 투자했다. 그 중에서 무엇보다도 우선적으로 고려되었던 것은 야자과 식물인 라피아였다. 왜냐하면 라피아는 헝가리의 주산물인 포도주를 생산하는 데 없어서는 안 되는 것이었기 때문이다.

그 당시 원자재 부문을 전문으로 하는 한 대형 은행의 무급 수습사원이었던 나의 형은 증권시장으로부터 라피아에 대한 정보를 입수하게 되었다. 그래서 그는 친구 몇 명과 함께 외상으로 라피아 잎의 계약을 몇 건 했다. 가격은 투기꾼들에 의해 이미 크게 오른 상태였다.

처음에는 행운이 라피아를 붙잡고 있는 것처럼 보였다. 드디어 전쟁이 터졌다. 그러자 라피아 가격은 쏜살같이 높게 치솟았다. 그러나 결과적으로 전쟁 뉴스가 젊은 투자자를 망쳤다. 그것도 아주 지독하게 망쳐 놓았다. 오스트리아와 헝가리 군인들이 아주 빠르게 세르비아 깊숙이 돌격했다. 동시에 독일 부대들은 마르네까지 점령했다. 늙은 야전사령관 힌덴부르크는 프로이센 동부 탄넨베르크에서 러시아 군대를 격퇴시켰다. 세 곳의 전선에서 얻은 외관상의 승리는 머지않아 평화를 기대하게 했다. 따라서 모든 것이 곧바로 다시 정상화되어 갔다.

라피아 시세는 급속도로 미끄러지기 시작했다. 형과 친구들의 구좌는 이미 마이너스 상태가 되어 있었다. 은행은 새로운 지급을 요구했지만 유감스럽게도 모든 주머니들은 텅 비어 있었다.

형의 얼굴은 아침식사 때 다르고 저녁식사 때 다르게 점점 우울해져 갔다. 시세가 상승했을 때 그는 안도의 한숨을 내쉬었으나 세 번의 시세하락은 그를 절망상태로 떨어뜨렸다. 이처럼 끊임없는 상승과 하락에 따른 감정의 희비 곡선을 우리 가족 모두는 같이 경험해야 했다. 전선으로부터의 뉴스가 중요했던 것만큼이나 그것이 라피아의 시세에 미치는 영향 또한 우리들에겐 중요했다. 아버지가 형의 구원자가 되지 않으리라는 것을 형이 확실히 알게 되었을 때, 형은 두려움에 딜딜 떨었다. 어머니의 중재에도 불구하고 아버지는 관대함을 보이지 않았다. 은행의 독촉을 받아 공포에 떨던 형이 자살을 언급하자, 우리 모두는 부르르 떨었다. 드라마에나 나올 법한 공포귀신 하나가 집안 전체를 온통 뒤흔들어 놓았다.

결국 아버지는 형의 절박한 비극을 알게 되었다. 형이 그것을 자신의 명예문제로 여기고 있다는 것과 진정으로 투자를 했었다는 것을 알게 된 아버지는 형에게 필요한 만큼의 돈을 승인해 주었다.

교수형을 받은 사람의 가족들이 밧줄을 기피하듯이, 그 이후로 라피아라는 단어는 우리 가족들 사이에서 멀어지게 되었다. 그것은 결코 비극이 아니었다. 가족의 명예는 더럽혀지지 않고 그대로 남아 있었다. 그러나 나는 내가 꿈에도 그리던 빨간 자전거를 가질 수가 없었다.

그런데 이 비극적인 투자자의 상심이 치유되기도 전에 마르네 전투와 다른 전선에서의 패배 뉴스가 들어왔다. 빠른 승리에 대한 기대는 다시 녹아버렸다. 전쟁은 희망 없이 지연되었다. 라피아 시세는 다시 급상승했으며 투자자들은 잃어버렸던 것을 모두 되찾았다. 그러나 형에게는 그 시기가 너무 늦게 왔다.

나의 부모, 형, 그리고 위의 이야기에서 언급된 인물들은 이미 오래전에 세상을 떴다. 라피아 투기는 세계 시장에서의 거대한 투자들과 비교하면 아주 하찮고 단순한 것으로 보여진다. 당시 기대했던 이윤은 오늘날 뉴욕에서의 저녁식사 한 끼 값에 불과했다. 그러나 나는 지금까지도 여전히 당시의 놀라움을 뼛속까지 느끼고 있다. 그 놀라움은 나에게 인생에 대한 경고와 더불어 내가 하는 투자에 대한 경고로 남아 있다.

주식투자가 '장안의 화젯거리'일 때

정치적 사건들이 증권시장의 번영과 고난에 어떤 영향을 주는지 우리는 보았다. 반대로 증권시장의 발전도 경제, 정치 및 사회의 분위기에 영향을 미친다. 특히 증권시장에 행복감이 넘쳐나는 시기에 이는 더욱 확실하게 감지된다.

그럴 때 사람들은 별장에서의 저녁식사 중에, 칵테일 파티 중에, 또는 의회의 대기실 등 모든 곳에서 오로지 투자에 대해서만 이야기한다. 정보들을 교환하고 특정 주식에 대해 분석한다. 이 때 '증권인'이라는 직업은 존경의 대상이 된다. 그러나 주식투자가 장안의 화젯거리가 되는 바로 그 시점에서 투자자들은 무조건 하차해야 한다.

그 좋은 예가 1961년과 1962년 겨울이다. 월스트리트는 날마다 축제가 열렸고 투자자들은 아름다운 삶을 구가했다. 당시 미국에서 증권시장의 열기는 절정에 달했다. 사람들은 주머니를 채우기 위해서 많은 것을 공부할 필요가 없었으며, 단지 오늘 사서 내일 팔거나, 내일 사서 모레 팔기만 하면 되었다. 만약 어떤 사람이 새로 발행된 따끈따끈한 주식을 붙잡기만 하면 그것만으로도 이미 행운이었다(이와 똑같은 상황이 1980년대 후반에 독일에서도 있었다).

오전에 새로 발행된 주식들이 10달러에 나오면, 오후에는 이미 20 또는 30달러가 되었다. 이 신주를 살 수 있는 운 좋은 사람의 명단에

들기 위해서는 단지 매니저 부인이 다니는 미용실이 어딘지만 알면 되었다.

한 천재 지휘자가 오케스트라를 지휘했다. 오케스트라의 음률 속에서 이윤을 갈망하는 대중들은 언제나 마녀들의 춤 속으로 빨려 들어갔다. 금융업자의 놀라운 발명은 날로 번창했다. 모든 중개회사들의 30만 명이 넘는 중개인들은 자신의 능력을 완전 가동하여 전속력으로 일하고 있었다. 그들 대부분은 전화기로부터 절대 떨어지지 못했다. 왜냐하면 전화 한 통에 새롭게 발행된 주식이 500 내지 1,000주나 팔리기 때문이었다. 발행주식들은 물론 모두 '따끈따끈'했다. 아니, 따끈따끈한 정도가 아니라 엄청나게 뜨거웠다. 얼마나 뜨거웠던지 고객들이 손가락에 화상을 입을 정도였다. 그러나 중개인과 금융인의 숫자는 여전히 부족했다. 그들은 연일 라디오와 신문에 구인광고를 내 직원들을 찾고 있었다. 유가증권의 매출액은 날마다 상승했으며 매일 신기록을 세웠다. 중개회사들은 밤새워 일을 했다. 새로운 고객에 대한 그들의 목마름은 끝이 없었다.

1929년을 상기시키는 이러한 지나치게 흥분된 시장의 분위기도 증권시장을 위해서는 없어서는 안 되는 요소이다. 왜냐하면 그러한 행복감 속에서만 그들은 대중들에게 모든 것을 팔 수 있기 때문이다. 그것이 공중누각 주식회사의 주식이든, 달나라부동산 주식이든 상관이 없다. 이것이 결국은 1962년에 폭락으로 끝이 난 그 유명했던 붐이었던 것이다.

그러한 호황기에는 심리학과 광고가 특히 큰 역할을 한다. 우리는 몇 년 전 독일에서 새롭게 발행된 주식에서 그와 같은 뜨거운 열기를 경험했다. 한 레저산업 회사가 처음으로 주식시장에 상장됐다. 이때 신주 공모를 위한 엄청난 광고가 뒤따랐다. 많은 사람들이 공모에 참여했는데 그중에는 공인으로서 잘 알려진 사람들도 있었다. 소액투자자들은 소량의 주식이라도 할당받기 위해 이 은행 저 은행으로 뛰어다니며 신청을 했다. 그리하여 이 주식의 공모가는 약 370마르크로 책정되었다.

증권시장에서는 이미 500마르크로 거래가 시작되었다. 그러나 이 가격으로도 여전히 매수하기가 어려웠다. 그런데 주가가 1,000마르크를 넘어서자 영국에서 많은 매도물량이 쏟아져 나왔다. 사람들은 갑자기 그들이 원했던 만큼의 많은 주식을 매수할 수 있었다. 독일 대중들은 그 주식들을 배가 터지도록 먹었다. 이전에 그 주식을 사고 싶어도 없어서 못 샀던 사람들은 충분히 보유하고자 했다. 미국 증시에서 자본금을 날렸던 은행들은 이 모든 것이 순전히 심리적 요인에 의한 현상이라는 것과, 이러한 버블장세가 끝나는 시점을 이미 경험으로 잘 알고 있었다. 그럼에도 불구하고 은행들은 계속해서 대중들에게 매수할 것을 권했다. 물론 그들의 의도는 자신들의 재고창고를 정리하는 것이었다. 그렇기 때문에 나는 세미나에서 언제나 이 말을 반복한다.

"무슨 일이 있어도 은행의 충고를 따르지 마시오."

그것은 단골식당에서의 주문전략과 똑같다. 만약 주인이 나에게 '오늘의 요리'를 추천하면, 나는 절대 그 음식을 주문하지 않는다. 왜냐하면 그것은 주방에 아직 남아 있는 5인분의 재고를 처리하기 위한 작전이기 때문이다.

언제나 그랬듯이, 마침내 풍선은 터지고 말았다. 문제가 된 주식의 가격은 지금도 여전히 300마르크에 머물러 있다.

훗날 나는 그 주식을 발행했던 은행에서 강연할 기회가 있었는데, 그때 리처드 바그너의 오페라, '뉘른베르크의 가수'의 한 구절을 인용하여 은행장의 코를 납작하게 할 기회를 가졌다.

"…정직함을 가장한 너희들은 모든 사기꾼들 중에서도 가장 악질들이다!"(Beckmesser zu Hans Sachs 003장 제1부)

나의 증권시장 동물원

'증권시장은 음악 없는 몬테카를로'라는 증권시장에 관한 재미있는 정의가 있다. 그러나 나는 이에 대해 반론을 제기하고 싶다. 나는 여름이면 자주 몬테카를로에서 몇 분 거리에 있는 프랑스의 리비에라에서 지내는데, 내가 때때로 증권시장의 분위기를 그리워하기는 하지만 몬테카를로에는 가지 않기 때문이다.

가난한 몬테카를로에는 슬픈 풍경이 있다. 수백 명의 늙은 부부들이 주식 몇 주를 가지고 하루하루 끼니를 해결하기 위해 거래를 하고 있다. 날마다 뉴욕의 증시에서 거래되고 있는 수백만의 주식들을 생각할 때, 이것은 분명 슬픈 그림의 하나이다.

월스트리트에는 수많은 투자자들이 돈을 가지고, 마치 증권시장이 거대한 카지노인 양 그 주위를 서성거리고 있는 것이 사실이다. 물론 그들의 경솔한 투자로 녹색의 룰렛 테이블 위의 빨갛고 까만 37개의 숫자를 증권시장의 시세표로 바꾸는 것은 정당하지 못하다. 증권시장에서의 게임은 현금을 움직인다. 승리에 대한 매혹은 백만장자의 수백만 마르크를, 영세 자본가들이 새로운 사업을 위해 저축한 소액의 돈을, 그리고 학문적 프로젝트를 위한 연구비를 유혹한다. 만약 증권시장이 수십억을 제공하지 않았더라면 19세기의 철도, 20세기의 자동차, 전자, 컴퓨터 및 다른 혁신적 기업들의 존재가 어떻게 가능했겠는가? 거친 증권시장의 게임이 때때로 잊지 못할 폭락을 야기하기도 하지만 그래도 그 폐허 속에서는 언제나 놀랍고도 새로운 또다른 산업 하나가 탄생한다. 따라서 기생충 투자자라 할지라도 자본주의에서는 그 나름의 특별한 역할을 한다.

나는 얼마 전 증권가에서 그림같이 아름다운 사회를 다시 한 번 즐길 수 있었다. 그곳은 몬테카를로가 아닌, 연미복과 맥주가 함께 어우러진 파리의 어느 날 밤이었다.

700여 명의 증권 게임가들과 투자자들이 블론뉴 정원에서 열리는 화려한 무도회에 초대되었다. 월스트리트의 가장 명성 있는 한 중개인회사가 자신들의 창립 100주년을 기념하는 자리였다. 뉴욕에서 날아온 대표자가 파리 상류사회의 투자자들에게 환영인사를 한 뒤에 무도회가 시작되었다. 오케스트라의 음률에 맞춰 남녀가 새벽녘까지 춤을 추었다. 나는 정말이지 확실하게 즐겼다. 스푼으로 퍼먹어도 좋을 만큼의 캐비어, 엄청난 양의 샴페인, 열대 과일들, 아름다운 꽃바구니, 하얀 제복을 입은 웨이터들의 시중 등 모든 것이 환상적이고 아름다웠으며 최고급이었다. 하기야 우리가 그들에게 날마다 챙겨 준 엄청난 커미션을 생각한다면 이 정도쯤이야 대수이겠는가. 여기에는 모든 별난 사람들과 모든 종류의 증권시장 동물들이 총 집합했다. 작전을 하는 투자자들, 거물 투자자들, 그리고 거대한 투자펀드의 관리인들, 정보가들 등등이 이리저리 테이블을 옮겨 다니며 주식 시세 및 정보들을 교환했다.

다이아몬드의 광채만큼이나 빛나는 아름다움을 지닌 한 젊은 여자는 다가올 겨울에 입을 밍크 코트를 주문하기 위해 옆 사람에게서 확실한 정보를 얻으려 하고 있다. 담배를 입에 문 뚱뚱한 신사는 자신이 투자하게 될 수영장에 대해 동료와 이야기하고 있다. 오랜 친지 한 사람이 나에게 말했다.

"나는 '보잉'이라는 새 요트를 샀는데 보잉사 주식에 투자해서 번 돈으로 산 것이라네. 만약 내가 몇 달 뒤에 그 주식을 팔았더라면 요트의 크기가 두 배는 되었을 거야."

사람들은 모든 언어로 이야기하고 있었다. 마치 모든 민족의 대표가 모인 것 같았다. 앵글로색슨족, 아르메니아인, 러시아인, 또는 월스트리트에서 가장 총명하고 성공적인 작전가로 정평이 난 중국 화교들…. 이날 저녁은 달러의 기치 하에 평화적인 공생을 가장 잘 보여준 자리였다. 이는 몬테카를로에서보다 훨씬 다양한 즐거움이 있는 저녁이었다. 그것은 진정 '음악과 함께 하는 증권시장'이었다.

곰과 황소

70년 동안 나는 아주 다양한 인종들과 한 울타리 안의 동물원에서 살고 있다. 내게는 많은 친구들이 있다. 과거의 귀족, 지성인들, 소상인과 큰 도둑, 크뢰수스(소아시아 리디아의 부유한 왕)와 같은 부자와 교회 안의 쥐처럼 가난한 사람 등등. 증권시장에서 살아 숨 쉬는 모든 사람이 '투자자'는 아니다(여기서 '투자자'의 개념을 잘못 이해하면 안 된다). 거기에는 여러 부류의 증권인들이 있다. 증권시장의 예술가 및 박사도 있고, 하루하루 또는 한 시간 한 시간을 이용하는 증권 게임가도 있다. 아마추어, 반(半)아마추어도 있으며, 무허가 중개업자도 있다.

그리고 기술적으로 아마추어인 무리들이 있다. 은행원들과 중개인, 평가사, 조정가, 에이전트 및 하부 에이전트, 아주 가난한 투자자문가 등이 그들인데, 이들이 하는 일은 재산관리인이라기보다는 진공청소기 판매원에 더 가깝다. 그리고 증권시장을 통해서 또는 증권시장 주변을 돌며 커미션, 중개료 등을 챙겨 먹고 사는 한 무리의 인간들이 있다.

그러나 가장 중요한 인물들은 '상승장에 투자하는 얼간이', '하락장에 투자하는 독수리', 그리고 다른 이상한 사람들이다. 그들은 나 자신이 70년 동안 활동하고 있는 세계를 뒤덮고 있다. 먼 후일에 나는 나 자신도 속해 있는 이 증권시장 동물원을 보다 더 유쾌한 곳으로 만들고 싶다. 약간의 행운이 따른다면 보다 젊은 사람들이 그 곳에서 더 많은 이익을 볼 수도 있을 것이다.

증권시장은 얼룩덜룩한 무늬의 세계이며 강자가 약자를 잡아먹는 정글의 축소판이다. 가여운 패자들이여. 프로세계는 영원한 싸움터이며 이곳에 가장 잘 적응하는 두 부류로 이루어진 한 시스템이 지배한다. 그 두 부류는 시세하락 투자자와 시세상승 투자자, 또는 앵글로색슨족이 너무나 정확하게 표현한 곰과 황소이다.

황소는 투자자의 상징이다. 그는 선두에서 돌진하며 그의 뿔을 가지고 모든 것을 높이 던져 올리려 한다. 물론 무엇보다도 가장 높이 올리려 하는 것은 시세이다. 시세하락 투자자는 곰을 잡기도 전에 그 가죽을 팔려고 하는 사냥꾼과 같다. 그가 만약 곰을 잡지 못하면 너무 빨리 팔았던 가죽을 다시 사야 하는 손실이 발생한다.

세계의 모든 증권시장에서 황소는 곰을 좋아하지만 곰은 황소를 좋아하지 않는다. 그들의 세계관은 상호간에 근본적으로 다르기 때문에, 어떠한 경제적 또는 정치적 사건에 동일한 의견을 내는 일들은 존재하지 않는다. 예를 들면 하락장 투자자는 모든 뉴스를 비관적으로 평하고, 같은 뉴스에 대하여 상승장 투자자는 낙관적 해석을 내놓는다.

만약 내가 증권거래인 한사람과 10분만 증권시장에 관하여 대화를 하게 되면, 나는 그가 상승장 투자자인지 또는 하락장 투자자인지 말할 수 있다. 그의 짧은 행동 하나에도 나의 '증권시장 심리분석'은 고속으로 작동한다. 왜냐하면 두 사람의 투자자들이 서로 만나면, "안녕하세요?"라고 인사하기보다는 "시장을 어떻게 보십니까?"라고 묻기 때문이다.

시세하락 투자자는 아주 이상한 사람이다. 그들이 투자하는 동기는 저마다 각각이다. '지적인 시세하락 투자자'의 아주 전형적인 인물은 증권시장 주변에서 '흡혈귀'라는 이름으로 널리 알려진 빅토르 리옹이었다. 그는 언제나 비밀 정보를 통해 증권시장의 매매계약 수준을 알아내려 애쓴다. 만약 시세상승 주식에 대한 계약이 수억 또는 수십억에 이르렀다는 것을 알게 되면, 그는 반드시 하락 주식에 투자한다. 그는 이것을 계속 반복했다. 여기서 결정적인 역할을 하는 것은 시장에 대한 기술적 이해이다. 주식들이 만약 전부 '작은 손'들의 수중에 있다면 폭락은 기정 사실이다. 그의 예측은 언제나 들어맞았다. 빅토르 리옹은 다음과 같이 말하는 버릇이 있었다.

"시세하락 시 하루 동안 내가 벌어들이는 돈은 상승 시의 30일 동안 버는 돈보다 더 많다."

이렇게 심사숙고하여 결정을 내리는 '지적인 시세하락 투자자'외에 '심리적 시세하락 투자자'도 있다. 이러한 타입은 주식들이 과대평가 되었는지 또는 저평가 되었는지 아무것도 모르면서, 또 걱정도 하지 않는다. 시세하락 투자자가 되기로 하는 그의 결정은 순전히 개인적인 심리상태에 달려 있다. 그가 주머니에 '현금'으로 소지한 돈에 대하여 과대평가하는 것이다(내가 위에서 기술했듯이 나 스스로가 이러한 종류의 사람이었다). 또는 위장장애가 있어 언제나 기분이 좋지 않은 사람은 결코 시세상승 투자자가 될 수 없다.

내가 증권시장에서 만났던 첫 번째 고객이 그러한 '심리적' 시세하락 투자자였다. 내 아버지의 친한 친구이며 증권시장위원인 구스타프 호프만은 금융인이라고 하면서도 정작 고객이라고는 본인 자신밖에 없었다. 호프만은 기본적으로 시세가 하락할 때 투자했다. 어느날 그는 파리로 나를 찾아왔다. 나는 그에게 몇 가지 설명을 해주기 위해서 그와 함께 증권시장에 갔다. 그 날 시세는 매우 안정적이었다. 그는 '파리보스' 주식이 어떠한가를 나에게 물었다. 나는 그에게 시세를 알려주었다. 그러자 그는 곧바로 이렇게 말했다.

"너무 높아. 염치없는 시세구면."

황소와 곰은 그들의 물질적 관심에서도 마찬가지로 반대 입장에 있다. 그럼에도 불구하고 싸움의 출발은 두 편의 힘에 달려 있는 것이 아니고 이미 설명했듯이 많은 정치적, 경제적, 그리고 심리적 요인들과 여러 가지 종류의 측정할 수 없는 것들에 달려 있다.

황소들은 시세가 하락할 수 있다는 것을 꿈에도 상상하지 못한다. 그들은 시세가 상승하는 것을 정상적이고 당연한 것으로 여긴다. 그들은 또한 시세가 폭락한다는 것은 상상조차 하지 못한다. 게다가 상승장에 투자하는 얼간이들은 나중에 주가가 하락하여 입게 되는 손해보다는 증시가 상승세일 때 참여하지 않아 잃게 되는 돈을 먼저 생각하게 마련이다. 이와는 반대로 곰들은 하나의 비뚤어진 동경 속에서 고통을 찾아다니는데 그것이 다른 사람의 고통이라는 데 문제가 있다. 어느 시인이 그들의 그런 모습을 다음과 같이 읊은 바가 있다.

"신은 하락장 투자자를 경멸한다. 왜냐하면 그들은 남의 돈을 탐내기 때문이다."

그것 또한 맞다. 왜냐하면 하락장 투자자는 다른 사람들이 주가 하락으로 고통스러워할 때만 돈을 벌 수 있기 때문이다. 그에 반해 상승장 투자자는 다른 사람들의 손해로 이익을 보는 것이 아니라 기업들의 성장에 따른 주가의 상승으로부터 이익을 본다. 하락장 투자자는 다른 사람들이 슬퍼할 때 개가를 올린다. 경험에 의하면 백 명의 증권시장 프로들 중에 하락장 투자자는 다섯 명에 지나지 않기 때문이다. 그리하여 만약 곰이 투자를 한 뒤에 그가 생각한대로 폭락장세가 오면 그는 음흉한 웃음을 지으며 이렇게 말한다. "속상하겠군! 헤헤. 하지만 나한테는 어림없지."

그런데 더 이상한 사람들은 황소와 곰이 무엇을 하는지에 대해서 전혀 관심이 없는 사람들이다. 그들은 이론적 게임가처럼 자기들만의 독자적인 세계를 갖고 있다. 이러한 부류는 단지 생각으로만 매수하고 매도한다. 또 머릿속에서만 이윤과 손실을 장부에 기입한다. 그러나 지갑은 아무것도 느끼질 못한다. 이러한 게임가들은 이론상으로 이윤을 얻게 되면 행복감을 느낀다.

또, 금요일 날의 증권시장이 강세이면 꼭 금요일에만 주식을 매수하는 주말 게임가들이 있다. 왜냐하면 그들은 대중들이 즐거운 주말을 보내고 난 뒤인 월요일에 주식을 살 것이라고 확신을 가지고 있기 때문이다. 나는 그들 중에서 단 한 명의 백만장자도 발견하지 못했다. 그리고 또한 부도난 회사들의 주식만을 상대로 하는 사람들이 있다. 그들은 증권시장 용어로 '겁쟁이'라고 부른다. 그들은 기적이 일어날 수 있다고 생각한다. 그런 일이 실제로 가끔 일어나기는 한다. 그러나 그런 주식들은 언제나 장식용으로나 팔 수 있을 뿐이다.

욕망의 크기에서도 프로들은 각기 다르다. 겸손한 사람과 주의하는 사람이 있다. 그들은 "안전한 것이 안전해"라고 생각을 한다. 적은 이윤으로는 그 누구도 침몰하지 않는다고 말을 하고 10퍼센트의 이익을 얻고도 행복하게 그곳에서 나간다.

그리고 또한 야심적인 투자자들이 있다. 그들은 단지 커다란 대박에만 기대를 하고 작은 것에 벌벌 떠는 사람들은 결코 큰 것을 얻지 못할 것이라고 떠들어댄다. 그들의 말은 사실 옳다. 누구라도 증권시장 같은 곳에 일단 발을 들여놨다면 그 값을 해야 하는 것이다. 경건한 유대인들도 다음 속담을 통해 그런 생각을 드러냈다.

"기왕에 돼지고기를 먹으려면 기름이 흠뻑 든 부위를 먹어라."

그러나 대부분의 경우, 행운아들은 언제나 제대로 된 자리에 있던 사람들이었다. 유감스럽게도 대부분의 증권인들은 그들의 주식이 몇 포인트라도 올라갔을 때 얼굴을 찌푸리는 보기 흉한 특성을 갖고 있다. 이윤을 냈을 때는 이야기를 하고 잃었을 때는 침묵을 지킨다. 그들은 모든 것을 예견했다는 듯이 이런 말을 반복한다.

"내가 전에 그렇게 말했잖아!"

그들은 언제나 가장 낮은 시세에서 샀으며 가장 높은 시세에서 팔았다. 그들은 자신을 천재로 여긴다. 그러나 나는 그들을 거짓말쟁이로 여긴다.

많은 브로커들은 자기 광고를 위해 허풍쟁이가 된다. 그들은 호사스럽게 생활한다. 그들은 "보십시오, 내가 얼마나 성공했는가!"라고 세상 전체에 말하고 그것을 알리기 위해서 부인의 화장실 하나를 꾸미는 데도 많은 돈을 지불한다.

이번 강의의 서두에 언급했듯이 모든 증권시장 동물들은 다음 두 가지 기본 형태로 분류할 수 있다.

1. 비관론자, 고리대금업자의 정신을 가진 사람들, 구두쇠형, 모든 위장병 환자 및 늘 기분이 나쁜 사람들. 이들은 타고난 하락장 투자자이다.

2. 낙관론자, 방탕자, 모험가, 낭비가 및 경솔한 사람, 하늘에서만 나무가 자라는 것을 보는 낭만적인 사람들(그들은 자신의 돈을 곧장 잃어버릴 수도 있다). 이들은 언제나 상승장 투자자이다.

아주 특이한 부류: 투자자

시세상승 투자자와 시세하락 투자자, 즉 곰과 황소, 이들은 둘 다 투자자가 될 수 있다. 그러나 이런 표현은 사실 별 의미가 없다. 재산도 그리고 또 파산도 증권시장에서 만드는 사람이 증권인이다. 그들은 모험을 하며 자신의 생명까지 걸게 된다.

투자자는 사실 서민적인 직업이 아니다. 오히려 하나의 천직이다. 투자자는 국민총생산에 기부를 하지 않을지라도 그의 경제적 권리를 가지고 자유로운 자본주의 체제에 몸을 바치고 있다. 순종 투자자는 우리가 말하는 일반 투자자와 증권 거래인 사이의 중간 어디쯤에 속하는 사람이며 그 둘을 거의 혼합시킨 존재라고 볼 수 있다. 활동적인 투자자는 그들의 투자를 항상 주가와 시세의 순환적 변동에 적응시킨다.

투자자는 얼마나 특이한 인간인가. 아무리 보잘것없는 철학자라도 태어날 때부터 철학자로 태어나듯이 투자자 또한 타고나는 것이다. 투자자는 다른 사람들에 비해 더 많은 아이디어를 가지고 있고 끊임없이 스스로를 괴롭히다가는 또 미래에 대한 비전을 가지며, 그와 만나는 모든 것들의 이득과 손실을 따진다. 그는 이로부터 내린 결론을 토대로 해서 어떤 주식을 사거나 판다. 만약 그의 생각이 맞았다면 그는 증권시장으로부터 돈을 받는다. 만약 틀렸다면 그는 증권시장에 벌금을 낸다. 이것이 투자의 본질이다.

비전을 나는 독특하고 비타협적인 아이디어라고 이해한다. 처음에는 아닌 것 같아 보이고 증시 대중들은 이를 놀리지만 실제로는 사실이 되는 것이다.

투자자가 유사한 상황을 언제나 다시 기억 속에 되살릴 수 있으려면 그는 충분한 경험을 필요로 한다. 위대한 발명가 토마스 에디슨은 다음과 같이 말했다.

"모든 발명은 10퍼센트의 영감과 90퍼센트의 땀으로부터 이루어진다."

이 말을 증권시장에서 고쳐 쓰면 90퍼센트의 땀 대신에 90퍼센트의 경험이 될 것이다. 투자자는 거의 무의식중에 더하고, 빼고, 또한 곱한다. 작가 한 사람이 그의 작품에 대해서 여러 번 원고를 고쳐 쓰듯이, 또 음악가 한 사람이 그의 음악에 온 심혈을 기울이듯이, 투자자는 그의 생각에 공을 들인다.

그는 멜로디가 떠오르면 그것을 형식에 붙여 넣고 하모니를 만들고 편곡을 한다. 지휘자가 완성된 교향악을 지휘하듯이 금융인은 증권시장에서 그의 고객들의 거래를 실행한다.

투자자는 결코 백과사전이어서는 안 된다. 그는 다만 올바른 순간들의 관련을 알아야 하며 이에 맞춰 행동을 해야 한다. 절대로 많은 것을 알아서는 안 된다. 단지 큰 그림을 이해할 수 있으면 된다. 간단히 말해서 그는 생각하는 사람이어야 한다.

사장도 없고 종업원도 없는 이렇게 품위 있는 직업이 또 어디 있겠는가? 은행원과 중개인의 경우처럼 고객에게 친절하게 웃을 필요도 없고 복잡하게 거래할 필요도 없으며 신경질적인 고객의 비위를 맞출 필요도 없다. 자기만의 시간을 자유롭게 마음대로 처리하는 이 귀족은 안락의자에 기분 좋게 앉아서 장사꾼들의 소음으로부터 자신을 멀리한 채, 자신이 피우는 담배연기 속에 쌓여 생각을 한다. 그의 도구는 전화기와 라디오, 그리고 신문뿐이다.

그러나 그러한 증권인이 자기의 직감에만 의지한 마술사라는 것을 아무에게도 말하지 말라. 영국의 귀족으로 추대되었고 확실히 금세기의 가장 위대한 국민경제학자였던 존 메이나드 케인즈도 정열적인 투자자였다. 셰익스피어, 아이작 뉴튼 경, 프란시스 베이컨과 함께 가장 위대한 영국의 아들로 인정받은 케인즈 초상화 아래에는 다음과 같은 영국 정부의 헌사가 붙어 있다.

"존 케인즈, 그는 노동 없이 재산을 모았다."

사람들은 투자자라는 직업에 그리 높은 경의를 표시하지 않는다. 투자자들이 많은 사람들로부터 부러움을 받을 뿐만 아니라 질투의 대상이 되어 미움을 받는 것이 결코 놀라운 일이 아니다.

라틴계 민족들에게도 그렇게 무시당하지 않았던 앵글로색슨족의 투자 기질은 독일인들에게는 여전히 추잡하고 저속한 것으로 받아들여지는 듯하다. 심지어 투기 없이는 증권시장이 그 존재 의미를 상실함에도 불구하고, 독일에서는 증권시장이 투기의 장소가 아니라 단순한 주식 거래시장으로 간주된다. 악마가 신처럼 무에서 유를 만들어 낼 수 있다는 것을 인간들에게 증명해 보이기 위해서 증권시장을 생각해냈다고 화가 난 혀들은 주장한다. 그것은 틀린 말이다. 결코 악마가 증권시장을 만들어낸 것이 아니다. 증권시장은 사람들이 커다란 건물에 모여 투자와 거래에 관한 규정이나 관례를 만들기 훨씬 이전부터 이미 나무 밑에서, 길모퉁이에서, 또는 커피숍에서 자연스럽게 생겨났다.

투자자들의 발전과정은 배우지 못한 소녀가 가끔 인류의 가장 오래된 직업을 얻는 것과 대략 그 과정이 비슷하다. 처음에는 호기심으로 시작한다. 그리고 나서는 즐거움, 그뿐 아니라 욕정이 요인이 된다. 마지막에는 단지 돈을 탐내는 금전욕이다. 다행히도 나는 지금 비로소 두 번째 단계에 있다. 여전히 증권시장은 나에게는 하나의 욕망인 것이다.

기업가, 고객 및 다른 슬라브인들

증권시장에서 투자 결정을 내릴 때 나는 나의 사적인 경험들을 고려하곤 한다. 이런 예로 미국의 통신회사인 AT&T와 가졌던 유일무이한 경험을 말하고자 한다. 당시 그 회사는 아직 A.T.T.라고 불렀으며 미국 내에서 사실상 독점적인 권한을 누리고 있었다.

1960년 우리 기자들은 아이젠하워 대통령을 동행하며 아시아로 여행을 하였다. 여행 후에 나는 감기 때문에 뉴델리에 누워 있었기 때문에 계획보다 늦게 뉴욕으로 돌아왔다. 뉴욕에는 내 우편물들이 수북히 쌓여 있었고 그것들은 한 몇 킬로그램은 나갈 것 같았다. 그런데 그 중에서 나는 지난 두 달 동안 지불하지 않은 8달러 31센트짜리 전화요금 고지서를 발견하였다. 그리고 내 전화가 불통이라는 사실을 알았다. 전화가 안 된다는 것은 투자자에게는 거의 재앙에 가까운 일이다.

물론 나는 이 상황을 빨리 전화국에 알리기 위하여 가장 가까운 공중전화 부스로 달려갔다. 나는 전화요금을 내지 않은 것에 전혀 고의성이 없음을 설명하고 나서 내 전화선을 당장 다시 이어줄 것을 부탁하였다. 전화국의 컴퓨터가 얼마나 빨리 일을 처리하였는지 전화를 받은 전화국 직원은 어느새 내 자료를 자기 앞에 가지고 있었다. 그런데 그가 다음과 같은 말을 했을 때 나는 거의 기절할 뻔하였다. "코스톨라니 씨. 그렇게 성급하게 굴지 마십시오. 선생님이 요금을 내는 것만으로 끝날 문제가 아닙니다. 정확한 날짜에 요금을 지불하지 않는 고객은 우리의 신용을 잃게 됩니다. 그러므로 전화선을 다시 연결하기 위해서는 이러한 경우가 반복되지 않는다는 약속으로 우선 200달러의 보증금을 내야만 합니다. 그리고 전화는 14일이 지나야 통화가 재개됩니다."

귀국이 지연되어서 나는 이미 충분히 짜증이 나 있었다. 그것은 증권시장이 약세인 탓도 있었다. 그의 말은 내게 개인적인 모독으로 들렸고 폭발 일보 직전에 있던 나는 폭발하고 말았다. 전화가 없이 증권인이 무엇을 할 수 있단 말인가? 전화가 안되는 14일 동안이란 내게 영원이나 마찬가지였다.

나는 곧 내 인생의 큰 전쟁, 골리앗 전화국에 대한 다윗의 전쟁을 치를 것을 결심하였다. 그리하여 나는 나의 검인 혀를 빼들고 날카로운 목소리로 이렇게 공격했다. "당신들은 당신들의 단골 고객들을 배척하고 있군요. 정확한 심사도 없이 단지 그가 겨우 8달러 31센트를 늦게 지불했다는 것 때문에, 오래된 고객의 신용을 당신들은 끝장내고 있습니다. 당신은 아이들에게 하듯이 나를 훈련시키려 하는 건가요?"

"규정상 어쩔 수 없습니다." 전화선 다른 끝에서부터 단호한 대답이 들려왔다.

"좋아요." 나는 너무나 화가 나서 부들부들 떨며 말했다. "200달러를 보내드리겠습니다. 왜 500이나 5,000달러를 요구하지 않는 겁니까? 그밖에 나에게 얼마든지 더 지불하라고 요구할 수 있지 않나요? 당신들은 거대한 독점 기업이고 나는 아주 작은 일반 소시민이니까요. 만약 통신회사가 하나만 더 있더라도 나는 당신들에게 지옥에나 떨어져라 하고 쉽게 말할 수 있을 겁니다. 그리고 나는 경쟁회사로 가면 되니까요. 그러나 경쟁회사는 존재하지 않습니다. 그리고 사람들은 전화기 없이 뉴욕에서 살 수 없기 때문에 나는 항복을 해야겠지요. 그리고 그렇게 작은 사람은 거대한 독점 기업에 의해 때려 부셔지게 마련입니다. 나는 내가 알고 있는 상원의원과 의원들에게 이 문제를 어떻게 생각하는지 한 번 물어보겠습니다."

이전에는 그렇게 뻣뻣하던 목소리가 부드럽게 가라앉으며 이렇게 말했다. "제발, 코스톨라니 씨. 제발 그렇게 비극적으로 받아들이지 마십시오. 당장 이 문제를 자세하게 검토해 보겠습니다." 그러고 나서 1분 뒤에 나는 떨리는 목소리를 들었다. "선생님 말씀이 맞습니다. 선생님의 만족을 위해 최선을 다하도록 하겠습니다. 전화기를 다시 연결시켜 드리기 위하여 내일 아침 일찍 우리 기술자가 귀댁으로 갈 것입니다. 보증금은 안 내셔도 됩니다. 그리고 앞으로 오랫동안 부재시에는 저희에게 미리 연락주실 것을 정중하게 부탁드립니다."

다음날 아침 일곱 시에 기술자가 와서 내 전화선을 다시 연결하였다. 그리고 여덟 시에 나는 통신회사로부터 모든 것이 정상인가를 친절하게 묻는 확인전화를 받았다. 그 다음 몇 년 동안 나는 회사가 나를 우대하며 정중하게 다루고 있다는 것을 거듭 확인할 수 있었다.

돈이 조금이라도 있는 모든 미국인들이 그러하듯이 나도 언제나 A.T.T 주식에 투자했었다. 그러나 이 사건 이후로는 더 이상 나는 A.T.T.의 주를 가지고 있지 않다. 왜냐하면 나는 나 자신조차 위협할 수 있는 회사에 고객으로는 기꺼이 남아있지만 결코 파트너(투자자)로는 남아있고 싶지 않기 때문이다.

대기업과 나

앞의 일은 미국에서 있었던 일이다. 나중에 독일에서 나는 또 한 번 거대 기업과 다른 경험을 갖게 되는데 그것도 별 유쾌한 경험은 아니었다. 왜냐하면 어떤 기업이 크면 클수록, 명성이 있으면 있을수록 그리고 힘이 있으면 있을수록 하찮은 일에 더더욱 인색한 면을 드러내기 때문이다.

그 기업은 바로 명성이 높은 지멘스였다. 한번은 이 회사의 홍보부에서 새로운 Btx - 카달로그에 들어가는 서문을 나에게 써달라고 요청하였다. 그리고는 14일 이내에 원고를 보내달라는 것이었다. 우리는 원고료를 5,000마르크에 합의하였다. 나는 아주 정확하게 약속을 이행하였다. 담당 부서장은 나에게 매우 흡족함을 전했으며 수표는 월말쯤에 도착할 것이라고 전화를 걸어왔다. 그런데 일주일 뒤에 나는 다른 한 통의 전화를 받았다. 카달로그에 들어갈 나의 사진이 필요하다는 것이었다. 왜냐하면 그들은 내가 이미 텔레비전, 라디오 및 잡지들을 통해 투자자들에게 널리 알려져 있다고 생각했기 때문이었다. 이에 대해 나는 이렇게 말했다. "수고스럽겠지만 캐피탈 잡지사로 전화를 해보십시오. 그 회사는 내 사진을 수백 장도 더 가지고 있습니다. 그 중에서 좀 젊어 보이고 실물보다 잘 나온 사진으로 하나 고르시기 바랍니다."

그러나 지멘스는 웬일인지 나의 부탁은 듣지 않고 다른 잡지에 나온 별로 맘에도 들지 않는 사진을 골랐다. 왜 그들이 그렇게도 그 사진에 집착했는지는 정말 지금 생각해도 알 수 없는 노릇이다. 어쨌든 내 대답은 이러했다. "좋습니다. 당신들이 원하는 것을 가지십시오."
그런데 문제는 그 사진에 대한 추가 비용이었다. "사진사가 유감스럽
게도 500마르크의 사례비를 요구합니다. 이것은 우리 예산의 범위를
넘기 때문에 우리는 그 돈을 선생님의 원고료에서 제하고자 하는데
동의를 부탁드립니다." "당신 지금 농담하는 겁니까?"라고 나는 응
답하였다. "당신들은 내 사진을 광고 목적으로 사용하고자 합니다.
그러니 사실은 내가 당신네들한테서 허가료를 받아야 하는데 주객이
전도되어 나에게 지불할 것을 요구하고 있군요. 도대체 어디에서 이
런 이상한 사업방법을 배웠습니까? 나는 이것을 매우 부당한 요구라
고 생각합니다. 하여튼 언젠가 이것을 소재로 해서 재미있는 글 한 토
막은 쓸 수 있게 되었군요."

물론 나는 그 일에 대해서 어떠한 잡지에도 실은 적이 없다. 그러나
수년이 지난 뒤 이 책을 쓰면서는 나 자신을 억제할 수가 없다.

※

내 친구 요하네스 그로스가 나의 70회 생일을 축하해주기 위하여
성대한 파티를 열었는데 아마 40여명의 손님들이 초대되었을 것이
다. 그들은 모두 연간 매출액이 수십억에 달하는 대기업의 매니저들
이었다. 내가 앉은 테이블에 동석한 사람 중 하나가 마침 대기업인 닥

터 오트케(Dr.Oetker)사의 부장이었다. 나는 그에게 닥터 오트케의 분말 광고 선전문을 내가 얼마나 잘 기억하고 있는지를 이야기하였다. 왜냐하면 이 제품이 헝가리에서 20세기 초에 매우 유행하였기 때문이었다.

몇 주 뒤에 나는 그로부터 매우 반가운 편지 한 통을 받았다. 편지를 통해 그는 나에게 그 회사에서 나온 전설 같은 제빵 보조재에 대한 나의 어릴 적 추억을 글로 써달라고 요청하였다. 회사 사보에 실을 작정이라는 것이다. 친절하게도 그는 편지 말미에 원고료로는 아주 적은 예산만이 준비되어 있다는 사실을 잊지 않고 알려 주었다. 그리고는 사정을 감안하여 적정한 원고료를 제안해 달라는 것이었다. 나는 대략 다음과 같이 답장을 썼다. "요즈음은 시간이 거의 없는 관계로, 내가 당신의 친절한 제의에 언제 답을 줄 수 있을지 말하기가 매우 곤란하군요. 그러나 당신들이 재정적인 어려움에 처해 있다면 나는 당신네 사정을 고려하여 나에게 현금이 아닌 현물로 보답해 주실 것을 제안합니다. 그러나 나는 결코 빵가루를 실은 차량이 내 집 앞에 당도하는 것을 원하는 것이 아닙니다. 귀사 사장님이 코트 다 주르 옆 캅드 안테베에 세계에서 가장 훌륭한 식당인 '에덴 록(Eden-Roc)'을 가지고 있다는 것을 알고 있습니다. 나도 그곳에서 채 10분도 떨어지지 않은 거리에 별장을 가지고 있기 때문에, 만약 나의 원고료 대신 그곳에서 오랫동안 식사할 수 있는 형태로 보답을 받을 수 있게 해 주신다면 고맙겠습니다."

나의 이러한 제안은 매우 빠른 답장을 받았다. 그들은 내 제안을 아주 마음에 들어 했으며 더욱이 그 회사 사장인 오트케 씨가 '에덴 록' 점심식사에 나를 한 번 초대하고 싶다는 것이었다. 이것은 그들이 나의 제안을 정확히 이해하지 못했다는 뜻이 분명했다. 내가 원하는 것은 한 번의 점심식사가 아니었던 것이다. 나는 그것에 대해 답장을 안하는 것이 보다 영리하다고 여겼다.

※

한 번은 부퍼탈에 있는 독일 은행의 지점장이 그곳에서 강연해 줄 것을 전화로 제안했다. 우리는 사례비에 대해서 이야기하지 않았다. 왜냐하면 나는 독일은행이 결코 무료 봉사를 기대하지 않을 것이라 여겼고 이미 이 거대한 독일 금융기관의 여러 지점들을 위하여 강연들을 가져왔기 때문이었다. 그래서 부퍼탈 사람들도 나의 조건들을 익히 알고 있으리라 짐작했던 것이다. 약속했던 날 저녁 나는 지점장으로부터 성대하고, 요란스런 접대를 받았으며 프로그램에 맞춰 금융과 증권시장에 대한 '강의'를 하였다.

그로부터 일주일 뒤에 나는 500마르크짜리 수표 한 장을 받았다. 물론 당시 500마르크는 지금보다 많은 가치가 있었다. 그러나 이는 다섯 명의 손님을 접대하는 저녁식사 비용 이상은 결코 되지 않았다. 따라서 나는 당시 나의 일반 강의 사례비와 견주어 2500마르크의 차액을 지불해 줄 것을 은행에 정중하게 요구하였다. 이에 대하여 나는 내가 결코 잊지 못할 답변을 지점장이 아닌 법제팀으로부터 받았다. 나는 지금까지 이 내용을 공개하지 않았는데 그것은 내가 어느 정도는 독일은행에 대한 존경심을 품고 있기 때문이다. 그 은행의 젊은 법조인은 내게 대략 다음과 같은 내용의 편지를 전달하였다.

내가 독일은행의 고객들과 같이(내 추측에는 가정주부, 치과의사 등임) 그렇게 중요한 대중들 앞에서 발표할 수 있는 기회를 준 것, 게다가 바로 그때 출간된 내 책(『돈, 커다란 모험』)에 대한 광고까지 할 수 있도록 해준 데 대해 고마워하기는커녕 사례비를 요구한다는 것은 무례하고 불쾌하다는 것이었다. 만약 내가 나의 요구를 포기하지 않는다면, 내가 앞으로 어떤 사람들과 어떻게 일을 함께 해야 하는지를 납득시키기 위해서라도 이 일을 감독청에 알리겠다는 것이었다.

그 편지는 무례함을 넘어 거의 공갈협박 수준이었다. 나는 이런 뻔뻔스러움에 어떻게 대응해야 할지 전혀 몰랐다. 나는 당시 〈캐피탈〉지 편집인이자 나의 오랜 친구이기도 한 호즈스트 슈미츠 박사에게 이 당혹스러운 사건을 설명해 주었다. 그 또한 불쾌감을 감추지 못하였으며 당시 독일은행장 대변인인 크리스티안 박사에게 이 사실을 알리겠다고 말했다. 그로부터 48시간 뒤에 나는 아무 설명도 부연되지 않은 채 배달된 2,500마르크짜리 수표 한 장을 받았다.

나는 그 후에도 독일 은행에서 많은 강연을 가졌다. 더군다나 한번은 내가 신뢰하는 젊은 친구이며 본인 스스로를 훈련생이라고 말했던 페터 폰 쿠바트의 제자들이 주최한 뮌헨에서의 강의는 무료로 행하기도 하였다. 젊은 사람들 앞에서 나의 증권시장 경험들을 알려주는 것이 나에게는 무척 즐거웠다. 그들도 매우 만족스러웠을 것이고 거기에서 무엇인가를 배웠을 것이라고 나는 생각한다.

※

언젠가는 세미나가 끝난 뒤 서부독일 지역 중앙은행의 주택건설금고에서 일한다는 한 젊은이가 내게로 와서는 주택관련 잡지에 주택소유에 관한 글을 하나 써줄 수 있는지 물어왔다. 그리고는 그 잡지가 130만 가구에 배달된다는 설명까지 했다. 나는 그에게 새로운 원고를 쓸 시간은 없으나 몇 달 전 한 경제지에 주택소유에 관해 내가 썼던, 오늘도 다시 읽으면 눈가에 눈물이 맺히는 아주 아름답고 매우 감상적인 글 한 편이 실렸다는 것을 말했다. 그리하여 나는 내 글이 조금이라도 지역중앙은행의 주택소유 사업을 위해서 어느 정도 광고로 이용될 수 있도록 수락했다. 그들은 단순히 그 글을 복제해도 되는지 요청했고 나는 승낙하였다.

몇 주가 지난 후 서부독일 지역 중앙은행에서 전화가 왔다. 모든 것이 좋은데 그 글을 그들의 사업 목적에 더 잘 부합시키기 위하여 단지 몇 군데 소소한 내용을 고쳐 달라는 것이었다. 또한 그들은 사진을 원했다. 그들의 말로는 글이 발표되면 당연히 나에게 사례비를 지불한다는 것이었다.

그러나 백만 부가 넘게 배포된 잡지에 실린 글에 대한 원고료는 겨우 300마르크였다. 나는 그 수표를 동봉한 편지와 함께 돌려보냈다. 나는 그 편지에 "사람들이 나를 팁 몇 푼으로 취급할 만큼 내가 추락하였는가?"라고 썼다. 동시에 그들의 이해를 돕기 위하여 나는 두 개의 일화를 인용하였다. 첫 번째 일화는 유명한 헝가리 작가이며 내 친구인 프란즈 몰나르에 관한 것이었다.

그는 자선가보다는 구두쇠에 가까웠다. 그가 오래된 초원인 칼스바드를 산책하고 있을 때였다. 한 남자가 그에게 다가와 이렇게 말했다. "몰나르씨, 이런 부탁을 드리게 되어 매우 죄송합니다. 나도 또한 헝가리에서 왔으며 이름은 코박스라고 합니다. 나는 지금 매우 어려운 상황에 처해 있습니다. 저를 조금만 도와주십시오." 프란즈 몰나르는 주머니에서 20크로네의 지폐를 꺼냈다. 그리고 그에게 큰소리로 이렇게 말했다. "이게 무엇인가? 몰나르가 지금 20크로네를 주는 것인가?" "그게 아니다." 내 친구는 조용히 대답했다. "그냥 몰나르가 아니고 한 인간이 코박스라는 한 사람에게 20크로네를 주는 것이다." 서부독일 지역중앙은행은 내가 코박스 같은 사람이라고 생각하십니까?

내가 아직도 알고 있는 많은 일화 중 또 다른 일화는 이렇다. 프랑스 고전의 대 스타가(몰리에르, 라신) 20년대에 널리 악평이 난 레뷰극장 폴리에 베르그레로 가기 위해 국립극장을 떠났다. 그녀가 처음으로 빛나는 금속조각을 엮어 만든 무대의상과 화려한 깃털로 치장을 하고 끝없는 계단을 오케스트라의 반주에 맞춰 한 발짝씩 천천히 걸어 내려와 무대에 도착했을 때, 그녀는 몸을 돌려서 "내가 잘 내려왔어?"라고 계단을 응시하며 말했다(그녀는 국립극장에서 등급이 낮은 레뷰극장으로 옮긴 것을 의미하고 있었다).

나는 편지에 이렇게 썼다. "만약 당신이 나에게 볼펜, 열쇠고리, 또는 재떨이 등 당신들의 홍보물을 보냈더라면 나는 차라리 아무 말도 하지 않았을 것이다. 그러나 그 300마르크는 나를 무시하는 것이다. 만약 내 친구들이 이 수표에 대해서 알게 된다면 그들은 나를 놀려대거나 동정하게 될 것이다. 또한 귀 은행의 최고권위자 포울리안 사장도 이 편지의 복사본을 가지고 있다."

아무 답신 없이 여러 주가 지난 뒤, 어느 날 서부독일 지역중앙은행으로부터 나는 소포 하나를 받았다. 아주 아름답고 오래된 금융과 은행에 관한 책 한 권이었다. 그들은 고서 수집에 대한 나의 취미를 알게 되었으며 이 문제를 이와 같이 신사답게 해결한 것이다.

대 실업가들의 이야기

위의 이야기들은 대기업들과 겪은 나의 개인적 경험들이었다. 다음에 나오는 이야기들도 나의 직접적인 경험은 아닐지라도 이와 비슷한 유이다.

부다페스트 옆 도나우강 위 크세펠 섬에 있는 크세펠 기업은 후에 '바이스 남작' 직위를 수여 받았으며 '강철같이 단단한 사람'으로 불리는 만프레드 바이스에 의해서 19세기에 설립되었다. 그는 통조림용 캔을 생산하는 것으로 사업을 시작하여 생산 분야를 모든 야금 분야로 확장시킨 천재적 사업가였다. 오늘날 그 기업은 가히 산업제국이라 할 만하다. 제1차 세계대전 중에 만프레드 바이스는 군대를 위하여 군수품을 납품하는 대규모 납품업자 중 하나였다. 전쟁이 끝나고 헝가리가 곤경에 처해 있을 때, 그는 조국에 대한 걱정으로 우울한 생활을 하고 있었다. 많은 자녀들과 손자들이 살아남았지만 그의 기업은 공산주의 지배 하에서 국영화되었다.

회사 설립자의 손자 중 하나가 프랑스 망명지로부터 부다페스트를 자주 여행했다. 사람들은 그가 부다페스트에서 연애 스캔들에 연루돼 있다고 수근거렸다. 한 번은 부다페스트 여행 중에 그는 과거 그의 가족회사였던 크세펠을 방문하겠다는 생각을 했는데 그것은 별로 좋지 않은 생각이었다. 정문에서 경비원이 그에게 신분을 물었고 그는 회사의 설립자인 바이스 남작의 손자임이 알려졌다. 바이스 상속인이 공장을 방문한다는 소문은 빠르게 번져나갔다. 노동자들은 여러 가지의 이런저런 이야기가 거론될 것이라고 입을 모았고, 이야기 도중에 아마도 양측간에 공격적인 언행도 없진 않을 것이라고 잔뜩 호기심을 가지고 모여 있었다.

그러나 그것은 불행으로 끝났다. 그가 공장을 떠났을 때 노동자 한 사람이 노조 위원장에게 "바이스가 여기에 오는 것을 원칙적으로 금지시켜야 합니다"라고 말했다. 위원장은 "아니오, 아니에요." "만약 우리 공장이 국영화가 되지 않았었다면 어떤 얼간이가 오늘날 사장이 되었을까를 알게 하기 위해서는, 그를 회사로 부르는 것이 가장 간단한 방법입니다"라고 대답했다.

그런데 이런 방문이 앙드레 씨트로엥에게는 기쁜 일로 기억되고 있다. 그는 가난한 유대인 출신으로 자신의 이름을 딴 자동화 회사 설립자이다. 그는 1920년대 프랑스에서는 경제적 성공의 상징이었으며 소위 말하자면 그 시대의 아이아코카였다. 그러나 모든 사람이 개인적으로는 그를 알지 못한다. 한 번은 그가 스페인에서 프랑스로 국경을 넘어갈 때 세관원이 그에게 이름을 물었다. "씨트로엥." 그것이 대답이었다. 그러자 그 관리는 그를 야단쳤다. "나는 지금 자동차 이름을 대라고 한 게 아니라 당신 이름을 물었소!"

앙드레 씨트로엥은 천재적 사업가였으며 직원들에게 가졌던 인간적인 온정과 배짱 때문에 그의 직원들로부터 특별한 사랑을 받았다. 그러나 유감스럽게도 그는 실제로 그의 회사를 녹색 테이블, 즉 드빌르의 카지노에서 도박으로 잃었으며 가난한 사람으로 인생을 마감지었다. 다음은 그의 이야기 한 토막이다.

1930년대 그가 더 이상 한 푼도 가지고 있지 않았을 때, 그는 자신이 설립한 공장을 한 번 방문했다.' 앙드레 씨'가 회사에 왔다는 소문이 바람과 같이 빠르게 번져나갔다. 노동자들은 그와 악수를 하고 그에게 인사를 건네기 위해 뜰로 달려 나갔다. 위층에는 회사의 새로운 주인인 미셸린 가족들이 앉아 있었다. 야단법석에 놀라서 그가 지배인에게 저 아래 무슨 일이 있느냐고 물었다. "앙드레 씨가 그곳에 있으며 노동자들이 그를 환영해주고 있습니다"라고 대답했다. 미셸린은 화가 나서 곧장 앙드레 씨트로엥에게 다시는 공장을 방문하지 말아 달라고 요청하는 편지 한 통을 전했다. 왜냐하면 앙드레 씨트로엥의 인기가 노동을 방해하기 때문이었다.

다른 천재적 프랑스 사업가로는 마르셀 다소가 있다. 그는 프랑스 최고의 항공기 제작자이며 미라쥬, 미스테르 등 유명한 항공기를 설계한 사람이기도 하다. 90살이 되었을 때 그는 그의 회사에서 계속 근무할 수 있다는 전제 하에 회사의 절반을 국가에 헌납하였다.

그의 인간성을 특징짓는 다음과 같은 이야기가 있다. 다소 씨 부인이 납치되었다. 납치범은 대략 300만 마르크의 몸값을 요구하였다.

그가 무엇을 생각하고 있는지 기자가 그에게 물었을 때, 그는 통상적인 태연함을 보여주며 이렇게 말했다. "나는 그 돈을 지불해야 될 것입니다."

그에 대한 자서전이 『불가사의한 힘이 있는 부적』이라는 제목을 달았듯이, 그는 한평생 행운아였다. 아직 약속한 돈을 건네주기도 전에 사람들은 그의 부인이 폰테 블루의 한 집에 잡혀 있다는 것을 알아냈다. 카사노바라는 이름의 납치범은 얼마 뒤에 체포되었다. 다소 부인은 법원에 범인을 너무 심하게 처벌하지 말 것을 청하였다. 납치범은 그녀를 지극히 정중하게 다루었다는 것이었다. 그녀의 남편은 납치범이 구속에서 풀려나는 날 새로운 인생의 시작을 위해 보태 쓰라고 그에게 돈을 주기까지 하였다.

다소 씨는 매우 인기가 있었고 배짱이 좋았으며 재미있는 기인이었다. 그는 언제나 지갑에 500프랑짜리 지폐들을 가지고 있었으며 필요한 모든 사람들에게 나누어주었다. 프랑스의 최고 갑부였던 그는 융통성 있는 사람이었으며 소위 열광적인 주식 투자자였다. 그는 파리주재 한 미국 증권 브로커 회사의 유일한 고객이었다. 그는 주로 단시간에 수십만 주를 사고 파는 초단타 매매주문을 하였고 따라서 브로커는 다소 씨 한 사람의 고객만으로도 충분히 먹고살 수 있었기 때문이었다.

위에서 이야기했듯이 그는 우스꽝스러운 기인이었다. 다소 씨는 여름휴가를 언제나 그 스타드의 팔레스 호텔에서 보냈는데 수많은 동료와 친구들을 대동하고 유쾌한 시간을 즐겼다. 40년이 넘도록 그는 그곳에서 같은 안마사로부터 안마를 받았는데 어느 해 여름 그 안마사가 나이가 너무 들어 해고를 당했다며 그에게 작별인사를 하러 왔다. 다소 씨는 "이것으로 우리 관계가 끝나서는 안 돼지요"라고 말하며 바로 지배인을 불렀다. "왜 그 친절한 안마사를 내보내는 거요?" 하고 그가 물었다. "그는 너무 늙었습니다."라고 지배인이 대답이었다. "몇 살인데?" 다소가 물었다. "72세요." "당신은 그것을 늙었다고 생각하는 거요? 나는 94살이야"라고 마르셸 다소는 응수한 뒤 만약 그 안마사를 해고시킨다면, 자신은 그의 모든 일행들과 함께 호텔을 떠나겠다고 덧붙였다. 당연히 그는 그 다음 해에도 그 안마사의 시중을 받을 수 있었다.

다소는 유대인 출신으로 몇 년을 부켄발드 수용소에서 보냈다. 그는 후에 그의 친한 친구이며 카톨릭 신부인 리케 신부로부터 영세를 받았다. 내 기억 속에 그는 아주 현명한 사람으로, 그리고 매우 사랑스러운 노인네로 각인되어 있다.

고객은 바로 적이다

증권시장에는 "고객은 적이다"라는 유명한 프랑스 격언이 있다. 일반적인 사업 활동에서는 대부분 "고객은 왕이다"가 적용된다. 그러나 금융세계에서는 프랑스 격언이 더 들어맞는다.

물론 나는 이제까지 살아오면서 고객들과 여러 부문에서 많은 경험을 쌓았다. 사람이 금융세계에서 만큼 모든 것을 겪어 볼 수 있을까! 고객을 얻는 것은 하나의 위대한 예술이다. 그것은 많은 심리적 재주와 능력을 요구한다. 나 스스로 투자자로써 독자적인 책임을 지기 전인 젊은 시절에 나는 중개인으로 일을 했었고 그 당시 약 600명의 고객들을 상대했다. 600명의 고객 중에는 날마다 주식 매매를 하는 사람이 있는가 하면 1년에 겨우 한번 거래를 하는 사람들이 있다. 그 중에는 매우 흥미롭고 그림처럼 아름다운 인간들이 있는가 하면 전혀 재미가 없고 특색도 없는 보통 사람들도 있었다.

나의 고객들은 소매치기로부터 왕족의 후손들까지, 술집주인에서부터 고위 성직자까지 그 성격이 매우 광범위하였다. 이러한 여러 부류의 많은 사람들이 오고 가지만 그 중에서 고객으로 남는 사람은 단지 몇 명에 지나지 않는다. 또는 자신은 고객이 아니지만 고객을 소개하는 사람들도 있다. 내가 아는 헝가리인 한 사람이 이러한 두 번째 부류에 속하는데 그는 하루 종일 고객을 유치하였다. 그가 고객을 유치하는 곳은 무도장, 나이트 클럽 또는 도박장이기도 했다. 파리에는 예나 지금이나 많은 사설 카지노가 있으며 이들을 위해 소위 많은 호객꾼들이 종사하고 있다.

그 누구도 흉내 낼 수 없는 단순하면서도 용감한 젊은이인 그 헝가리인은 자신이 일하고 있는 카지노에서 몸값을 좀 올리고자 하였다. 내가 유럽을 많이 돌아다니고 있는 것을 안 그는 나에게 자기 앞으로 유럽의 일류 호텔을 발신지로 하여 곧 파리로 갈 것이라는 내용의 편지를 보내줄 것을 부탁하였다.

물론 언제나 발신인을 다른 이름으로 해서 말이다. 그런 편지 한 통에 그는 카지노로부터 곧장 선금 100프랑을 받는다. 왜냐하면 그가 곧 파리로 올 그의 친구를 카지노로 안내하게 될 것은 당연하기 때문이다. 장난으로 나는 한번 그에게 상 모리트의 팔레스 호텔에서 다음과 같은 내용으로 편지를 썼다. "사랑하는 친구여, 나는 곧 파리로 가게 된다네. 그곳에서 자네를 볼 수 있기를 기대하네. 즐거운 일을 마련해 주기를, 그리고 좋은 카지노를 찾아주는 것을 잊지 말게. 자네는 알고 있을 걸세. 얼마나 내가 정신적 쾌감을 중요하게 생각하는지를." 이 편지가 그의 손에 쥐어지면 틀림없이 300프랑 정도의 가치가 있을 것이다. 우리 헝가리 슬라브인들은 확실히 일치 단결한다! 어떤 사람은 고객을 카지노로 인도하고, 또 어떤 사람은 그들을 증권시장으로 인도한다. 그런데 그 차이라는 것이 별로 크지 않다.

30년대 초 어느 날 호객꾼 한 명이 내 사무실에 왔다. 나는 당시 파리 증권시장에서 가장 영향력 있는 주식중개 회사 중 한 곳에서 일하고 있었다. 그는 나에게 증권시장에 아주 관심이 많은 큰 손 한 명을 알고 있다며 흥분해서 말했다. 그러나 나는 그가 어떻게 큰 손과 관계를 가질 수 있었는지 알 수 없었고 그가 말하는 큰 손이 얼마나 거물인지도 잘 몰랐다. 어쨌든 나는 그에게 그 큰 손을 소개시켜 줄 것을 약속받았다.

나는 나의 고객이 될 그 사람을 언제나 그가 묵고 있는 파리 그랜드 호텔에서 소개받았는데 아직도 그 날을 정확하게 기억하고 있다. 그의 이름은 비츠이며 약 60세로 독일과 네덜란드 국경 부근에서 태어났다. 어렸을 때 그는 런던에서 살았다. 그는 처음에 섬유공장에서 일하다가 상인으로 큰돈을 벌었다. 후에 그는 그의 건강을 망쳐버린 한 조세소송에 시달려야만 했다. 그 소송은 일 년 내내 끌었지만 결국은 그가 이겼다. 신경쇠약증에 걸린 그는 요양소에서 한 일 년을 보낸 후에 파리의 그랜드 호텔로 옮겼다.

나의 헝가리인 호객꾼의 말이 옳았다. 그는 정말 거물이었다. 뉴욕증시가 밑바닥으로 떨어진 위기 상황에서도 그가 소유한 유가증권은 여전히 수백만 달러의 가치가 있었는데 그것도 최저액으로 평가한 것이 그랬다. 오늘날 이는 상상할 수 없을 정도로 많은 금액이었다. 따라서 그는 나처럼 젊은 중개인들에겐 매우 구미가 당기는 고객이 아닐 수 없었다. 우리는 정치와 증권시장에 대해 얘기를 나누었다. 그러고 나서 비츠는 그의 유가증권 목록을 나에게 보여주며 어떤 조치를 취하는 것이 좋을지 나의 조언을 구하였다. 나의 헝가리인 호객꾼은 우리가 이야기를 나누는 동안 꾸어다 놓은 보릿자루처럼 가만히 앉아 있었다. 하지만 그는 카지노에서 받는 것보다 나한테서 더 많은 사례금을 받게 될 것을 알고 있었다.

비츠는 정말 나의 조언을 따랐다. 그는 내 회사에 큰 구좌를 하나 열었으며 1930년대 말 그가 죽을 때까지 나의 고객이 되었다. 그는 철저한 환자였으며 또 매우 약했다. 그러나 외관상으로 그는 언제나 사려가 깊고 똑똑한 사람으로 보였다. 왠지 모르지만 그는 나에게 매혹되어 있는 것 같았고 또 한편으로는 나뿐만 아니라 전 세계를 불신임하고 있는 듯한 특이한 인상을 내게 주었다.

그는 유가증권에 대한 이해가 전무했기 때문에 모든 거래를 엄격하게 관리할 것을 내게 끊임없이 요구했다. 그가 가장 중요하게 생각하는 것은 '안전'이었고 모든 것이 빈틈없이 이루어지기를 바랐다. 물론 이것은 웃기는 일이었다. 그 당시 내가 다니던 중개회사의 대표는 공화국 대통령에 의해 중앙공무원으로까지 임명될 정도로 철두철미한 사람이었기 때문이다. 몇 년 전까지 프랑스 금융계의 귀족으로 여겨진 중개인들에게는 가장 작은 오류마저도 용납되지 않았다. 그럼에도 불구하고 비츠는 끊임없이 내게 이렇게 말했다. "이 교활한

슬라브 친구야. 내 처남 모리츠 레비티쿠스를 파리로 불러서 모든 거래가 기록된 장부를 아주 철저하게 감독하라고 하겠어!"

그런데 어느 날, 그의 처남인 레비티쿠스가 정말 파리에 왔으며, 두 사람은 내 사무실로 찾아와 모든 거래가 기록된 장부를 "아주 샅샅이 점검하였다." 그리고 무엇인가 없어진 것이 있는지도 확인했다. 이미 말했듯이 이는 웃기는 일이었다. 그러나 그의 처남이 방문한 이후에 내 고객은 조용해졌다.

그 부자 고객과 나 사이에는 또 다른 장애물이 있었다. 그는 늙었고 또 환자였으며 나는 젊었고 건강했다. 따라서 나는 그의 드러나지 않는 질투심을 자극하지 않기 위해서 가능하면 약하게 보이려고 애썼다. 그는 날마다 증시가 마감되고 나면 그에게 와서 몇 분간 보고를 해줄 것을 부탁하였다. 그 때마다 나는 여기저기 아프다거나 잠을 잘 못 잤다고 자주 한탄하였다. 요컨대 나 자신을 불쌍하게 내비침으로써 나는 그에게 또 다른 만족감을 준 것이었다.

그는 런던에 자주 갔는데 런던에 가면 언제나 먼지가 잔뜩 덮인 오래된 상자 같은데도 여전히 아주 좋은 명성을 갖고 있는 빅토리아 호텔에서 숙박하였다. 나도 역시 그와 같이 런던에 머물렀는데 내가 묵는 곳은 사보이였다. 그러나 그가 내 거처를 물을 때마다 나는 반달로에 있는 아주 작은 여관 주소를 주었다. 만약 그가 내가 사보이에 묵는 것을 알았다면 아마 이렇게 말했을 것이다. "내 돈으로 말이지!"

나는 그가 좋은 고객이었음을 인정한다. 나는 그와의 거래를 통해 어느 정도 돈도 벌었다.

그는 당시 끊임없이 발행되는 국채에도 투자했다. 그는 국채가 발행될 때마다 엄청난 양을 신청하였고 나는 그때마다 1퍼센트의 커미션을 받았다. 그러나 나는 국채의 상환을 보증한다는 보증서에 서명을 해야만 했다. 즉, 프랑스 정부가 어느 날 국채 상환의무를 이행하지 않을 경우에는 나, 앙드레 코스톨라니가 국가를 대신하여 책임을 진다는 내용이었다. 그것은 그에게 결코 장난이 아니었으며 그는 이를 아주 진지하게 생각하였다.

그러고 나서 몇 년 뒤에 그는 죽었다. 나는 헤이그에서 열린 그의 장례식에 참석하였다. 유서에서 그는 그의 다섯 자매들에게는 동전한 푼 유산으로 남기지 않았고 대신 전 재산을 완전 바보인 동생 휴고 비츠에게 넘겨주었다.

동생 휴고 비츠는 장례식이 지난 몇 달 뒤에 나에게 편지를 보내왔다. 형이 남긴 많은 서류들 중에서 내가 프랑스 국채의 상환을 보증한다는 서류 뭉텅이를 찾아냈다는 것이었다. 그 사이 프랑의 가치가 하락했기 때문에 그로 인해 발생된 손실을 보상해 줄 것을 그는 나에게 요구하였다. 물론 나는 답장을 하지 않았다. 현대사회에서는 국가가 부도가 났을 때 지불을 중지하는 것이 아니고, 그 보다는 화폐가치가 하락한다는 것까지 설명해야 하는 것이 바보짓으로 여겨졌기 때문이다. 나를 헝가리 슬라브인이라고 부르며 온갖 욕설을 해댔음에도 불구하고 나는 오늘도 여전히 나의 고객이며 친구였던 비츠에게 많은 연민을 느낀다. 그에게는 내가 프랑스 정부보다 더 신용도가 높은 인물이었던 것이다.

※

어느 날 내가 모르는 신사 한 분이 내 사무실로 전화를 하였다. 그는 자신을 리버라고 소개한 뒤 내가 하는 일에 대해 좋은 말을 많이 들었다고 말했다. 그리고는 즉시 녹음기 같은 질문을 하였다. "시장을 어떻게 보십니까?"나는 그에게 몇 가지 별로 효과가 없는 암시를 주었다. 왜냐하면 나는 알지 못하는 사람들에게 증권시장에 대해 말하는 것을 금하고 있었기 때문이다. 나는 우선 그가 놀음꾼인지, 투기꾼인지 아니면 투자자인지 먼저 알아야 했다. 그의 재산은 얼마인지 또는 재산의 특성은 어떠한지 이해해야만 하고, 그가 어떠한 사회계층 그리고 지식계층에 속하는지, 그가 제대로 학교를 나온 사업가인지 아니면 독학자인지를 알아야만 했다.

그럼에도 불구하고 우리들은 서로 많은 대화를 나누었다. 그 다음 주에도 그는 끊임없이 나에게 전화를 해댔으며 그로 인해 나는 내 일을 하다가 멈춰야 하는 경우가 많았다. 그래서 결국 나는 그에게 한

번 개인적으로 만날 것을 제안했다. 그는 쾌히 승낙했다. 며칠 뒤에 우리는 증권시장의 유명한 맥주집 '오페띠 코인'에서 마주 앉았다. 시장에 대한 일반적인 이야기들이 오가고 난 뒤에 평범한 수색전이 나를 지루하게 만들기 시작했다. 나는 그를 무언가로 자극하기로 마음먹었다.

"아주 대단한 아이디어가 하나 있습니다." 나는 광고 전략을 시작하였다. "그러나 …… 웨이터!" 이와 함께 나는 말을 중단하고 무엇인가 중요하지 않은 것을 웨이터에게 말했다. "무슨 일입니까?" 리버 씨가 흥미롭게 물었다. "도대체 당신의 아이디어라는 게 무엇입니까?" "사실, 이 아이디어를 가진 지 오래 되었지요. 그러나 아직 시기상조라는 기분이 드는군요…"라고 나는 말을 되돌려 주고 내 잔의 와인을 크게 들이켰다. "확증을 가지고는 있지만…" 다시 나는 웨이터를 불렀다. 그때 나는 한 마디, 한 모금 … 그렇게 진행해야 한다는 것을 알고 있었다. 갑자기 그가 조급증을 드러냈다. "그래, 말 좀 해주세요. 아주 대단하지만 아직은 시기상조인 그 아이디어라는 것이 도대체 뭡니까?" 나는 가난한 사람을 더 이상 괴롭히지 않기로 결정하고 이렇게 말했다. "리버 씨, 당신은 왜 내 고객이 되지 않는 건가요?" 이것으로 나는 과녁을 맞추었다. "물론" 그는 생각하기를, "당신 말이 맞소. 당신에게 구좌 하나를 열도록 하지요." 이야기는 이런식으로 풀렸다. 그리고 그는 나의 고객이 되었다.

나의 환상적 아이디어가 무엇이었는지 지금은 생각이 나지 않는다. 매일 그토록 많이 아이디어를 짜냈지만 유감스럽게도 환상적 아이디어는 아니었던 것이다.

※

　　또 한 번은 내게 전화가 한 통 걸려왔다. 전화를 건 여자는 자신을 멘델스존이라고 소개를 하였다. 영국 국적을 가지고 있는 그녀는 베를린의 유명한 은행가 가문의 상속인으로 파리에서 살고 있었다. "그러면 당신은 나탄 템 바이센의 후예입니까?" "그렇습니다." 그녀는 자랑스럽게 이야기를 했다. "그리고 위대한 작곡가 펠릭스 멘델스존 바르톨디의 친척이기도 합니다." 이 말이 그녀의 이미지를 드높였다. 나는 곧 그녀에게 호감을 느꼈다.

　　전쟁 후에 그녀는 베를린 은행으로부터 수용에 따른 보상금을 받았으며 그 돈을 유가증권에 투자하였다. 그녀는 유가증권의 감정평가를 위하여 투자목록을 내게 보여주고자 했다. 따라서 나는 지식인들의 거주지로 유명한 셍 게르멩 드 프레에 있는 엘리베이터가 없는 10층짜리 아파트에 살고 있는 그녀를 방문하였다. 그녀는 아주 아름답고 교육받은 독일어로 말하였으며 자신이 사회학을 주제로 저술한 책들을 나에게 설명하였다.

나는 독일의 한 큰 은행에 보관하고 있는 그녀의 유가증권 구좌를 평가했다. 채권과 우량주로 아주 잘 분류되어 있었으며 국제적으로도 분산되어 있었다. 그에 대해 어떤 이의를 제기할 필요가 없었다.

"그러면 어디에다 세금을 내고 계십니까?" 나는 그녀에게 물었다. "물론 독일이지요. 결국 그 돈의 출처도 독일이구요." 내가 응답하기를, "그러나 당신은 영국국민이며 프랑스에 살고 있습니다. 뿐만 아니라 보관물은 독일에 있구요. 그러나 당신은 사실 독일에 세금을 내야 할 의무가 없습니다. 당신의 생물학적. 지리학적 삼각형 이점을 잘 활용하면 많은 돈을 절약할 수 있습니다." "아닙니다. 아니에요" 가 그녀의 대답이었다. "나의 좋은 친구이자 그 은행의 지점장은 내게 탈세를 허락하지 않을 겁니다." 그 말을 듣고 나는 그녀에게 우선 일화 하나를 이야기해 주었다.

무대는 1800년대의 프랑크푸르트이다. 늙은 로스쉴트는 사무실에 앉아서 장부를 살펴보고 있었다. 갑자기 문이 열리면서 프로이센 관리가 들어왔다. 그는 차렷 자세로 "프림니츠 남작! 프로이센 국왕의 부관입니다"라며 자기를 소개하였다. "여기, 의자에 앉으십시오." 로스쉴트는 친절하게 말했다. "반복합니다. 프림니츠 남작! 프로이센 왕의 부관, 몰타기사 수도회의 기사." "여기, 의자에 앉으십시오." 로스쉴트는 다시 깍듯하게 반복했다. "선생님, 당신은 나를 이해하지 못했습니다. 나는 프림니츠 남작, 프로이센 왕의 부관, 몰타 기사 수도회 소속의 기사 그리고 교황의 시종!" "제발. 제발." 로스쉴트는 완전히 체념하여 말하기를, "의자를 두 개 쓰시지요."

"제발, 제발, 멘델스존 여사, 세 나라의 세금을 내십시오!" 그녀는 처음에는 웃었다. 그리고 나서 그녀는 진심으로 이야기를 시작했다. 그녀는 베를린의 유대인일 뿐만 아니라 프로이센 여자이기도 하기 때문에, 세금사건에 대한 유머는 별로 유쾌하지 않다는 것이었다. 그것이 내가 왜 그녀로부터 그 이후 아무런 소식을 듣지 못한 이유이기도 하다. 그 당시 나는 세금착복을 위하여 그녀와 일을 꾸미고 싶지는 않았다. 단지 적절한 입지를 취하는 데 대해 얘기해주고 싶었을 뿐이었다.

고객들과의 몇 가지 경험들을 가지고 나는 나에게 최고로 편안한 고객은 여전히 나였으며 나 자신이라는 것을 확인해야 했다. 나는 브로커나 은행원들에게 결코 조언을 구하지 않는다. 나는 그들에게 한 번도 그들의 생각에 대해 물어본 적이 없다. 그러므로 그들도 나에게 전혀 책임이 없다. 만약 누군가가 나에게 어떤 암시를 속삭이게 되면 나는 언제나 (나의 오랜 신조 "정보는 곧 파멸이다"를 기억하며) 정확히 그것과는 정반대로 한다.

아홉 번째 강의

작은 증권시장 심리학 :
미신, 우상숭배, 도박벽

　많은 증권시장 참여자들과 대부분의 투자자들이 미신과 우상숭배에 귀를 기울인다. 그것은 참으로 위험한 발상이 아닐 수 없다. 그러나 특정 주식이 신문지면에 일정기간 동안 각광받는 우상으로 찬양되어지는, 비교적 해가 없는 것들도 있다. 투자자는 거의 대부분 미신을 믿게 마련이다. 왜냐하면 투자자는 모든 관점에서 논리적이고 그것을 기초로 가장 확실한 논증을 위한 논제를 세우기 때문이다. 그것은 당연히 그렇게 되어야 한다고, 그는 생각을 한다. 그럼에도 불구하고 그는 투자가 잘못 되었다는 것을 알게 된다. 그러면 그냥 "운이 없었어."라고 말해버린다. 그렇게 실패를 불운으로 돌릴 때 그는 이미 미신을 믿는 사람이 된다.

　미신은 그러나 자주 직관과 결부되어 있으며 직관은 매우 쓸모가 있다. 만약 사람들이 증권에 투자했는데 자신이 배를 잘못 탔다는 느낌이 들면 그 즉시 배에서 뛰어내려야 한다. 그러나 먼저 자신이 탄 배가 잘못된 배라는 것을 확신해야 한다. 그것은 확신과 직관의 혼합이다. 중개인 한 사람의 생각에 사람들은 영향을 받지 말아야 한다. 만약 사람이 주식 때문에 잠 못 이루는 밤이 계속된다면 그것은 당장 해결해야 할 문제이다.

투자자는 여자의 말 한마디도 주의해서 들어야 한다. 여성들이 특히 섬세한 직관과 본능을 가지고 있으며 그것이 남자들의 논리적 확신을 보충해줄 수 있기 때문이다.

직관은 실제로 무의식적인 논리와 결코 다르지 않다. 무의식의 논리는 다시금 환상과 혼합되어 장기간의 증권시장에서의 경험과 삶의 경험이 합쳐진 하나의 그림을 그려낸다. 밤중에 무의식의 사고를 통하여 어떤 아이디어가 떠오른다. 그리고 아침에 그 아이디어는 실제로 존재하게 된다. 사람들은 이것을 직관, 영감이라고 부른다. 그러나 혼자서 환상 속으로 빠져드는 것은 위험한 일이다.

나도 조금은 미신적이라는 것을 고백해야 한다. 예를 들어, 만약 내가 상담을 위한 중요한 서류를 집에 놔두고 왔다는 것을 자동차 안에서 알게 된다면, 나는 집으로 되돌아가지 않는다. 그것은 불행을 가져다 줄지도 모르기 때문이다! 또는 만약 내가 동전 하나를 잃어버린다면, 이 손실은 거의 보상처럼 나에게 틀림없이 많은 이윤을 가져다 줄 것이라고 스스로에게 말한다.

특히 좋은 행운이 나와 함께 한다는 생각이 들면, 나는 그것으로부터 '결론'을 이끌어낸다. 얼마 전에 에쎈의 세무사협회에서 강연을 한 적이 있었다. 내가 택시를 잡아 쾰른 공항으로 출발하려고 했을 때 참석자 한 사람이 나를 그의 차로 모시겠다고 제안했다. 그것이 첫 번째 행운이었다. 공항에 도착한 나는 좌석을 구할 수 없었다. 그런데 이륙 20분 전에 우연히 매진된 비행기에서 자리 하나를 얻었다. 바로 두 번째 행운이었다.

세 번째 행운도 곧 뒤따라왔다. 내 옆자리에는 놀랍게도 아주 친한 친구 칼 쩸머리가 앉아 있었다. 그도 뮌헨으로 가는 중이었다. 우리들은 이런저런 대화를 나눴다. 그런데 그는 방금 전에 어떤 특정 주식을 샀다고 말했다. 그것으로 나의 행운은 절정에 다다랐다. 나는 뮌헨에는 거의 가지 못하기 때문에, 나도 역시 그 친구를 통해서 매수주문을 냈다. 지금까지도 그 주식은 내게 행운을 가져다주고 있다.

나도 가끔은 낭만적인 생각을 따른다. 소년 시절에 나는 당시 유럽에서 베스트셀러였던 베른하트 켈러만의 소설 『터널』을 읽었다. 소설의 내용은 미국과 유럽 간의 터널 건설 프로젝트를 그린 공상과학 이야기였다. 양쪽의 건설 근로자들이 환호성을 지르며 터널의 중간에서 만났을 때의 묘사가 얼마나 나를 매혹시켰던가를 아직도 나는 생생하게 기억하고 있다. 이제 나이가 든 나는 에르밀 운하 밑으로 터널이 뚫렸다고 떠들썩한 순간에 영국과 프랑스의 유로터널 회사의 주식을 샀다. 아마도 나는 이 주식투자에서 50퍼센트의 손실을 볼 수도 있고 큰 이익을 낼 수도 있을 것이다. 내가 이 주식을 산 것은 순전히 낭만적인 기분에 의해서였다.

나는 많은 부적들도 가지고 있으며, 그 중에서 몇 개는 언제나 몸에 지니고 다닌다. 내가 가장 아끼는 부적은 작고 투명한 십자가이다. 그것은 카톨릭 성당의 두 고위성직자인 교황 요한 23세와 파리의 대주교 루스티거 추기경이 직접 성호를 그어준 것이다. 또는 만약 커피숍에서 잔 하나가 깨진다면 나는 곧장 깨진 조각 하나를 집어 들어, 그것을 내 행운의 부적으로 삼는다. 지금까지 나는 참 잘 살아왔다. 이것에 대해서 나는 하느님께 감사드린다. 그러나 그 중에서 얼마만큼의 행운을 부적의 덕으로 돌려야 할까? 믿음인가 아니면 미신인가? 나의 경우에는 두 가지가 혼합되어 있다.

만약 사람들이 자신의 투자와 관련된 일들을 단지 미신에 의존해서 해결하려 한다면 그들은 게임꾼이다. 젊었을 때는 나도 그랬다. 나는 게임이라는 것이 무엇인가를 고통을 통해 배웠다. (주목 : 투자에서 벌어드린 돈은 고통의 돈이다. 먼저 고통이 오고 나서 돈이 들어온다.) 이제 나도 아마 나이를 먹어서 그런지 몰라도 완고하고 보수적인 사람이 되었다. 나는 오늘 날 별 해가 없는 약간의 미신과 주물숭배를 사치품처럼 가끔씩만 행하고 있다.

많은 증권 게임꾼들은 숫자의 마술과 달력같이 반복되는 것의 의미들을 믿는다. 13일의 금요일 날에는 대부분의 사람들이 중요한 결정을 내리지 않으려고 한다.(그러나 나 자신은 정말 확신이 있으면 그런 날에도 일을 감행한다고 말할 수 있다.) 시카고의 선물시장에는 몇 달마다 세 가지 형태로 각기 다른 기간을 가진 옵션이 동시에 만기가 되는 특정한 날이 돌아온다. 소위 이러한 세 마녀는 시카고의 거래인들 사이에 '마녀의 날'로 불리는데 그들은 이 날 증권시장에 참사가 발생할지도 모른다며 태산같은 걱정을 한다. 당연히 이것은 미신이다. 이와 똑같이 사람들은 증권시장의 시세를 야구경기의 결과 또는 유행하는 여성들의 치마 길이에 따라 결정할 수 있다.

만약 게임가가 그러한 일들을 가벼움과 유머로 받아들이지 않고 고정된 아이디어와 불길하게 결부시키려 들며 그것들을 우상처럼 숭배하게 되면 그것은 병적인 상태이다. 우상은 시간이 흘러가면서 변하지만 모두 한 가지 공통점을 갖고 있다. 반드시 신봉자들을 실망시킨다는 것이다.

원유가격과 달러시세에 대한 원유가의 표면상 영향은 1970년대에는 내가 방금 언급하였던 것처럼 하나의 시장의 우상이었다.

그리하여 증권시장의 모든 게임가들은 일 년 내내 돈이라는 최면술에 걸려 있었는데 그것은 모든 점에서 나름대로 어떤 논리를 가지고 있었다. 만약 통화량이 증가하면 중앙은행이 금리를 올리게 되고, 높은 금리는 증권시장에 악영향을 미친다는 것이 전제가 된다. 만약 경기가 약간 둔화되면 사람들은 증권시장이 다시 상승하리라고 기대한다. 왜냐하면 경제를 부양시키기 위해 중앙은행이 금리를 다시 인하할 것이라고 예측하기 때문이다. 낮은 금리와 높은 유동성은 증권시장을 위한 최고의 자극제이다.

후에는 성장률이 새로운 우상이 되었다. 만약 성장률의 수치가 콤마 뒤에 2~3포인트 높아지게 되면, 이렇게 높아진 성장률은 보다 높은 금리를 의미하고 이것은 다시금 증권시장에 하나의 부정적 요소가 됨에도 불구하고 증권인들은 공격적으로 매수한다. 이 때 가장 안좋은 것은 그 성장률이라는 것이 매주 바뀐다는 사실이다.

더욱 허무맹랑한 것은 선물투기의 대상이다. 얼마 전에 사람들은 은의 가격과 콩의 가격 간에는 모종의 비례관계가 있다고 믿었다. 만약 은의 가격이 어느 일정시세까지 상승하게 되면 콩의 가격도 마찬가지로 상승해야 했다. 왜? 왜냐하면 이 두 가지 현물에 대해서 사냥꾼 형제들이 투기를 하기 때문이다. 만약 은의 가격이 이러저러한 이유로 올라가면 사냥꾼 형제들은 콩을 사는 데 쓸 돈이 더 많아진다.

게임가들은 귀금속도 마찬가지라고 믿는다. 금값에 비해서 플라틴 가격은 훨씬 높게 책정되어 있어야 한다는 것이다. 그런데 어떤 일이 일어났는가. 오랫동안 플라틴 가격은 여전히 금값에 미치지 못했다. 플라틴 대 팔라듐의 게임에서도 역시 이는 틀렸다. 내게 이러한 모든 이론들은 대중의 어리석음으로 여겨진다. 이런 것들은 중개인에게만 좋은 일이 된다. 왜냐하면 중개인들은 고객들에게 늘 무엇인가를 제공해야만 하기 때문이다. 중개인들이 그들의 생각을 매일 바꾼다는 사실을 무시하더라도 그들의 예견은 거의 맞는 법이 없다. 그들은 헛수고를 위하여 수많은 분석자료들을 동원하는데 이것들은 사실 10페니히(약 60원)의 가치도 없다. 분석이 학문적일수록 그는 더욱 극적인 결과를 초래하게 된다. 베르디의'가면무도회'에 나오는 파게 오스카는 이렇게 노래한다. "오스카는 그것을 알고 있다. 그러나 그는 말하지 않는다." 나는 이렇게 말하고 싶다. "브로커들은 말한다. 그러나 그들은 그것을 알지 못한다."

증권시장과 룰렛–그들 모두가 게임꾼

오늘날에도 연금술사, 천문학자, 예언자 등이 존재하며 특히 게임가 중에 그런 사람이 있다. 오늘날에는 단지 그들의 방법이 변했을 뿐이다. 현대의 연금술사는 더 이상 구리로부터 금을 만들려 하지 않는다. 그 대신 그들의 이론을 가지고 금값을 올리려 하고 그로부터 이익을 얻고자 한다. 천리안을 가진 사람들은 복권 또는 룰렛의 당첨 숫자를 탐지하거나 "별들로부터", "원두커피를 걸러내고 남은 찌꺼기로부터" 또는 (최고의 경우에는) 증권시장 시세곡선으로부터 앞으로의 증권시장 시세를 읽어낸다. 이때 이들이 이용하는 것은 컴퓨터, 자 그리고 콤파스 등이며 수학적 정확성을 가지고 일을 한다.

그것이 복권이든, 룰렛이든 또는 증권시장이든 나는 학문의 가죽을 뒤집어쓴 이 게임가들을, 그들이 어떤 도구를 이용하든지 상관없이, 미친 사람들이라고 부른다. 만약 그들이 그들의 시스템을 돈을 받고 판다면, 미친 짓일 뿐만 아니라 사기꾼이기까지 하다. 그들과 이야기하는 것을 나는 시간낭비로 여긴다. 왜냐하면 그들의 주장들은 논의가 되지 않는 학문의 분야에 속하기 때문이다. 그들은 적어도 대중들에게는 짧은 시간 안에 성공할 수 있다. 왜냐하면 성공 확률이 모호하면 모호할수록 추종자의 숫자는 더욱 많아지기 때문이다. 대중들은 붙잡을 수 없는 것에 매력을 느낀다. "하지만 뭔가 있는 것이 틀림없어"라고 생각하면서 말이다.

증권시장의 차트 분석가들도 어느 정도는 미친 사람에 속한다. 브로커들이 그들을 철저하게 보호해주고 있는데 그것은 차트를 가지고 하는 게임이 최고의 수수료를 벌어들이기 때문이다. 내 견해로는 차트를 읽는 것은 일종의 학문으로 지식이 만들어낸 산물을 헛되이 찾는 것이다. 나도 물론 차트를 본다. 왜냐하면 공자님께서도 일찍이 "나에게 과거를 설명해 주게. 그러면 나는 자네의 미래를 말해 주겠네!"라고 말했기 때문이다.

차트를 통해 사람들은 어제가 어떠했고, 오늘이 어떠한지를 가장 확실하게 볼 수 있다. 그러나 그 이상은 없다. 오늘까지의 가격곡선은 진실이다. 그러나 내일부터의 가격곡선을 앞당겨 그린다면 그것은 좋건 나쁘건 허구이다. 차트는 분석 토대가 되는 수많은 모자이크 요소 중 하나일 뿐이다. 그러나 '어깨-머리-어깨(막대모형)', '측면 모형', '찻잔 받침대' 그리고 비슷한 부류의 각종 차트 형태들에 현혹되는 것은 "돈을 죽이는" 행위와 다름없다.

로버트 프렉터가 증권시장 편지와 그의 책을 통해 선전을 한 그의 '엘리어트 파동이론'은 내 눈에는 커피를 내리고 남은 찌꺼기를 읽는 것과 동일할 뿐이다. 그는 주식을 공매도할 것을 추천한다. 시세는 물론 상승한다. 그러면 신봉자들은 시세가 몇 포인트 올라갔기 때문에 곧장 비축을 해야 한다. 그런 추천을 그는 몇 달 동안 일주일마다 반복하였다. 그의 말을 따른 사람들은 그 결과 일주일마다 거의 모든 돈을 날려버리게 되었다.

엘리어트 씨는 일 년 내내 병원 침대에 누워서 증권시장의 움직임을 아주 먼 과거까지 추적하였으며 그로부터 하나의 '법칙'을 만들어냈다. 나는 도대체 이해가 되지 않았다. 로버트 프렉터와 같은 엘리어트의 신봉자들도 나에게 그것을 설명할 수 없었다. "묻지 마십시오. 왜, 이것이 그런지!" 그의 책 서문에도 매우 의미심장한 어조로 쓰여 있다. 그의 유일한 주장은 이렇다. "과거에 그러했었던 것은 오늘에도 그렇게 되어야 한다."

나는 증권시장에서 차트 분석가로 성공을 했다는 사람을 단 한 명도 들어보지 못했다. 내가 아는 한 그들은 모두 망했다. 옛날 빈에서 사람들은 차트사들을 "젊어서는 증권인, 늙어서는 거지"라고 불렀다. 그리고 내가 어느 성대한 파티에서 한 손님이 집주인 여자와 하는 대화를 엿들은 적이 있었는데 차트 분석가 중에서는 그 손님만큼 자기 잘못을 인정하는, 괜찮은 사람을 찾아볼 수가 없다. 손님은 그녀에게 이렇게 말했다. "부인, 저기 저 젊은 남자를 보세요. 끔찍하게 보이지 않습니까." "그래요." 여주인은 말했다. "그는 내 아들입니다." 그러자 그 손님은 주인 여자에게 정말 옳은 말을 했다. "부인, 이 수치는 결코 만회할 수 없는 것입니다. 저는 이만 가겠습니다."

개별 주식의 차트는 일종의 권리를 행사하기도 한다. 왜냐하면 그들의 움직임으로부터 사정에 따라서는 절대로 불가능했을 결과들을 끌어내기 때문이다. 예를 들어 만약 어떤 주식의 시세곡선이 일반적인 추세와 반대로 간다면 이는 대주주의 거래행위가 일어나고 있음을 암시할 수 있다. 대주주들은 회사가 잘못되고 있다는 것을 알고 있으며 또한 그들이 갖고 있는 주식을 팔아버리려 하는 것이다.

이와는 반대로 시장 전체를 그리고 있는 차트는 개별 환자의 체온곡선 대신에 모든 환자들의 평균 체온곡선을 그리고자 하는 의사의 정신나간 생각과 같다고 볼 수 있다.

사람은 벌기도 하고 잃기도 한다

차트를 좋아하는 사람들은 컴퓨터를 가지고 게임을 하는 룰렛 도박꾼들과 다를 바 없는 미치광이이다. 카지노에는 도박 패거리들이 있다. 한 사람은 숫자를 정하고, 두 번째 사람은 그 숫자를 컴퓨터에 입력하며 세 번째 사람은 양쪽 사람 사이를 계속 오가며 계산을 한다. 그렇게 그들은 몇 시간 동안 일을 한다. 바로 얼마 전 나는 도빌에서 그들을 다시 관찰하였다. 그러나 그 종말이 어떤지는 묻지 말라! 저녁이 되면 그들은 더욱 교만해진다. 그들은 행운을 확신하고 '그' 수학 공식을 찾았다고 믿는다. 그리고 새벽 3시에 그들은 틀림없다고 생각되는 새 시스템을 다시 시작하기 위하여 단돈 몇 천 원을 구걸한다.

나는 금과 백금으로 만들어진 담배케이스를 많이 가지고 있다. 그것들은 게임중독자들이 계속해서 게임을 하기 위하여 나에게 강제로 팔았던 것들이다. 이미 나는 수백 시간을 룰렛 하는 곳에서 보냈는데 그것은 단지 그곳에서 괴짜들을 관찰하기 위해서였다. 나 스스로는 단 한 개의 패도 놓지 않았다. 증권시장에서조차도 나는 이런 종류의 스릴과는 거리가 멀다. 그리하여 나는 절대로 실제 시세를 관찰하지 않는다. 나는 지속적으로 변화하는 것에는 흥미를 갖지 않는다.

미친 사람에게 최대의 불행은 그가 게임시작과 동시에 돈을 땄을 때이다. 왜냐하면 그 다음에 그는 미친 사람이 되기 때문이다. 옛날 빈에서는 "유대인 한 사람이 마지막 1,000달러로 그의 사고력마저도 잃어버린다"는 격언이 있었다. 이것은 게임가가 첫 게임에서 벌어들인 1,000달러 때문에 그의 사고력을 잃어버린다는 것이다.

한번은 카지노의 정원에서 내 친구가 누군가와 하는 얘기를 듣게 되었다. 그의 아들이 카지노의 룰렛에 있다는 것이다. "그가 앉아서 해, 아니면 서서 해?" 이것은 자연스러운 질문이었다. 서 있다면 그는 여기저기 돌아다니면서 게임을 하게 되므로 잃을 수도 딸 수도 있다. 그러나 만약 앉아서 게임을 한다면 그는 쉬지 않고 게임을 하게 되며, 단 돈 일 원도 없이 카지노를 떠나게 될 것이 뻔하기 때문이다. 100년 전에 몬테카를로에서 사람들이 이야기했었듯이 "빨강도 까만 것도 이길 수 없다. 다만 흰 것이 이길 뿐이다!" 당시 카지노는 블랑(하얀)형의 소유였기 때문이다.

분명히 룰렛 게임가는 이기는 것을 즐긴다. 그러나 그의 두 번째 기호는 잃어버리는 데 있다. 왜냐하면 그가 즐기는 것은 원초적인 신경의 욕망이지 돈이 아니기 때문이다. 그렇기 때문에 백만장자 중에서도 열렬한 게임가를 찾아볼 수 있다. 얼마의 액수로 그들이 그들의 행운을 테스트하는지는 아무 상관이 없다.

게임중독자가 어떠한 결과를 초래하는가에 대한 흥미로운 예가 내가 대기업과 관련해서 앞에서 이미 언급을 하였던 앙드레 씨트로엥의 경우이다. 천재적 자동차 제작가요 사업가인 그가 게임 중독자가 된 사연은 특히 가슴 아프다. 1920년대에 그는 프랑스의 스타였다. 앙드레 씨트로엥은 소위 아프리카 대륙을 횡단하는 검은 랠리, 그리고 중국대륙으로 가는 황색 랠리 등 요란스런 자동차 경주대회를 열었었다. 에펠탑을 'Citroën'이라는 거대한 문자로 장식한 것도 그의 기발한 아이디어였다. 남들 앞에 드러내 보이길 좋아하는 그의 이러한 특이한 성격이 그에게 재앙을 가져왔다.

당시에 도빌은 파리의 상류층이 주말이면 찾는 매우 우아한 온천지였다. 그 사교도시의 중심부에 카지노가 있었다. 씨트로엥은 실제로 카드 게임도 못하는 사람이었다. 그는 이곳에서 조금 잃을 수도 있고, 저곳에서 조금 딸 수도 있다고 생각하여 바카라(카드도박) 게임을 하였다. 그런데 다음날 아침 조간신문들이 '유명한 실업가 안드레 씨트로엥이 특별히 밤을 빛냈으며 통 큰 도박을 하였다'라고 대서특필하였다.

그럼에도 불구하고 첫날 저녁에 그는 돈을 땄다. 그리고는 차츰 게임에 중독이 되어갔다. 그는 매 주말이면 바카라 홀에서 도박을 하였으며, 잃고 또 잃었다. 그의 부인은 그를 도박으로부터 빼내려고 온갖 시도를 하였다. 그러나 도박광들이 자기방어를 위하여 카지노 출입을 금지시키는 것은 본인만이 요구할 수 있으며 그것은 모든 카지노의 규칙이다.

그러나 앙드레 씨트로엥은 그가 회사로부터 거액을 끌어내는 것에 대해서는 전혀 생각을 못했다. 어느 날 은행장이 도빌로 찾아와 씨트로엥이 도박에 미쳐 있는 것을 목격하게 될 때까지 그의 주거래은행의 채무는 점점 더 늘어만 갔다. 결국 그의 모든 신용은 정지되어버렸으며, 그가 설립하고 성공으로 이끌었던 자동차 공장을 그는 그만 카지노의 녹색 테이블에서 잃고 말았다.

도박은 하나의 약물이며 몰핀 또는 코카인처럼 중독자들을 몰락시킬 수 있다.

많은 증권시장 게임가들은 그들의 욕망을 증권시장에서만 채우려 하지 않는다. 내 친구 중에 그런 사람이 하나 있다. 오전에 그는 증권시장에 있다가 점심때는 경마장으로 간다. 오후에 그는 카드 놀음의 일종인 브릿지 게임을 그리고 저녁에는 룰렛 게임을 한다. 물론 그는 죽을 때 일전 한 푼 없었다.

게임가들의 일상생활은 운을 시험하는 것의 연속이다. 나는 이름난 부호 한사람을 알고 있다. 그러나 그는 자주 전차를 무임승차한다. 그의 게임은 다음과 같다. 그가 승차권을 소지하고 있을 때 차장이 오지 않으면 운이 나쁜 것이고, 차장이 오게 되면 운이 좋은 것이다. 그러나 만약 그가 무임승차했을 때 차장에게 적발되면 그것은 특히 운이 나쁜 것이며, 적발되지 않으면 그는 복권에 당첨된 것이다.

가장 지적인 사람들은 도박장 또는 증권시장에 들어서자마자 그들의 모든 지적인 요소들은 벽장 속에 넣고 닫아버린다. 나는 수학자 한 사람을 알게 되었다. 그는 아주 어린 나이에 프란쯔 요셉 황제에게 '신동'이라고 소개되었으며, 그의 전공분야에서 대가로 인정받는 사람이다. 우리가 한번 몬테카를로의 한 룰렛 테이블에서 서서 게임가들을 구경하고 있을 때 그가 갑자기 나에게 이렇게 말했다. "앙드레, 저기 저 얼간이 좀 보십시오, 그 사람은 계속 검정색에 걸고 있어요. 도대체 그는 빨간색도 있다는 것을 알지 못하는 걸까요?"

이러한 경우를 심리학자들은 '노름꾼의 궤변'이라고 말한다. 이는 통계적 정상분포 속에 허위로 행운을 억지로 끼워 넣으려 하는 노름꾼들의 상투적인 궤변을 의미한다. 도스토예프스키가 그의 소설 『노름꾼』에서 표현했던 것처럼 "룰렛게임에서 만약 구슬이 이미 열 번이나 빨간색에 머물러 있다면, 그 누구도 더 이상 빨간색에 걸지 않는 것은 당연한 것이다." 이와 동일하게 증권시장 참여자들도 '검은색 시리즈'가 오래 지속되면 '검은색 시리즈'는 당연히 끝나야 한다고 생각한다. 즉, 그들이 생각하기에 시세가 오랫동안 너무 높았다면 반드시 다시 내려가야 한다고 생각하는 것이다. 통계학적 관점에서 보면 이것은 전혀 근거가 없다. 왜냐하면 개별적 경우에 즉 증권시장의 아주 특정한 날에 사람들은 시세가 오를 것이다, 또는 내릴 것이다 라고 결코 사전에 말할 수 없기 때문이다. 때때로 빨강 또는 검은색 시리즈는 아주 오래 갈 수 있다.

증권시장 중독자

증권시장에도 중독될 수 있다. 왜냐하면 그 곳은 매우 특이한 분위기가 지배하는 곳이기 때문이다. 이러한 매우 혼잡스러운 싸움터 안에서 사람들이 숨 쉬는 공기는 하나의 약물처럼 작용한다. 나는 우연히 증권시장에 발을 들여놓았다가 거기에서 결국은 발을 빼지 못한 많은 사람들을 알고 있는데 다음 일화는 아주 유명하다.

1929년 증시폭락 이후에 뉴욕에는 수천 명의 증권시장 전문가들이 완전히 부도가 났으며 다른 직장을 찾아야만 했다. 살기 위해 그들은 하찮은 직업이라도 찾아야 했다. 이전에 증권시장에서 일했던 동료 두 사람이 만났다. 한사람이 물었다. "요즘 자네 무엇을 하고 지내는가?" "나는 어떤 회사의 칫솔을 팔고 있다네. 자네는?" "지금 자네를 믿고 하는 이야기인데, 나는 여전히 증권시장에 있다네. 그러나 내 마누라는 내가 유흥가에서 피아노 연주를 하고 있는 걸로 생각하고 있지."(그것이 증권인으로 있는 것보다는 항상 더 나았던 것이다.)

나의 한 친구는 증권시장 중독자였다. 그는 철강분야에서 일을 하였으며 한국전쟁 동안에 큰 부호가 되었다. 그는 부지런했고 스스로의 땀으로 큰돈을 벌어들였다. 그의 눈에는 우리 증권인들이 건달, 게으름뱅이 그리고 경제의 기생충으로 보였다. 나는 결코 한 번도 노동을 한 적이 없었고 그럼에도 불구하고 아주 편안하고 행복한 삶을 살고 있었다. 나는 그것을 전혀 부끄럽게 생각하지는 않았지만 그의 생각에도 일리는 있었다. 나는 친구에게 경고를 하였다. "한국전쟁도 영원히 진행되지는 않을 것이며, 자네도 언젠가는 틀림없이 '진짜 일해서 벌어들인 돈'을 가지고 좋은 주식을 사서 안전하게 투자하기 위해서 나의 조언을 구하게 될 것이네. 그러나 그 전에 자네는 주식의 시세표를 신뢰하고 이해할 수 있어야 할 것일세."

다음날 그는 내게로 왔다. 그는 내가 한 충고를 생각해 보았으며, 나에게 종이와 펜을 주었다. 그리고 그가 경험 삼아서 사고자 하는 가치 있는 주식들의 목록을 작성해 달라는 것이었다. 그는 투기를 생각하지 않았으며, 투자와 투기를 혼합하고자 하였다. 우선 나는 독일에서 발행된 신규채권과 프랑스 시리즈를, 그 다음으로는 남아프리카의 드비어즈 주식과 몇 가지 미국의 우량주를 사주었다. 그 결과는 정말 놀라웠다. 독일의 채권들은 곧바로 100배로 폭등했고 드비어즈 주식은 10배가 되었으며 다른 모든 것들도 마찬가지로 강세였다. 첫 번째 투자에서 곧바로 좋은 결과가 나오자 내 친구는 점점 더 많은 주식들을 뉴욕, 유럽 더 나아가 호주에서까지 사들였다. 맨 처음에 그는 자신이 보유한 현금으로 샀으며, 그리고 나서 점점 더 유동성을 높이더니 결국에는 신용으로 샀다. 그의 증권 사업이 최고점에 도달했을 때 그는 계산을 해보더니 단 하루사이에 벌어들인 돈이 그의 가족에게 필요한 일 년 예산의 다섯 배로 늘어난 것을 발견하였다. 그때 그는 시세가 떨어질 수도 있다는 것도 감지하였다. 그리고 증권시장은 점점 어려워졌으며, 이익은 점점 더 줄어들었다. 그 결과 내 친구의 신경은 이런 흥분된 상태를 오래 견디지 못하였다. 어느 날씨가 좋은 날, 회의 도중에(아마도 그때 드비어즈 주식이 몇 포인트 떨어졌을 것이다) 그는 신경쇠약 악화로 병원으로 실려 갔다.

그의 가족은 커다란 동요 속에서 가족회의를 열었다. 그들은 모든 투자재산을 청산하는 것으로 결정지었다. 그는 모든 주식들을 팔았다. 그의 재산은 이제 요동치는 주식시장에 있지 않고 아주 견고한 은행 예금으로 들어갔다. 그러고 나서 무슨 일이 일어났겠는가? 내 친구가 요양소에서 휴양을 하고 있던 수개월 동안에 증권시장은 폭락하였다. 그것이 바로 1962년 봄, 전 세계의 증권시장을 공격한 엄청난 시세폭락이었다. 내 친구가 완전히 완쾌되어 가족 곁으로 돌아왔을 때, 시세는 가장 낮은 바닥상태에 있었다. 그러나 그는 조용했으며 새로 태어난 아이처럼 웃기만 하였다. 그의 건강이 그의 재산을 구한 것이다. 또한 나도 양심의 가책 같은 것은 느끼지 않았다. 그를 증권시장의 게임으로 인도한 것은 바로 나였다. 그러나 마지막이 좋으니 다 좋은 것 아닌가.

그러나 만약 사람이 한 번 증권시장 전염병에 감염되면 그렇게 간단하게 치유되지 않는다. 만약 주식을 가지고 있으면 시세가 떨어질까 봐 불안해하고, 만약 주식을 가지고 있지 않으면 그 시세가 올라갈까 봐 불안해한다. 주가가 밑바닥에서 회복될 때 그는 신경질적으로 된다. 주식이 계속 높게 올라가면 그는 혼란에 빠지고 주가상승이 바로 문 앞에 서 있을 때면 그는 거기에 있지 않다.

나는 그 날 매수했다가 같은 날 매도하는 거래인, 즉 증권시장의 기생충들을 경멸한다. 그러나 그들 없이는 어떠한 증권시장도 증권시장이 아니라는 것과 증권시장 없이는 자본주의적 시스템은 결코 존속할 수 없다는 것을 어쩔 수 없이 인정하는 바이다. 왜냐하면 거래에서 기생충이 많으면 많을수록 매출액과 유동성이 더욱 더 높아지기 때문이다. 그리고 유동성이 커지면 커질수록 주식을 유동적인 시장에서 높은 가격으로 아무 때나 팔 수 있는, 특별한 투자자들을 위한 보장도 더욱더 높아지기 때문이다.

만약 내가 투기의 역사를 한 문장으로 종합한다면 나는 이렇게 말할 것이다. "건달이 태어났으며, 그는 게임을 하며 따기도 하고 또는 잃기도 하지만 절대로 죽지는 않는다."

그렇기 때문에 또한 나는 확신한다. 사람들이 주식과 증시에 대해 정말 역겨움을 느끼게 만드는 증시침체 후에는 언제나 과거의 모든 상처들을 다 잊어버리고 불나방같이 증권시장에 사람들이 몰려드는 시간들이 반드시 다시 온다는 것을. 만약 이런 일이 저절로 벌어지지 않으면 이미 발달될 대로 발달된 증권 산업이 그렇게 만들 것이다. 그리고 그 첫 번째 미끼는 바로 돈이다.

　나는 '건달'과 증권시장에 빠진 사람들을, 술을 많이 마시고 난 다음날 뉘우침 속에서 다시는 단 한 잔의 술도 마시지 않겠다고 결심을 하는 술주정뱅이와 비교한다. 그러나 오후에 그는 다시 칵테일 한잔을 마시고, 그러고 나서 또 한잔을, 그리고 또 한잔을 마신다. 자정에 그는 바로 전날 밤과 아주 똑같이 다시 만취가 되어 있다. 그렇다면 증권시장은 미치광이 또는 바보들 천지인가? 아마도 그럴 것이다. 왜냐하면 미치광이와 바보들이 없는 세상은 존재하지 않을 것이며 우선, 그들이 없는 증권시장은 아무런 의미가 없기 때문이다. 그들이 없다면 증권시장의 이익은 다 어디서 얻을 것이며, 증권시장이 존재할 수나 있겠는가?

미련한 사람들의 가치

내가 즐겨 만나는 요하네스 폰 투른 영주는 플레이보이처럼 풍기는 겉모습의 이미지와는 전혀 달리 매우 사려가 깊고 학식이 풍부한 사람이다. 게다가 그는 무궁무진한 이야기 거리를 가진 그러나 가끔은 악의에 가까운 유머도 서슴치 않는 뛰어난 이야기꾼이다. 그는 나에게 그와 공동으로 인간들의 어리석음에 대하여 책을 한 권 쓰자고 제안을 했다. 그것은 분명 책을 여러 권을 쓰고도 남을 주제가 될 것이다.

아버지 같은 친구, 알베르트 한 교수는 끊임없이 나에게 경고하였다. "당신은 인간들의 우매함을 결코 제대로 평가할 수 없을 거요!" 그리고 나는 60년 전에 자주 만났던 그리고 그때 이미 80세였던 주식투자자의 말을 아직도 기억하고 있다. 그는 증권시장에 대해 그가 아는 모든 것을 한 문장으로 종합하였으며, 나는 언제나 사람들에게 그 말을 들려준다. "모든 증권 시세는 단지 주식들이 바보들보다 많은지, 또는 바보들이 주식들보다 많은지에 달려 있다."

고맙게도 증권시장에는 매우 많은 바보들이 있다. 만약 바보들이 전혀 없다면 증권시장은 무엇이겠는가? 어느 나라에 머물든지 나는 증권시장 객장으로 찾아가길 좋아한다. 왜냐하면 세계의 어느 곳에서도 1평방미터 안에 그토록 강한 정신력을 지닌 사람들이 우글대는 곳을 결코 찾을 수 없기 때문이다. 누군가 한 번이라도 100에서 110으로 시세차익을 냈다면 단번에 천재라고 생각한다. 벌써 그는 그의 연간 소득을 새로 계산하기 시작한다. 불쌍한지고! 그들은 시장이 언제 다시금 그들의 뺨을 혹독하게 올려붙이게 될지 모르고 있는 것이다.

카드놀이, 특히 포커놀이를 잘 하는 사람이라면 상대편의 생각을 알아야 하는 것과 같이, 세상에서 일어나는 일들과 경제 사건들을 바보들이 어떻게 분석하는지를 듣고 배우는 것도 정말 중요하다. 투자자는 자기가 똑똑해서 이익을 얻기보다는 다른 사람들의 어리석음으로부터 더 많은 이익을 얻을 수 있다. 사람은 바보들로부터도 무엇인가를 배운다. 특히 따라하지 말아야 하는 것들을 바보들로부터 배운다.

빈의 심플 캬바레 사회자로 유명한 칼 파카스가 어느 날 저녁 무대에 올라와서, 아래의 관객들을 쳐다본 후 아주 진지하게 "바보들뿐이네!"라고 말했다. 한바탕 웃음들이 터져 나왔다. 나는 내 카바레에서, 증권시장의 강연장에서 대중들에게 위와 똑같이 말을 할 수 있기를 기대해 본다. 그 대중들은 그러나 틀림없이 웃지 않을 것이다. 왜냐하면 내 동료들은 너무 많이 배웠으며, 그 자신을 너무 영리하다고 여기고 있기 때문이다.

너무 약삭빠른 사람들

증권시장의 사람들은 저편의 다른 그룹들이 자기보다 똑똑하다고는 인정하지 않지만 자기보다 더 많은 정보를 가지고 있다고 생각한다. 이 점을 명확하게 밝히기 위해 나는 제2차 세계대전 후의 에피소드 하나를 들려주고자 한다.

당시 프랑스에서는 외환부족으로 인해 외국화폐에 관한 규정이 매우 엄격하였다. 프랑스인들은 국가의 감독아래 자신들이 보유한 외국 주식들을 은행에 보관해 두는 것이 의무화되어 있었다. 보유할 수 있는 주식의 목록에는 외국에서 팔수도 없고 외화 유입을 기대할 수도 없는 무의미한 주식과 부도채권들만이 들어 있었다. 이러한 2등급 그리고 이익을 내지 못하는 주식들만이 규정에서 제외되었다.

외국주식들의 반입과 반출이 엄격하게 통제되었고 외환감독이 이루어졌다. 만약 외국 주식을 들여오고자 한다면 동일한 액수의 외환을 벌어들이기 위해 그만큼의 외국 주식을 다른 나라에 팔아야만 했다. 그리하여 거의 자동적으로 필요한 균형이 이루어졌다.

당시에 원유주식 특히 로얄 더치의 주식은 프랑스에서 아주 인기가 높았다. 그러나 로얄 더치 주식을 수입하기 위해서 사람들은 이 금액과 같은 크기의 다른 외국주식을 수출해야만 했다.

이 때 약간의 어려움을 겪고 있는 일본채권들이 판도라의 상자에서 갑자기 튀어나온 것처럼 스위스 증권시장에 출현했다. 놀란 관찰자들은 일본채권들이 어떻게 해서 시장에 점점 더 많이 채워지는가를 입만 벌리고 바라보았다. 그러나 왜 그런 상황이 왔는지 아무도 이해하지 못했다.

그 사이 파리에서는 스위스 사람들이 일본채권의 매수자로 등장하게 될 것이라는 소문이 파다하게 퍼졌다. 실제로 국제중재를 전문으로 하는 몇몇 프랑스 은행들이 중단하지 않고 매수하였다. 좋은 정보를 가진 사람들은 파리에서 사서 스위스에서 주식을 팔기 위해서 이러한 매수가 계속 일어난다는 것을 알고 있었다.

한편 스위스에서는 파리사람들이 매수자라는 소문이 돌았다. 실제로 스위스 중재은행들이 쉬지 않고 매수에 나섰으며, 좋은 정보를 가진 사람들은 파리에서 주식들을 계속해서 팔기 위하여 이러한 매수가 계속 일어난다는 것을 알고 있었다.

이제 파리 사람들은 스위스인들이 일본과의 경제적 화해를 놓고 어떤 결정이 내려졌는지 그 정보를 알고 있을 것이라고 속삭였으며, 스위스 사람들은 프랑스인들이 도쿄와의 협상에 대해 뭔가 알고 있을 거라고 생각했다. 모든 사람들은 무엇인가 낌새가 있다는 것에 대해서는 일치하였다. 그리고 많은 사람들이 그 흐름에 휩싸였다. 대단한 법칙을 의미하는 것처럼 보이는 대규모 거래가 그들에게 감명을 주었기 때문이다.

소상인 등 열외자는 불안해졌으며, 소문을 엿듣고 앞서가는 사람들을 뒤따랐다. 시세는 이성의 한계를 초월한 그 날까지 하늘 높은 줄 모르고 상승하였다.

머나먼 동쪽에서는 여전히 아무 새로운 소식도 들려오지 않았으며 여전히 그 어떠한 협약도 이루어지지 않았다. 그럼 진실은 어디에 있는가? 무엇이 비밀이었을까? 그에 대한 해답은 다음과 같다. 프랑스 시장이 로얄 더치 주식들을 원했기 때문에, 중재인들은 그것들을 파리에서 팔기 위하여 다른 주식들을 스위스 주식시장에 내다 팔았다. 파리에서 다른 외국주식들을 스위스로 내다 팔아서 갖게 될 외환을 가지고 사람들이 로얄 더치 주식 값을 지불할 수 있다는 명확한 전제 하에서 작전은 아주 잘 진행되었다.

사람들은 파리에서는 충분한 양을 살 수 있고 스위스에서는 손실 없이 팔 수 있는 외국주식을 찾아야만 했다. 이를 위해 '일본인'들이 아주 훌륭한 구실을 마련해 주었다. 사람들은 프랑스에서 임의의 양을 살 수 있었으며, 스위스에서는 공공연하게도 임의의 양을 팔 수 있었다.

왜? 아주 간단하다. 다른 중재인들이 스위스에서 일본채권을 샀으며, 그것을 어느 정도는 합법적인 방법으로 프랑스로 보내서 다시 그것을 파리 증권시장에서 팔았기 때문이다. 그들은 스위스에서 산 채권값을 지불하기 위하여 프랑스에서 증권 대금으로 받은 프랑을 가지고 암시장에서 외국환을 매입하였다. 거대한 중재은행들은 그 일본채권을 파리에서 취리히로 보냈으며, 암시장 중재인들은 동일한 채권들을 다시 파리로 되돌려 보냈다. 만약 파리-스위스 간 여행이 법적 규정을 위반하지 않고 이행되었다면 스위스-파리 간의 귀환여행도 도덕적 방법은 아니었지만 분명 가능하긴 했다.… 논리적으로는 시세가 전혀 변화해서는 안 되었다. 왜냐하면 정확히 동일한 물량의 매도, 매수주식이 저울의 양쪽 저울판에서 마음대로 사고 팔렸기 때문이다.

그러나 예민한 후각으로 맛있는 고기 굽는 냄새를 맡는 사람들과 큰 거래에서 유리한 징후를 감지한 사람들은 균형을 깼다. 한쪽에서 조금, 또 다른 쪽에서 조금 식으로 주가는 끝없이 올라갔다.

이러한 상승은 채권 보유자들과 투자자들에게 불리한 조건의 협약을 일본과 체결한 날까지 계속되었다. 그 협약으로 인해 시세는 거의

50퍼센트까지 떨어졌으며, 거의 협약에서 정한 수준까지 떨어졌다.

이 사건은 다른 사람들이 항상 자신보다 더 많은 정보를 알고 있을 거라고 상상하는 사람들을 위한 하나의 좋은 가르침이 되고 있다. 사람들은 언제나 옆집 잔디가 자기 집 잔디보다 더 파랗다고 보는 것이다.

박식한 바보들도 있다

특히 독일에서는 왜 그렇게 많은 젊은이들이 경제학을 공부하는 가? 아주 간단하다. 그들은 그들 명함에 진한 문자로 된 경제학 석사라는 단어를 필요로 하기 때문이다. 대기업들과 은행들이 몇 년 전부터 직원을 채용할 때면 그들이 문맹이 아니라는 것을 증명하는 이러한 지원자들을 우선 채용한다.

여러 학위 중에서 경제학 석사가 가장 취득하기 쉽다. 확실히 공학 박사학위보다는 쉬우니까. 단지 몇 권의 책들만 외우면 된다. 게다가 크게 노심초사할 필요도 없다. 나는 그들이 4년이라는 그들의 귀중한 시간을 낭비하는 것을 유감스럽게 생각하며, 경제학은 하나의 사이비 학문이라고 주장한다. 사람이 배운 지식은 해가 거듭될수록 조금씩 약간은 새로운 지식에 밀려나기 마련이다.

이러한 견해를 갖는 사람이 나 혼자만은 아니다. 400명의 직원을 가진 파리 증권시장에서 두 번째로 규모가 큰 중개인회사는 상경계열 관련 학위를 소지한 지원자들은 그들이 좁은 시야를 가지고 살아가며, 폭넓게 생각을 하지 못하고 또한 남들보다 경제지식을 더 많이 갖고 있는 사람이라는 이유로 곧장 옆으로 밀쳐낸다. 몰리에르가 이미 이야기했던 것처럼 "박식한 바보가 알지 못하는 바보보다 더 큰 바보"이기 때문이다.

내가 증권시장의 동료와 이야기를 나눌 때 그가 잘난 척하는 걸 보면, 두세 마디 뒤에 나는 그가 경제학을 공부했다는 것을 알아차린다. 그의 주장들 그리고 분석들은 그가 발견하지 못하는 하나의 코르셋 속에 갇혀 있다. 이것을 위해 그는 4~5년을 공부했단 말인가?

아인슈타인에 대한 일화가 생각난다. 상대성 이론에 관해 몇 마디를 부탁했을 때, 아인슈타인은 대답하기를 "내가 만약 예쁜 아가씨와 반시간 동안 같이 앉아 있게 된다면, 그것은 내게 5분과 같이 짧게 여겨질 것이다. 그러나 만약 내가 뜨거운 난로 위에 단지 5분만 앉아 있더라도 이는 나에게 반시간처럼 길게 여겨질 것이다"라고 말했다. 이에 대해 청중 중 한사람이 그의 옆 사람에게 이렇게 속삭였다. "저걸 가지고 그가 노벨상을 받았단 말인가?"

알 스미스의 자백은 또 얼마나 솔직하고 의미심장하였는가. 그는 뉴욕지사이며 거의 대통령이 될 뻔했던 유명하고 매우 명성 있는 미국인이다. 한 회의에서 누군가가 그를 불렀다. "지사님, 어느 대학을 졸업하셨습니까?" "저요? 뉴욕시 어시장이요!" 또한 4천만 달러의 재산을 유산으로 남긴 경제학 교수 알베르트 한도 자신의 증권투자에 대해 다음과 같이 짧게 그러나 진지하게 기술하였다. "나는 교수로서 학생들에게 가르쳐 주었던 많은 어리석은 지식을 별로 안중에 두지 않았습니다!"

경제학을 전공하고 증권시장으로 진출하고자 하는 모든 젊은이들에게 나는 이렇게 충고하고 싶다. "자네들이 대학에서 배웠던 모든 학문적 지식은 곧장 그리고 과감하게 잊어버리게. 이것들은 앞으로 자네들이 일하는 데 단지 짐이 될 뿐이라네."

IOS와 나—인간의 어리석은 역사로부터

우리가 걸어온 길이 25년 이상 이목을 끌며 나란히 계속된 것은 내가 나중에 얻은 재능 덕분일 수도 있다. 왜냐하면 〈캐피탈〉지의 설립자 아돌프 테오발트씨가 나를 고정 칼럼니스트로 발탁했기 때문이다. 그 때 나는 결코 그것을 계획하고 있었던 것이 아니었다. 나는 내가 투자자라는 사실을 비밀로 한 적이 없고 오히려 자랑스럽기까지 하다. 후에 명시하였듯이 그것은 돈과 증권시장에 대해 생각하고 그

것을 글로 쓰기 위한 하나의 이상적인 전제조건이 되어주었기 때문
이다. 오늘날 나는 캐피탈의 편집인 중 가장 오래된 사람이다.

사람들이 실제로 나로부터 듣고자 하는 증권시장에 관한 정보들을
나는 결코 자발적으로 준 적이 없다. 왜냐하면 정말 정확한 정보는 하
나도 없기 때문이다. 나는 차라리 중국의 한 격언을 들려주고 싶다.
"만약 당신이 한 친구를 가지고 있다면, 그에게 물고기 한 마리를 선
물해라. 그러나 만약 당신이 그를 정말로 사랑한다면, 그에게 고기 잡
는 방법을 가르쳐 줘라."

그러나 나는 '부정적인' 정보들과 경고들은 잊지 않고 해주었다.
나는 1960년대에 베르니 코른펠트와 그의 동료들이 고려하고 있던
IOS에 대항한 나의 첫 번째 큰 싸움을 이끌었다. 사방으로부터의 대
규모 저항, 심지어 당시 〈캐피탈〉지의 고위 편집인까지도 상대한 것
이었다. 사람들은 내게 말하기를, 독일 대중들은 유행하고 있는 펀드
에 대한 열광과 미리 알 수 있는 속임수에 대한 나의 경고를 별로 달
가워하지 않는다는 것이다. 그들은 어떻게 하면 부자가 될 수 있는가
에 대한 정보들을 원하지, 돈을 거의 잃어버릴 수도 있다는 확실치 않
은 예언을 듣고자 하는 것이 아니라는 것이다.

그럼에도 불구하고 나는 경고를 계속했고 다음 달 잡지에 그런 내
용의 글이 잔뜩 실렸다. IOS 벤처가 어떤 결말을 맞이했는지는 오늘
에도 여전히 금융사와 인간의 어리석음을 드러내는 귀중한 역사적

교훈이 되고 있다. 당시 나에게 항의 편지뿐만 아니라 나의 회사를 파멸시키겠다는 협박편지를 보냈던 IOS 전 대표는 오늘날은 내게 "코스톨라니 씨, 내 책상 위에는 언제나 당신 초상화가 걸려 있소!"라고 말한다. 재치 있는 프랑스인 안토안 리바롤의 다음 말은 정말 얼마나 진실한가!

"만약 어떤 사람이 다른 사람들보다 24시간 먼저 옳다면, 그는 그 24시간 동안 다른 사람들에 의해 어리석다고 여겨진다."

나도 사실은 IOS에 갈 뻔한 적이 있다. 적어도 그들은 나를 원했었다. 헨리 불 3세는 유가증권 부서 책임자로 있었다. 그는 금융 매니저를 찾고 있었으며 전문가들을 수소문했다. 과거 〈헤럴드 트리뷴〉의 유럽지사장이었던 내 친구 개스톤 코블렌츠가, 많은 경험을 가지고 있으며 우리 모두보다 나이가 많은 '한 늙은 증권시장 여우를 알고 있다.'고 그에게 말했다. 그 얘기를 들은 헨리 불은 나를 꼭 만나고 싶어 했다. 그러나 나는 먼저 얌전을 뺐다. 왜냐하면 IOS와 함께 일하려면 무엇이 중요한지를 이미 나는 알고 있었기 때문이다. 그러나 결국 호기심으로 나는 마침내 겐프에서 한 번 만나자는 그의 초대를 받아들였다.

드 론느 호텔에서 점심을 먹으면서 그는 나에게 말하기를, 지속적으로 여기저기 거래를 하고, 한 시간 이내가 아니고 2분 내로 끊임없이 시세변동에 반응해야 하는 딜러를 찾는다는 것이었다. 그들이 가장 중요하게 생각하는 것은 바로 '실적'이었다. 그가 값비싼 용역계약을 통해 실시한 연구조사에서도 그렇다는 사실이 증명됐다. 끊임없이 움직이고 소득을 들여오는 증권 매니저들만이 성공할 수 있는 것이었다.

나는 그에게 이렇게 생각해 보라고 했다. 어떤 거래인이 컴퓨터 산업이라든지 아무튼 현재 큰 가격 상승을 누리고 있는 부분에 있다고 하자. 물론 주가 시세가 100에서 200으로까지 하면 그는 충분한 게임 공간을 갖게 된다. 100에 샀다가 105에 팔고 110일 때 다시 사들이는 방식으로 수시로 넣었다 뺐다를 반복할 수 있는 것이다. 그러나 그런 식으로 100에서 200으로 올라갈 때까지 계속 팔고 사기를 반복한다 해도 그가 벌어들이는 돈은 결국 100이 아닌 40에 지나지 않으며 나머지는 공중으로 사라져버리게 된다.

다른 딜러 한 사람은 아마도 운이 좋지 않았나 보다. 그는 예를 들어, 당시 하락을 겪고 있으며 약 100에서 70으로 떨어진 항공사의 주식들을 가지고 있었다. 그가 '실적'을 거두기 위한 기회는 전혀 없었다. 왜냐하면 그는 회사에서 보통 몇 달 또는 몇 주 간격으로 실시하는 '근무평가'에서 자신의 경력에 피해를 주게 되는 그 어떠한 손실도 결코 겪고 싶지 않았기 때문이다. 따라서 그는 기다렸다. 시세는 90으로 떨어졌다. 그는 계속 기다려야 했으며 시세는 정체되어 있었다. 그것이 바로 문제이다. 연구조사에서 어떻게 나왔든, 한 거래인의 성공을 결정하는 것은 단기적 '실적'이 아닌 것이다.

헨리 불은 매우 감명을 받았으며 내가 그의 철학에 대해 근본적인 비평을 했음에도 불구하고 IOS와 함께 일할 것과, 처음부터 곧장 1000만 달러로 일을 시작할 것을 제시하였다. 10명의 딜러가 있다는 가정 하에서 다른 동료들이 IBM 주식 1만 주를 산다 하더라도 내가 내 뜻에 따라 IBM 주식 1만 주를 사지 않는다면, 약 30억 마르크의 독일 내 자금을 관리하고 있는 이 회사가 나에게 어떻게 대응할 것인가 라고 내가 묻자 헨리 불 3세는 짧지만 의미심장하게 대답하였다. "절대로 그 문제로 당신을 괴롭히지는 않겠습니다." 그밖에도 내가 만약 다우존스 지수를 이기게 된다면 그 결과에 대한 20퍼센트의 보상을 별도 조건으로 내세웠다. 다우존스도 떨어질 수 있다는 가정은 전혀 고려의 대상이 되지 않았다.

나는 그와 이야기를 나눠본 결과, 이것으로 충분하다고 생각했다. "나는 IOS에 가지 않을 것이다." 그 대신에 이 미친 사기꾼들에 대한 글을 쓰기로 결심했다.

유감스럽게도 나의 폭로 캠페인은 당시 너무 늦은 감이 있었다. 일 년 동안 각종 언론은 투자펀드의 활동을 온갖 미사여구를 동원하여 찬양하였다. 예를 들면, 펀드 설립자 및 펀드 매니저들의 화려하고 사

치스러운 생활에 대한 지나칠 만큼 상세한 보도 덕분으로 벌써 수천
명의 소액 투자자들은 그들에게 새로운 마이더스 왕으로 떠오른 베
르나르 코른펠트를 추종하고 있었던 것이다. 일간지들은 이런 일들
을 자세하게 보도하였고 역외펀드 내에서 일어난 사건들에 대해서는
중립적으로 보도하였다. 그러나 신문 기사들은 실제적으로 펀드에
대한 공격을 하지 않음으로써 사실상 펀드를 드높이 선전해주고 있
었다.

만약 사람들이 펀드판매자의 시끌벅적하고 사기성 짙은 약속을 기
억한다면, 그리고 그것을 '성공'과 결부시킨다면, "어떻게 그런 일이
있을 수 있을까? 어떻게 독일의 책임 관청들이 이런 사기행각을 그토
록 오랫동안 방치하고 쳐다만 볼 수 있었단 말인가?"라고 묻게 될 것
이다. 왜 역외 펀드가 독일에서 그렇게 성공할 수 있었을까 라고 의문
을 갖는 사람들은 그에 대한 어떠한 광고도 제재를 받지 않았다는 사
실을 간과하고 있다.

사람들은 새로운 속임수를 찾았던 것이다. 왜냐하면 역외 펀드는
외국에 등록되는 투자펀드이므로 법 또는 다른 감시조직들을 통해
전혀 감독이 이루어지지 않았기 때문이다. 그 결과 그들 지도자에게
조차 과거 책임을 추궁할 수 없었다. 즉 '도둑'에게 문을 열어 놓은
꼴이 되고 말았던 것이다.

그렇다면 코른펠트는 천재였는가? 확실히 아니다. 온갖 운 떼가 맞

아 그런 펀드 요술이 굴러들어왔을 뿐이다. 나는 그가 결코 사기꾼이 아니었다고 확신한다. 그는 경험도 없고, 못 배웠으며, 원초적이었다. 예컨대 증권시장이 무엇인지조차 그는 몰랐다. 그는 증권시장의 역사에 관해 최소한의 생각조차 갖지 못했다. 사실 그는 자신이 화약(한방 터트리는 것)을 발명했다고 생각했다. 그는 이미 17세기의 암스테르담 증권시장에서 사람들이 오늘날의 월스트리트에서처럼 재미있게 그리고 합리적으로 다양한 투자를 즐겼다는 사실도 몰랐다. 시세가 몇 년 동안 중단 없이 상승하였기 때문에 그는 매년 15퍼센트의 유가증권을 증권시장에 등록시킨다는 가설을 세웠다. 그는 이렇게 기형적인 생각을 대중들에게 떠들어댔었다.

그의 동료들은 그를 그리스도 사도의 한사람으로 여겼고, 그의 사생활과 그를 둘러싸고 있는 그의 영광과 사치품은 이런 젊은 사람들의 눈높이를 덩달아 높여 놓았다. 모든 사람들은 제2의 코른펠드가 되기를 원했다. 젊은이들은 자기들도 그와 같은 펀드를 통해 그러한 부에 도달할 수 있다고 믿었었다. 그러나 그들은 코른펠드의 사치스런 생활이 그들의 돈으로 지불되어진다는 것을 생각조차 못했다.

한번은 나도 '거대한' 베르나르 코른펠트에게 질투와 같은 무엇을 느꼈다는 것을 인정한다. 그것은 내가 즐겨 방문하는 파리의 그랑 팔레 골동품 전시장에서였다. 나는 놀라울 정도로 아름다운 물건들에 감탄을 하였으며, 갑자기 베르나르 코른펠트는 이 골동품에 대한 이해가 없을지라도 여기에 전시되는 모든 것들을 살 수 있을 것이다, 그리고 최고가를 불러도 그냥 웃어넘길 것이다 라는 생각이 들었다. 질투심이 나를 파고들기 시작했다. 그런데 갑자기 내가 매우 사랑하는 브라암스의 심포니가 들려왔다. 그러자 금방 마음의 위안이 되었다. 나에게는 마음을 가라앉혀 주는 음악이 있지만 그는 분명 그것을 갖지 못했을 거라는 생각을 하며 나는 스스로를 위로했다.

그가 그토록 예상 밖의 성공을 거둘 수 있었던 것은 한편으로는 갑자기 폭발적으로 성장한 저축자본과 다른 한편으로는 투자관리를 위한 사회적 기반이 부족했거나 거의 없었다는 사실을 통해 설명된다. 그렇다면 그런 인프라 즉, 기반구조는 어디서 나오는 것인가? 독일 대중들은 1930년 이래 국제간 자본의 흐름에서 제외되었다. 그러니 독일이 어디에서 투자부문과 특히 국제투자부문에 대한 올바른 전문가를 구할 수 있었겠는가?

독일의 소액 투자자들은 소위 '투자상담사'라고 하는 사람들이 그들의 문을 두드릴 때면 기꺼이 문을 열어주며 그들을 반기는 데 이것은 결코 놀라운 일이 아니었다. 투자상담사는 대단히 환영받았으며, 각 가정을 방문하고 커피 초대를 받았다.

독일을 제외한 다른 선진국에서는 이 정도의 횡포가 허용되지 않았다. 그렇기 때문에 역외 투자펀드와 부동산펀드는 독일 대중에 대한 약탈을 감행하였고 그들 모두는 그런데도 불구하고 '독일을 위하여'라는 상표를 달고 다녔다.

펀드 매니저들은 아주 위험하고 지금까지 가치가 없는 주식들을 가지고 이리저리 능수능란하게 술수를 부렸던 것으로 오늘날까지 나는 생각한다. 그들의 방법은 다음과 같다. 그들은 매혹적인 성공 사례를 통해 미래의 펀드 매수자들을 유인하기 위한 의도로 주식을 사자마자 약간의 차액만 남긴 채 되팔고 또 다른 주식으로 뛰어들었다. 그러나 만약 이들 매니저들이 불행하게도 불량 주식에 투자하였다면 그들은 어쩔 수 없이 많은 손실을 내게 된다. 결국, 결과는 적은 이윤과 막대한 손실인 것이다. 경험 있는 전문가라면 아무도 이들 게임가들이 결코 성공할 수 있을 것이라고는 말할 수 없을 것이다. 그들은 수십억을 가지고 돌아다닌다 하더라도 엉터리 투자자로 머문다. 그 수법과 정신상태가 똑같기 때문이다.

실적 펀드는 유럽 은행들의 인정을 받은 바도 없는 완전히 상스러운 게임가들의 모임이다. 독일의 투자자들은 자신들의 자금이 아무도 책임지지 않는, 전혀 안전하지 못한 주식에 아무런 통제도 받지 않고 투자되고 있다는 사실을 모르고 있다. 스스로 투자자인 나는 투자가 무엇인지, 어떤 위험이 도사리고 있는지 등을 알고 있다. 증권시장에서는 정말 순수하게 자신의 돈을 가지고 게임을 해야 한다.

그밖에도 연 이익 15퍼센트를 보장한다는 약속은 절대적으로 잘못된 사실의 현혹이다. 펀드 매니저들의 평균 연령이라고 해야 고작 25세이며 그들은 증권시장이 어려워질 경우 어떻게 헤쳐 나가야 하는지 전혀 모른다. 앞으로 몇 년 동안 그들이 어느 정도의 경험은 쌓겠지만 그래도 주식 소유자들에게는 이미 때가 늦게 되는 것이다. 펀드 매니저들이 알고 있는 것이라고는 한 가지 뿐으로 즉, 그들을 최고로 신뢰하는 매수자들에게 채권을 넘기는 것이 제일 좋은 방법이라는 것이다. 또 "좋은 사업이란 늘 남의 돈을 갖고 하는 것"이라는 알렉산더 듀마의 말을 철칙으로 삼아 거래를 한다면 경제정책, 금융 및 자본시장에 대해 무엇 때문에 굳이 수년에 걸쳐 지식을 쌓을 것인가?

당시 만약 내가 단 한 명의 소액투자자라도 1,000마르크 채권증서에 투자하는 것을 막을 수 있었다면 나는 내 임무를 완성했다고 여겼을 것이다. 왜 그렇게 나는 비관적이었던가? 투자채권의 처리는 세 가지의 전제조건들, 즉 정직과 책임감 그리고 경험을 요구한다. 정직에 대해서는 길게 이야기하고 싶지 않다. 특히, 나는 어떤 사람이 그렇지 않다는 것이 입증되기 전까지는 언제나 그를 정직한 사람이라고 간주한다. 나는 펀드 매니저의 행실에 대해서도 개인적 판단을 내릴 수 있지만 장부를 보지는 못했기 때문에 그에 대한 객관적인 판단은 내릴 수 없다. 나의 비관적 입장은 수십 년 동안 증권시장에서 쌓아온 나의 개인적인 경험과 인간들과의 관계에서 비롯된 것이다. 그러나 그들의 책임감에 대해서는 주저 없이 날카로운 비평을 할 수 있다. 그들은 증권시장과 투기에 대해 아무 것도 모르는 소액 투자자들을 상대로 연간 15퍼센트 대의 이윤을 받게 될 것이라고 확언하였다. 이런 류의 증시 철학은 완전히 눈속임에 의지한 것이며 이를 확산시키는 것은 무서운 범죄이다. 사람들은 증권시장에서 이익을 볼 수 있으며, 많은 이익을 낼 수 있다. 더욱이 물론 부자가 될 수도 있다. 그러나 절대로 증권게임을 통해 연간소득을 고정된 몇 퍼센트로 확정지을 수는 없다.

실제로 매도자는 빈틈없고 잘 훈련된 사람들이었다. 나는 한 번은 그들 중 한 명을 접대하였다. 왜냐하면 나는 그들의 광고 전략을 알고 싶었기 때문이다. 내 친구 중 하나가 사업가가 아니고 음악가이자 작가이며 돈도 많은 사람이 있어 IOS에 적격이라는 소개와 함께 내 주소를 일러주었던 것이다. 이제는 유감스럽게 더 이상 그렇게 할 수 없다. 이제 나는 매스컴을 통해서 너무 많이 알려졌기 때문이다. 나는 그의 설교에 귀를 기울였으며 그의 IOS 개념 설명은 정말 환상적이었다고 말하지 않을 수 없다. 나 자신도 거의 넘어갈 뻔했던 것이다!

경험에 대해서 나는 다음과 같이 말하고 싶다. 펀드매니저들 자신들도 연간 15퍼센트의 성장 가능성과 증시에서의 자신들의 게임 기술과 방법을 믿었다. 그러나 이것은 그들이 투자 경험이 전무하다는 사실을 입증하는 하나의 예에 불과하다. 그리고 그들은 경험이 없었기 때문에 무책임하게 행동했다. 그들은 증권시장이 앞으로 변할 수도 있다는 사실을 전혀 예측하지 못했던 것이다.

펀드매니저들은 자신들의 개인적인 실패 책임을 증시에 전가하려고 했다. 시세가 떨어지는 것에 대하여 그들은 책임이 없는 것이다. 그것은 근본적으로 잘못된 것이다. 우선 1972년 1월, 다우존스 지수는 그렇게 바닥에 떨어진 상태는 아니었다. 만약 펀드매니저들이 일반 투자자들의 돈을 가지고 1등급 주식을 샀었다면 결코 그 정도의 손실을 입지 않았을 것이다. 그러나 그들은 가치가 없는 유가증권과 사기주식들을 많이 샀다. 그들은 그들이 사들인 소위 편리주(단지 작은 액수만이 공식적으로 표기되어 있으며 많은 부분은 정지되어 있는 주식)라는 주식들을 종종 높은 가격으로 그들의 결산에 집어넣었다. 그밖에도 그들은 이전에 저축구좌, 저당채권 등의 고정 소득원을 가지고 있던 보통 사람들을 이런 거친 증권시장 투기에 끌어들였다는 것에 대한 책임이 있다. 나는 펀드 때문에 재정적 파탄에 빠졌다고 고통을 호소하는 소액 투자자들의 편지 수백 통을 갖고 있다.

펀드마술의 이야기로부터 어떤 교훈을 얻을 수 있을까? 상대적으로 넓은 그릇의 일부를 유가증권으로 채우려 하는 충분한 돈을 가진 소자본가들에게는 경험 있는 전문가들의 도움을 받아 선택한 주식, 전환사채 등의 유가증권들이 좋은 투자가 될 수 있다. 마음대로 투자 재산을 운용하기에는 한계가 있는 소액의 투자자들에게도 투자채권이 하나의 가능한 해결책이 될 수는 있다. 그러나 이 채권은 유럽 감독기관 등에 의해 감독을 받는 것이어야 한다.

그렇다면 베르나르 코른펠트와 그의 회사는? 그들은 오늘도 여전히 호화롭게 살고 있다. 코른펠트는 전에 헐리우드에서 인터뷰를 하면서 자신의 재산이 여전히 4~5천만 달러로 추정된다며 자랑하였다. 그 모든 것이 소액 투자자들에 고통을 안겨준 결과인데도 말이다. 그가 아직까지 자신이 만들어낸 희생자들 중 그 누구와도 불상사를 겪지 않았다는 것이 그저 놀라울 뿐이다. 이들 펀드 매니저들의 뻔뻔함과 소액 투자자들의 어리석음이 이러한 결과를 낳은 것이다.

열한 번째 강의

어떠한 증권시장도 똑같지 않다

유럽의 증권시장들이 폐장을 할 때, 뉴욕은 개장을 한다. 몇 시간 뒤에 시카고 그리고 나서 샌프란시스코, 미국의 월스트리트가 침묵으로 가라앉아 있는 저녁 바로 그 시간에 세계의 다른 끝에 있는 도쿄의 증권시장이 열린다. 날마다 증권시장에 쏟아지는 많은 사람들을 증권시장은 맞아들인다. 홍콩 다음에 싱가포르, 시드니, 타이완 그리고 봄베이가 뒤따르며 이른 아침에는 텔아비브와 아테네가 바톤을 넘겨받는다. 그리고 나서 밀라노와 마드리드, 같은 시간에 프랑크푸르트, 파리와 런던이다. 몇 시간 뒤에 다시 월스트리트가 온다. 이렇게 하루 24시간 세계의 증권시장은 쉬지 않고 돌아간다.

가장 최근에 탄생된 헝가리의 부다페스트 증권시장부터 증권시장 순례를 시작해 보자. 나는 1990년 부다페스트 증권시장이 문을 열 때 헝가리어로 강연하는 기회를 가졌는데 그 때 경제발전을 위해서는 증권시장이 필수불가결한 요소라는 걸 젊은 공산주의자들에게 호소력 있게 설명해 달라는 증시 전문가들의 부탁을 받았다.

살바도르 달리는 페르피그난 정거장이 세계의 배꼽이라고 주장하였다. 나는 여기서 부다페스트 증권시장이 금융세계의 배꼽이라고까지는 주장하지 않겠다. 그러나 그곳에 작게나마 진실의 포인트를 매기고 싶다. 부다페스트에는 유가증권을 매매하는 시장과 곡물증권을 매매하는 시장이 현대적 스타일로 지어진 웅장한 건물에 같이 들어 있다. 곡물증권 시장과 곡물의 선물거래는 1914년 이전까지만 해도 유럽에서 매우 비중이 높았으며 헝가리는 군주 왕실의 곡물창고 역할을 하였다. 모든 헝가리인들은 곡물, 특히 귀리에 가장 먼저 투자하였는데 그 당시 귀리는 마치 오늘날의 석유와 같이 아주 중요한 군사물자였다. 그러나 공산정권이 들어서면서 그 유서 깊은 두 개의 증권시장은 1949년 문을 닫았으며 그 마지막 날 나도 그 곳에 있었다.

40년간의 기나긴 겨울잠 뒤에 부다페스트 유가증권 시장은 1988년 증권시장으로 새로이 탄생했다. 1990년부터 그 증권시장은 35개 은행이 참여하고 U자 모형의 테이블에 둘러앉아 10시부터 12시까지 큰 목소리로 모든 공급과 수요를 외쳐대는 중개인들이 단지 60종의 주식과 400종의 채권만을 취급하는 미니 증권시장이 되었다. 소규모 거래가 이루어지는 미니 증권시장이기는 하지만 그래도 1990년까지도 그곳 대학이름이 '칼-마르크스 대학교'였던 도시에 이제 어엿하게 증권시장이 자리 잡고 있다는 것은 대단한 일이 아닐 수 없다. 이는 작은 고기도 한번은 크게 될 수 있다는 기대를 가지고 헝가리가 소자본주의 또는 미니 자본주의의 부흥을 위해 노력한 결과이다.

오래 전에 소련을 방문했을 때 나는 모스크바와 페테스부르크의 '죽은' 증권시장에 경의를 표하고 싶었다(당시 나는 그것들이 단순히 기절한 채로 있다가 수십 년이 지난 뒤에 다시 확실하게 되살아날 수 있을 것이라는 것을 전혀 생각하지 못했었다). 그러나 모스크바의 옛 증권시장이 어디 있었는지를 알려줄 수 있는 사람이 하나도 없었다. 대부분의 사람들은 그 개념조차 이해를 하지 못했으며 그 개념을 가지고 무엇을 시작해야 할지를 전혀 모르고 있었다. 나는 마침내 한 늙은이를 만났다. 당시 굼 백화점의 창고로 쓰이고 있던 한 오래된 건물로 그는 나를 안내하여 주었다. 레닌그라드에서 나는 증권시장이 열렸던 오래된 교환장소를 찾을 수 있었다. 네바 옆에 있었으며 아우로라 순양함 정박소의 건너편에 있었다. 오늘날 그것은 해군박물관으로 쓰이고 있다. 두 곳을 기억하기 위하여 찍었던 사진을 나는 지금도 가지고 있다.

4년 전에 뮌스터의 빌헬름대학교에서 강연을 마쳤을 때 모스크바에서 온 교수 두 명이 내게로 와서 "모스크바대학에서 증권시장에 관한 강연을 할 수 있도록 당신을 초대하고 싶다"라고 말을 했다. 나는 오래된 페테스부르크와 모스크바의 증권시장이 다시 개장했을 때에 참석을 할 수 있게 되어 매우 기뻤다.

부다페스트에서 태양이 지는 서쪽으로 여행을 하면서 머물게 되는 가장 가까운 정거장은 빈이라고 불린다. 이곳의 증권시장은 오늘날 매우 작다. 한때 제국의 중심이었던 빈은 그 시절만큼의 화려함은 사라졌을지라도 그 웅장한 전통의 명맥을 잇고 있다. 빈 증권시장은 3~4년 전, 투자자들이 비교적 적은 돈으로 가장 높은 수익률을 올릴 수 있는 세계에서 가장 성공적인 증권시장 중 하나로 꼽히기도 했다. 증권시장은 오늘날 그들의 '성과'에 대하여 매우 자랑스럽게 생각한다.

빈과는 정반대로 스위스 취리히의 증권시장은 국가의 규모는 작은데 비해 매우 거대하다. 증권시장의 크기, 거래액, 혼잡도 등에서 빈과 비교가 되지 않으며, 보디가드를 대동하고 세계 각국에서 몰려온 국제적인 투자자들을 흔히 볼 수 있는 곳이다. 스위스 사람들은 미국에 투자할 필요가 없다. 유럽인들은 전날 저녁 월스트리트의 시세를 보고 투자대상을 찾으면 뉴욕시장이 열릴 때까지 기다릴 필요 없이 바로 취리히 시장에서 미국 주식을 거래할 수 있다.

동일한 시간에 밀라노에서도 활발한 거래가 이루어진다. 증권시장 객장에는 주식 투자를 위해 기꺼이 위험을 감수하고자 하는 사람들로 득실거리고 그 구경꾼들 속에는 아름다운 여성들도 눈에 뜨인다. 그 옆 베네치아에는 세계에서 가장 아름다운 그란데 운하 옆에 미니 증권시장이 자리하고 있다. 성 모이스 교회 옆에는 역사상 가장 위대한 투자자였지만 불쌍한 거지로 죽은 존 로우의 시신이 잠자고 있다. 베네치아를 거쳐 올 때 나는 전혀 남의 눈치를 보지 않고 그의 무덤에 꽃다발을 바쳤다. 그리고 나서는 로마이다. 1821년에 바티칸 정부의 칙명에 의해 세워졌다.

남쪽의 증권시장 중 우리는 마드리드와 리스본을 잊어서는 안 된다. 마드리드에 가면 매우 품위 있는 중개업자들이 모여 있는 아름다운 증권거래소 홀을 볼 수 있다. 일반인들은 무료로 관람이 허용되었지만 이제는 더 이상 그렇지 못하다. 유감스럽게도 마드리드의 증권시장은 예전의 시끌벅적함을 잃어가고 있다. 왜냐하면 점점 더 많은 중개인들의 다양한 활동이 각자의 사무실에서 컴퓨터로 이루어지고 있기 때문이다. 그밖에 흥미로운 것은 프랑코의 사진이 여전히 증권시장 회의장에 걸려있다는 것이다. 뿐만 아니라 스페인 증권시장은 오늘에도 여전히 상대적으로 주목을 덜 받고 있다. 그러나 사람들은 증권시장의 찬란한 미래를 예고하고 있다.

바르셀로나 증권시장은 개인이 50페셋(작은 돈)만 지불하면 거래에 참여할 수 있다는 장점을 가지고 있다.

리스본은 아주 오래 전부터 증권시장이 존재했었다. 그러나 리우데자네이로부터 한 차례 행복감이 수입된 이후에 그들은 스피놀라 정권하에 가사 상태에 빠졌다. 모든 기업들이 국영화되었을 뿐 아니라 모든 주식 기탁이 엄격하게 봉쇄되었기 때문이다. 그 곳을 방문했을 때 나는 국채만 하루에 단 3회 거래되는 것을 목격하였다. 그것은 증권시장 건너편에 있는 벼룩시장에서 이루어지는 거래보다도 적은 것이었다. 나는 그 이유를 증권시장과 연결되는 세 개의 길이 각기 은의 길, 금의 길, 그리고 건달들의 길이라고 불린다는 사실을 알고 이해할 수 있었다. 사람들은 처음 금의 길과 은의 길을 통해 증권시장을 향한다. 그러나 그들이 마지막으로 통과하는 길은 바로 건달들의 길이었던 것이다.

그러나 이제 세계 증권시장의 부흥과 포르투갈의 유럽공동체 가입에 힘입어 기절상태에 있던 증시는 다시 기적적으로 깨어났다. 뿐만 아니라 나는 그곳에서 이미 학생들과 투자자들을 대상으로 긴 강연을 가졌으며 그들을 투자의 비밀 속으로 끌어들였다.

프랑크푸르트와 독일의 모든 증권시장은 동시에 진행된다. 이전에 로스차일드의 영지였던 프랑크푸르트는 엄청나게 변화하였다. 오늘날에도 사람들은 다음의 일화를 즐겨 말한다. 사람들은 퓌르쓰의 목사에게 다음 해에 그들이 어떻게 하면 좋을지 가르쳐달라고 했다. 그러자 그는 매우 재치 있지만 여러 가지 뜻으로 해석할 수 있는 애매한 답을 내놓았다. 그것은 "사지 말고 팔아라", "팔지 말고 사라"였던 것이다. 가장 똑똑하다고 자부하는 사람도 증권시장에서는 결코 약삭빠를 수가 없다.

뒤셀도르프는 최근에 생긴 증권시장이며 독일방식에 따라 격식을 차려 조직되었다. 과거에 선물거래, 옵션 및 모든 술책들(지금 프랑크푸르트에서 다시 시작한 것처럼)을 가진 거대했던 베를린은 이제 프랑크푸르트와 뒤셀도르프의 지방 지점 격에 불과할 뿐이었다. 그러나 통일 덕택으로 베를린은 지방 지점격 시장에서 다시 세계적인 증권시장으로 부상할 수 있을 것이다.

출입구에 구리간판으로 '투자'라고 쓰여진 뮌헨의 증권시장은 건물 안에서 어떤 일이 일어나는가를 우리에게 솔직하게 말해준다.

계속 북쪽으로 가면 우리는 브뤼셀과 암스테르담의 증권시장을 만나게 된다. 전자는 이전에 가장 많은 여성고객들을 가졌으며 그에 따라 꽤나 히스테릭하다. 후자는 현대적 의미에서 세계 최초의 증권시장이라는 과거의 명성을 지니고 있다. 이미 17세기에 암스테르담 증권시장은 컴퓨터화 되기 전의 현대적 증권시장 시스템으로 운영되었던 것이다.

더 북쪽으로는 코펜하겐이 있다. 과거의 왕궁에 들어선 코펜하겐 증권시장은 세계에서 가장 친절한 증권시장이다. 외국인 방문객들에게는 언제나 풍부한 식사를 제공하며 환영하는 곳이다. 오슬로 증권시장에는 "품위 있는 사람만 이 곳의 출입이 허용됩니다."라는 조건이 있다. 여기서 문제는 과연 '품위 있는 사람'이란 어떤 사람인가를 어떻게 판단할 것인가이다.

세계에서 가장 조용한 증권시장인 스톡홀름 증권시장은 어찌나 조용한지 바닥에 핀 떨어지는 소리까지 들을 수 있을 정도이다. 그 곳에서는 북쪽 지방의 장중함을 느낄 수 있다. 일찍이 1932년에 나는 그곳을 방문한 적이 있는데 그 때 이미 전자기기를 갖추고 거래가 이루어지고 있었다. 여기서는 "나는 …주겠다", "나는 … 받겠다"식의 말은 존재하지 않는다. 사람들은 공급과 수요, 수량과 시세를 지시하기 위해서는 단지 단추 하나만 누르면 된다. 그 밖의 모든 것은 컴퓨터가 처리한다.

파리. 나를 키워준 곳. 어떻게 그 곳을 잊을 수 있단 말인가? 파리는 새로운 아이디어들을 가장 열렬하게 그리고 가장 편하게 받아들이는 곳이다. 몇 년 전만 해도 파리 증권시장은 가장 많은 투자자들이 모여드는 곳이었다. 날마다 극적인 사건이 벌어졌고 그에 따라 5천 명에서 1만 명의 사람들이 모여들곤 했다. 그러나 오늘날에는 유감스럽게도 파리가 조용해져버렸다. 단지 몇 백 명의 투자자들만이 있을 뿐이며, 그것도 단지 지나간 일화들만을 이야기하기 위해서이다. 파리 증권시장은 지금까지 자주 신디케이트의 싸움터였다. 그밖에도 국유화와 또한 그에 따르는 사유화 때문에 커다란 시세변동이 일어났다.

런던 증권시장은 오래된 전통과 예의범절이 중요시되는 곳으로 모든 증권시장 중에서 가장 귀족적이고 또 가장 국제적이다. 그러나… 말하기조차 무서운 것은 최근 그 아름답고 거대한 증권시장의 홀에는 단지 20명 남짓한 사람들만이 서성댄다는 것이다. 그것은 바로 컴퓨터의 저주 때문이다! 오로지 컴퓨터에 의지해서 젊은 '골든보이' 들은 고용주들의 돈인 수십억 달러를 가지고 아슬아슬한 곡예를 펼치고 있다. 1987년 폭락 이후에 6만 명의 골든보이들이 해고를 당했다. 왜냐하면 그들은 무시무시한 손실을 남겼기 때문이다.

현물시장에서의 투자는 귀금속에서 후춧가루에 이르기까지 증권시장과 같은 모습으로 이루어진다. 그러나 아주 특이한 시장이 하나 있으니 바로 금과 은의 시장이다. 로스차일드 금융가의 한 사무실에는 매일 오전 10시 30분에 귀금속을 선도하는 중개인인 '큰손 브로커' 다섯 명이 모인다. 같이 차를 마시기 위해서가 아니라 금과 은의 시세를 확정하기 위해서이다. 이런 거래에서 시카고가 이미 강한 경쟁자가 되고 있지만, 그들의 장부 속에는 전 세계의 모든 주문서들이 다 들어 있다. 얼마 전부터는 모스크바도 이 시장에서 대표 주자가 되었다. 왜냐하면 그들은 이미 오래 전부터 판매자로 이곳에 진출했었기 때문이다. 만약 브로커들의 그들의 회합이 큰 혼란과 소요 없이 몇 분 뒤에 끝나게 되면 바로 그들이 정한 금과 은의 시세가 지구 곳곳으로 발신되고 그로 인해 런던에는 들리지 않는 소음이 야기될 수도 있다.

유럽 다음으로 나는 이제 남아메리카의 몇몇 증권시장으로 건너뛰기를 하고자 한다.

아르헨티나의 부에노스아이레스 증권시장은 큰 카지노 같이 시끄

러워서 마음이 편치 않다. 사람들은 혼란 속에서 이익을 챙기고 또 혼란 상태가 지속될 것에 모든 것을 건다. 이곳 증권시장은 국내의 정치적 사건들에 매우 크게 영향을 받는다. 정치적 사건들은 시세를 1에서 100까지 정신없이 널뛰게 만든다.

페루의 리마에는 아주 작은 증권시장이 있다. 그곳을 방문했을 때 나는 세 사람만을 셀 수 있었다. 의장인 증권시장의 사장과 기록을 하는 시세중개인 그리고 시세가 등록되어질 때마다 매번 고개를 흔드는 한 명의 참가자.

카라카스 증권시장은 19세기 초 한 그루 나무그늘 아래로 사람들이 모여들기 시작하면서 시작된 곳이다. 지금은 그 나무가 매우 현대적인 고층건물로 탈바꿈하였다.

리우데자네이로는 한때 유럽의 리스본으로까지 전염될 정도의 황금기를 가졌었다. '세뇨레'는 주로 부동산 투자를 하지만 심한 인플레이션 덕분에 유가증권도 거래한다.

남아메리카의 모든 사람들이 이를 꼭 물고 있을 때 몬테비데오는 웃고 있다. 남아메리카 여러 곳이 무질서 속에 있을 때 몬테비데오의 사업 특히 외환사업들은 꽃을 피운다. 다른 곳이 조용해지면 몬테비데오 사람들은 여행을 한다. 말하자면 이곳이 남아메리카의 스위스인 것이다.

이제 우리는 마침내 월스트리트에 상륙하였다. 월스트리트에 대한 글은 이미 수도 없이 많으며 책과 논문들도 넘쳐난다. 따라서 내가 할 말은 그리 많지 않다. 월스트리트는 미국 경제의 심장이며 미국 전체가 월스트리트라는 심장 박동 수에 따라 맥박이 달라진다. 영웅들의 시대에서 오늘날까지 월스트리트는 수많은 금융인들이 모여드는 엘도라도이다. 그러나 양심적인 공무원들이 있어 주가 조작을 감시하고 대중들이 약탈당하는 것을 막아준다. 그러나 유감스럽게도 그들의 감시와 방어가 언제나 성공하는 것은 아니다. 기업의 이익이라는 것은 너무나 막강한 요소여서 바람직한 대책들조차도 방해할 수 있다.

미국의 모든 사람들이 현대적 기술을 사용할 수 있다. 시세표시 밴드는 시세결정과 동시에 움직인다. 그래서 서부지역의 중개인들은 시차 덕분으로 아침 여섯 시에 이미 그들의 사무실에서 일을 시작한다. 얼마나 힘든 직업인가! 인디애나 또는 뉴멕시코의 가장 작은 도시의 게임군들도 같은 시간에 뉴욕 거래에 참여한다. 어쩌면 이것은 그들이 모두 동시에 한 군데에 모이는 것보다 더 나을 수도 있다. 만약 어느 한 주식의 표시판이 비교적 조용히 돌아간다면, 이는 거래가 작다는 것을 의미한다. 만약 밴드가 빠르게 쏟아져 나오고 거래를 뒤따라가기가 힘들다면 이것은 월스트리트에서 큰 일이 벌어지고 있음을 의미한다. 호황인지, 공황인지는 시세표시판의 소리로 알 수 있다.

곡물시장의 여왕, '무역위원회'시카고는 우리들이 매일 먹는 빵의 가격을 결정한다. 그러나 시카고 시장은 오늘날 훨씬 많은 일을 한다. 시카고는 이자, 화폐 및 지수투기들이 가장 크게 벌어지는 거대한 룰렛장이 되어가고 있는 것이다. 사람들은 아주 작은 돈을 투자하여 거액을 벌어들일 수도 있고 또 잃을 수도 있다. 이런 미친 룰렛게임에 비하면 일반 증권시장은 조그만 게임장 같다. 나는 언제나 그에 반대하는 글을 쓴다. 그러나 내 작은 소리가 그 드넓은 광야에서 들리기나 하겠는가!

두 시간만 더 가면 샌프란시스코가 나온다. 그곳에서 비로소 사람들은 시간 차이 덕택으로 뉴욕에서 '마감' 후에 오는 뉴스들을 충분히 활용하는 사업을 할 수 있다.

이제 커다란 연못 태평양을 가로질러 가자. 도쿄는 세계에서 가장 활기 있는 증권시장이며 일본인들에게는 일상생활의 매력의 중심지이다. 그들은 정말 많은 돈을 갖고 있어서 그것으로 무엇을 시작해야할지 잘 모른다. 그리고 그들은 전 세계에서 '돈으로 살 수 있는 것'이라면 뭐든지 산다. 이미 세계 다른 곳에 있는 모든 것을 살 돈이 있는 그들이 왜 자기들의 주식이라고 사지 않겠는가? 도시 전체가 증권시장에 대해서만 이야기한다. 투자에 관한 책들이 베스트셀러가 되고 있다. 또한 정부가 시세에 큰 역할을 한다. 왜냐하면 매수하시오 또는 매도하시오의 정부의 명령만이 추세를 확정하기 때문이다. 일본 대중의 성향은 완전히 달라서 유럽인인 나는 이해하기가 어렵다.

여기서 여행을 계속하면 홍콩에 도착한다. 이곳의 바벨탑인 증권시장은 영어에서 중국어, 불어, 심지어는 헝가리어와 유태어가 섞인 독일어와 러시아어까지, 가지각색의 언어가 난무한다.

시드니 증권시장은 영국식 전통을 따르며, 그 정신은 미국식이지만 주연은 유럽인들이다. 시드니 증권시장은 헝가리 망명자들에 의해 세워졌다. 또한 증권시장은 결코 어린 학생들 또는 심장병환자들을 위한 시장이 아니다. 누구나 쉽게 주식을 살 수는 있지만 주식을 파는 것은 그렇게 쉽지만은 않다.

이와는 반대로 요하네스버그는 컴퓨터시대 이전의 런던 증권거래소를 모델로 하여 영국식 스타일로 조직되었다. 정치적 분규에도 불구하고 증권시장은 매우 진지하며, 그곳에서 금광이 완전히 대규모의 형태로 거래된다.

봄베이의 증권시장도 영국 색이 강하다. 이곳의 주연은 강한 옥스퍼드 악센트를 가진 파르제 교인들이다. 유럽에서보다 많은 사람들이 밀수를 통해 공급되는 금시장에서 거래를 한다. 사람들은 목화, 황마뿐만 아니라 가끔은 위스키 등 모든 것들에 투자한다. 특이한 도박꾼들은 스트리트의 다우존스 종가가 어떻게 결정될 것인가에 대해 내기를 한다. 아주 적은 금액을 가진 사람들이 이곳에서 자신들의 행운을 시험해보고 있다.

서쪽으로 향한 여행에서 우리는 텔아비브를 지나가게 된다. 이곳에서는 증권시장을 아주 어렵게 찾을 수 있다. 몇 년 전에 증권시장을 찾는 나의 질문에 사람들은 그런 것이 있다는 사실도 모르고 있었다. 그러나 그 사이에 그들은 어린아이에서 어른이 되어 있었다. 이스라엘과 이집트 간의 전쟁이 진행되는 동안에 증권시장 거래인들은 공습경보가 울리는 동안에 방공호로 대피했다. 그러나 위험이 지나가면 그들은 다시 증권시장으로 돌아온다. 그리고 다시 아무 일도 없었던 것처럼 활발한 거래가 이루어진다.

이스탄불의 증권시장은 보스포로스 강가에 있는 상어알 저장창고의 뜰에 세워졌다. 거래인들은 그리스인, 시리아인, 아르마니아인, 유대인을 비롯하여 전 세계 인종이 섞여 있다. 그러나 터키인들은 없다.

이제 24시간이 끝나 가는 시점에서 우리의 발길이 닿은 곳은 1901년 현대적으로 설립된 아테네의 증권시장이다. 소크라테스 나무에서 두 발자국 떨어진 곳에는 정장차림의 환전업자 후예들이 오래 전부터 회합하는 곳이다.

세계의 모든 증권시장들은 점점 파이프라인으로 서로 얽히고 있다. 따라서 상호 의존도도 점점 높아지고 있다. 세계 어딘가에서 버튼 하나를 누르면 5천 킬로미터 떨어진 곳에서도 그 미세한 진동을 느낄 수 있다.

이것이 증권시장이다. 태양이 절대로 지지 않는, 황제 칼 5세의 제국과 같은 하나의 제국이다.

마지막 대화

나의 세 가지 경력

나는 곧 85세가 된다. 늙은이가 되기까지는 아직도 많은 시간이 남아 있다. 그래도 나의 인생을 다시 한 번 결산해볼 이유는 충분히 있다. 잔고가 얼마나 될까? 만족할 수 있는 정도인가? '예스'일 수도 있고, '노'일 수도 있다!

시간이 너무나 빨리 지나가 버렸기 때문에 '노'라고 말할 수도 있다. 그러나 내 야망은 오직 물질적, 지적 독립을 성취하는 것이었으므로 '예스'이기도 하다. 나는 이 야망을 이미 달성했으며 지금 이렇게 즐기고 있다. "이렇게 사는 것이 좋아. 이렇게 살아야 돼. 그 누구의 주인도 아니고, 그 누구의 하인도 아니다!" 이것이 나의 성공인 것이다.

내 부모님은 매우 부유하셨다. 아버지는 영리하고 아주 활발한 사업가로 부다페스트에서 회사를 운영하였으며, 음악을 매우 사랑하셨던 어머니는 확실한 예술애호가였지만 그림을 잘 그리고 글을 잘 쓰는 그녀의 재능을 제대로 살리지 못하였다. 네 명의 자식들을 기르는데 그녀의 인생을 온통 바쳤기 때문이다. 괴테가 그러했듯이, "아버지로부터 나는 진지한 지도자의 삶의 모습을, 어머니로부터는 쾌활한 성격과 즐거움을 물려받았다." 그러나 우리가 가지고 있던, 즐기던 모든 것들은 제2차 세계대전 후에 모두 사라졌다. 그러나 부모님들은 내게 베풀었던 교육 덕분에 노년에는 스위스에서 왕과 같은 생활을 즐기실 수 있었다.

나는 부다페스트 대학교에서 철학과 예술사를 전공하였다. 음악도 공부하고 싶었지만 더 이상 할 수가 없었다. 나는 낙하산을 타고 파리 증권시장에 착륙하였으며 그곳에서 머물렀다. 후에 나는 뉴욕, 런던 및 취리히의 금융세계 정글 속에서 공부하였다. 오늘날 나는 열 개 도시에 집을 가지고 있으며 4개 국어를 할 수 있다. 사랑하는 주님과는 헝가리어를, 친구들과는 불어를, 은행원들과는 영어를, 내 제자들과는 독일어를 그리고 여성들과는 네 가지 언어로 얘기한다.

서른 다섯의 나이에 이미 나의 첫 번째 경력은 끝났으며, 그때 나는 내 자본만 가지고도 수입이 들어왔기 때문에 은퇴를 결정할 수 있었다. 하지만 활동을 하지 않고 걱정을 하지 않게 되자 나는 거의 절반 신경쇠약이 되었으며 우울증에 시달렸다. 이러한 위기를 겪던 나는 한 심리학 교수님 덕분으로 금융 저널리스트와 작가로서의 두 번째 경력을 시작하게 되었다. 나는 대학교에서 학생들을 가르치면서 병원을 개업하여 운영하고 있는 유명한 레오폴드 스존디 교수에게 충고를 부탁드렸다. 그러자 그는 나에게 오늘날에도 여전히 여러 곳에서 사용되고 있는 스존디-테스트를 실시하였다. 나는 48장의 사진을 놓고 호감이 가는 것과 반감이 가는 것으로 분류했다. 그리고 나서 그는 카드를 섞었으며 나는 다시 재분류를 했다. 이런 테스트를 여러 번 반복한 후에 그는 평가를 시작하였다. 그러더니 나에게 갑작스런 질문을 던졌다. "당신 가족 중에서 자기 스스로를 학대하는 가학증을 가지고 있는 사람이 누구입니까? 놀라지는 마십시오. 특히 많은 에너지를 가지고 있으며 쉽게 폭발하는 사람이 누구인가를 생각하라는 겁니다." "물론, 아버지입니다." 나는 자연스럽게 대답하였다. "아버지는 놀라울 정도로 불끈 화를 잘 냅니다. 그러나 어머니는 무척 부드러운 분이지요."

"그러면 당신은 아버님의 성격을 물려받았군요. 당신은 폭발하고자 하는 에너지를 당신 가슴속에 아주 많이 쌓아 놓고 있습니다. 그러나 아직 그것의 배출구를 찾지 못하고 있지요. 당신도 가끔 폭발할 때가 있습니까?" 나는 그렇다는 사실을 인정해야만 했다. "보십시오, 당신은 교양 있는 사람이어서 내부에 쌓인 에너지가 폭발하려는 것에 대항하여 싸우고 있는 것입니다. 거기에 정신적인 갈등이 있는 겁니다. 만약 당신이 원초적인 사람이었다면, 나는 당신에게 장작을 패고, 쇠를 구부리고, 돌을 두들기라고 충고하였을 것입니다. 만약 당신이 적당한 나이만 되었더라도 아마 외과의사가 되는 공부를 하라고 권했을 겁니다. 왜냐하면 칼로 뭔가를 자를 수 있기 때문이지요. 그러나 나는 당신에게 글을 쓰라고 권하고 싶습니다. 어떠한 것에 특별한 관심이 있습니까?" 그에게 나는 내가 큰 열정을 지니고 있는 것은 음악과 증권시장 두 분야라고 말했다. "그러면 그것에 관해서 글을 쓰십시오."

나는 감사를 드리고 제안된 치료법을 시도해 보겠다고 약속을 하였다. 나는 지금도 기억을 하고 있다. 세계적으로 유명한 교수님이 몇 시간 동안 진료를 한 뒤에, 나에게 50프랑이라고 적힌 진료비 청구서를 건네주었을 때 그 금액의 보잘 것 없음에 내가 얼마나 송구스러움을 느꼈던가를.

이렇게 나는 에너지를 거의 소모하지 않는 증권시장프로 외에 금융부문 작가가 되었다. 사실 나는 아주 음악에 미친 사람임에도 불구하고 음악을 하나의 직업으로 하기 위해서는 충분히 배우지 못했다. 프랑스어로 내가 쓴 첫 번째 책은 7개 언어로 번역되었으며 『이것이 증권시장이다』라는 제목으로 1960년 헨리 고버트에서 발간되었다. 시간이 얼마간 지난 뒤 〈캐피탈〉잡지의 칼럼니스트를 시작하였다. 그로부터 나는 울적해본 적이 없다. 실은 볼테르가 말한 것처럼 "돈을 버는 것보다 돈에 대해 글을 쓰는 것이 훨씬 쉽다." 하지만 나의 경우는 그 반대였다. 나는 돈에 대한 글을 쓰기 위해서 먼저 돈을 벌어야 했다.

『이것이 증권시장이다』가 30년 전에 발간되었을 때 많은 긍정적인 평판들 속에서 취리히 주간지인 〈주간세계〉에 '한 투자자의 고백'이라고 하지 않고 대신에 '한 고등 사기꾼의 고백'이라는 제목으로 비평 하나가 실렸다. 그때 사람들은 분명 나를 펠렉스 크룰과 혼동했던 것 같다.

취리히에 살고 있는 누님은 자기 동생이 '고등 사기꾼'이라고 불리운 데 대해 분개하였다. 친구들은 법정 앞에서 보호벽을 쌓을 것을 권하였다. 그러나 나는 그렇게 생각하지 않았다. 사람들은 어느 금융 전문가의 메마른 논문보다는 '고등 사기꾼'의 고백을 훨씬 더 기꺼이 읽을 것이라고 나는 자신에게 말했다. 그 책은 대단한 성공을 거두었다.

그리고 빈에서 발간되는 명망 있는 경제지, 〈트렌드〉에는 몇 년 전에 나에 관한 별로 좋지 않은 기사가 크게 난 적이 있었다. 아마 몇 명의 증권인들에게 나에 대한 그들의 의견을 물은 것 같았다. 한때는 빈의 한 은행 중역으로 있다가 은퇴하여 난을 재배하고 있는, 내 친구이기도 한 헝가리 출신의 지적인 암브로지 백작은 이렇게 말했다. "내가 그 밖의 다른 점에서는 매우 높게 평가하고 있는 앙드레 코스톨라니를 나는 하나의 고등 사기꾼으로 생각한다." 내가 그를 저녁식사에 한번 초대하면 마지막에는 커피값을 내도록 한 것이 그 증거라는 거였다.

그것은 물론 악의적인 농담이었다. 그런데도 잡지사는 그가 한 말을 여과 없이 실어버렸다. 그래서 어떤 일이 벌어졌겠는가? 이 기사를 읽은 많은 사람들이 빈에서 개최했던 나의 증권 세미나에 등록하겠다고 하였다. 어떻게 내가 고등 사기꾼이 될 수 있었는가? 아무런 광고를 하지 않았음에도 불구하고 사람들은 내가 어떻게 고등 사기꾼이 되었는가를 기꺼이 배우고자 하였던 것이다.

16년 동안 내 친구이며 파트너인 고트프리드 헬러와 함께 열고 있는 증권 세미나를 통해 '증권시장의 교수'라는 나의 세 번째 경력이 시작되었다. 당시 나는 이미 여러 은행과 대학에서 인기가 높은 초청 강사였다. 그럼에도 불구하고 그 어느 곳에서도 나에게 공식적이고도 영구적인 자리를 제공하지는 않았기 때문에 나는 대학교가 아닌 커피숍 테이블에서 증권시장에 관한 나의 지식과 증권시장의 예측에 관해서 나의 독자적인 세미나를 열기로 했다. 그렇게 나는 독자적인 강단을 통해서 나의 소원을 이루었다. 나는 칼럼니스트이자 저술가로서 활동하였지만 또한 강단에서 나의 이론과 경험들을 새로운 세대에 전달할 수 있기를 바랐었다.

고트프리드 헬러가 경영하는 유가증권 관리회사의 고객을 모집하기 위한 목적을 갖고 원래 1974년 30명의 참가자로 시작하였던 것이 곧 참가자 수가 열 배로 늘어나 "이윤이 사업을 만든다"(값이 싼 것은 아무 가치도 없다)는 것을 증명하였다. 그 사이 내 세미나를 거쳐간 학생 수가 족히 3만 명이 넘는다. 그들은 몇 푼 없는 학생에서부터 바로 전 그의 기업을 팔아 그 돈으로 무엇을 시작해야 할지 알고 싶어 하는 백만장자에 이르기까지, 유흥업소 사장에서 주교의 관리인까지 가지각색이었다. 뿐만 아니라 많은 사람들이 여러 번 중복해서 참가했다. 나는 그들이 '코스톨라니 중독'또는 '증권시장 중독'이 된 팬들이라고 생각한다.

그 시간은 나 스스로에게도 결코 지루하지 않았으며 오히려 그 반대였다. 세미나 주말은 나를 위해 마련된 거대한 커피숍이며, 언제나 "짱"(기분이 좋아지는 말: 나는 이것을 결코 큰소리로 이야기하고 싶지 않다.)이었다. 내가 분석한 정치적 그리고 경제적 상황은 끊임없이 변하였다. 나의 레퍼토리는 무척이나 다양하였다. 기자로서 풍부한 자질을 지닌 알프레드 비오렉은 한 번은 한 박람회에서 개최했던 토크쇼 시리즈 끝에 놀라면서 나에게 이렇게 말했다. "선생님에게 매일 같은 질문을 하지만 그 답은 언제나 같지 않군요."

물론 나는 참석자들에게 증권시장의 정보를 절대로 주지 않는다. 정보란 털어버릴 주식을 갖고 있거나 또는 수수료를 챙기기를 원하는 은행과 브로커들의 일이다. 그러나 내 '학생'들이 나를 통해 생각하고, 분석하고, 끝까지 자기의 생각을 고수하게 되는 법을 배운다고 나는 확신한다. 더욱이 그들 자신도 성공적이라는 것을 그들이 나에게 보낸 감사편지에서 나는 알 수 있다.

또한 나는 일반적으로 위대한 '커피숍 아마츄어'로 알려졌다. 그것은 놀랄 일이 아니다. 왜냐하면 커피숍은 증권인들을 위한 이상적이고 비공식적인 만남의 장소이기 때문이다. 나는 세계의 많은 도시에 단골 커피숍을 가지고 있다. 물론 지금까지 파리, 뉴욕, 칸, 함부르크, 프랑크푸르트와 뒤셀도르프의 거대한 독일은행 내 고객 휴게실에, 뮌헨에는 바이에른 호프 지하에 나의 오랜 친구이자 학생인 피터 리거가 마련한 '코스토 .단골 테이블'이 있다. 더욱이 그는 국가 공무원이다. 그러나 자유 시간에는 정열과 아이디어, 그리고 독창성을 지닌 주식 투자자이다.

피터 리거 스스로도 역시 직업적인 증권시장 프로가 아닌 학생들을 두고 있다. 그렇다고 그들이 중개인과 거래인들보다 투자에 대해 덜 이해하고 있다는 뜻은 아니다. 사실은 그와 정반대이다! 스위스에서 증권시장을 가장 확실하게 읽는 사람이 두 명 있는데 그들 중 하나는 안경 제작자였고 또 하나는 석관 제작자였다. 더욱이 그 중 한 명은 잘 알려진 한 스위스 식당에서 웨이터로 일 년 내내 일하였다. 나도 그들이 제공한 몇 개의 매우 가치가 높은 아이디어에 고마움을 표시했다. 그들 두 사람은 오늘날 많은 고객을 거느린 금융 컨설턴트로 성공적인 변신을 하였다. 알베르트 아인슈타인의 말이 맞다. "실제 아는 것보다 환상이 훨씬 더 가치가 있다."

'코스토.단골 테이블'에서는 정기적으로 세계의 운명에 대한 격론이 벌어지며 상황에 따라 낙관론 혹은 비관론이 정해진다. 기자들은 내가 그 많은 시간을 커피숍에서 보내는 것에 가끔 놀라움을 표시한다. 그들에게 나는 이렇게 말한다. "나는 증권시장이든 커피숍이든, 장소를 가리지 않고 어디서든 나의 본업에 전념할 수 있다." 결국 생각은 어디서든 할 수 있는 것이다!

가끔 사람들은 나를 일컬어 '증권의 도사'라는 칭호를 붙인다. 이는 내가 결코 받아들일 수 없는 그리고 한 번도 요구한 적이 없는 호칭이다. 도사는 정의에 따르면 교황처럼 오류가 없는 사람인 반면 나는 아무리 경험이 많더라도 틀릴 수 있기 때문이다. 70년의 경험을 가진 '증권의 교수'라는 말은 물론 내가 받아들일 수 있다.

바로 얼마 전 친구 한 명이 농담으로 나를 '증권시장의 라이히 라니키'이라고 불렀다. 마르셀 라이히 라니키는 정말로 문학의 '교황'으로 불리는 사람이다. 우리는 둘 다 분명한 판단을 내리는 성향이 있고 학자의 반열에 올라가지 못했으며 동료들에게 적대시 당했다는 점에서 비슷하다고 본다. 그러나 라이히 라니키는 문학비평가의 한 세대에 영향을 끼쳤다. 나는 얼마나 많은 증시 잡지 발행인이나 그 첩자들이 내 세미나에 참석했는지 알고 싶지도 않다. 그러나 이는 분명

의미있는 비교가 아닌가?

내가 물려받은 유대인 기질

마르셀 라이히 라니키와 함께 나도 무서운 경험을 했다. 그는 무서운 경험에 대해서 헬린 퀼블과의 인터뷰에서 말했으며 그 경험은 헬린 퀼블의 책『유대인 초상화』에 실려 있다. 나도 비슷한 경험을 했다. 내가 독일에서 강연 중에 '히틀러', '유대인'또는 특히 '아우슈비츠'와 같은 특정 단어들을 사용할 때면 마치 저승사자가 허공을 뚫고 가는 것 같이 공기가 갑자기 썰렁해지는 것을 느낀다. 그리고 나서 바로 내가 뭔가 완전히 바보 같은 말을 했거나 말해서는 안 되는 것을 말했다는 생각을 하게 된다. 이러한 말들은 결코 해서는 안 되는 것들이다.

나는 전쟁 후에 독일에서 공공연한 반유대인의 경험을 별로 겪지 않았다. 단 한 번 정말로 안 좋은 사건이 하나 있었다. 뿐만 아니라 그것 때문에 나는 고소까지 하였다. 그것은 국가재정파탄과 금본위에 대한 찬반 토의가 진행되는 프랑크푸르트의 한 회의에서 일어난 일이다. 회의에 참석한 '예측가' 중 몇 명이 독일 마르크화가 곧 그 가치를 완전히 잃게 될 것이라고 예측했다. 나는 독일 마르크화는 제 1

차 세계대전 후와 히틀러의 통치가 끝난 뒤 바닥까지 떨어졌듯이, 전쟁에서 패했을 때만 가치가 하락한다고 그에 대해 이의를 제기했다. 저녁에 호텔에서 나는 편지 한 통을 받았다. 편지에는 내 머리 가죽을 벗겨 전등갓을 만들어야겠다고 적혀 있었다.

그러나 그런 일은 극히 예외적인 것이다. 나는 내 등 뒤에서 행해지는 친유대적인 말을 자주 듣는다. 신과 돈에 대한 토론 도중에 요하네스 폰 투른 영주가 옆에 있는 여자에게 조용히 말했다. "한번 봅시다, 저 머리 좋은 늙은 유대인이 그것에 대해 뭐라고 말하는지!" 그 말이 나를 방해하지는 않았다. 그에게서 나는 반유대적인 질투심의 냄새를 느끼지 못했으며, 차라리 그것은 나의 비위를 맞추는 말로 들렸다. 내가 성공한 이유 중의 하나를 나는 이렇게 생각한다. 나는 사람들이 쉽게 알아차릴 수 있는 독특한 이름을 가졌다. 나는 구시대 사람이고 과거 오스트리아-헝가리 2중 제국 출신으로 다른 세상에서 온 사람으로 구부러진 등을 갖고 70년 동안 세상의 온갖 증권시장을 돌아다녔다. "이 늙은 유대인으로부터 아마도 무엇인가를 배울 수 있다!"고 많은 사람들은 생각한다.

나는 독일과 독일인들을(이들은 프랑스인들만큼 교육을 받지 못했다) 근본적으로 매우 좋아한다. 오늘날 보수파는 분명히 소수에 불과하다. 사람들이 지금 다시 들을 수 있는 일련의 초애국적 발언은 물론 독일에 유대인이 없을지라도 반유대주의가 다시 살아날 수 있는 위험의 소지가 있다. 폴란드, 러시아에서의 유대인 증오는 나를 더욱 불안케 한다. 유감스럽게도 분명한 적대감이 존재하지 않는 헝가리에서도 유대인을 증오하는 사람들이 있다.

나는 유대인 가문 출신이지만 카톨릭 영세를 받았다. 내 부모님들도 취리히에 있는 기독교 묘지에 묻혀 있다. 나는 히틀러 시대가 오기 전까지는 나의 출신에 대해 전혀 의식을 하지 못했다. 그러나 히틀러에게는 내가 유대인이었다. 그가 유대인에게 만행을 저질렀을 때 나는 깊은 고통을 지각하였으며 그들의 고통이 나의 고통인 것처럼 느껴졌다. 유대종교와 나는 실제로 아무 것도 결부되어있지 않다. 그러나 그의 어머니가 아우슈비츠에서 죽었으며 기독교도로서 이미 노란 별을 달고 다녔던 파리 대주교 루스티거 추기경처럼 나의 뿌리를 나는 결코 부인하지는 않는다.

1940년 6월 파리가 점령당한 후 나는 파리에서 스페인을 거쳐 미국으로 이주하였다. 그런데 거기에 몇 가지 문제가 있었다. 왜냐하면 헝가리인 이민자 쿼터가 매우 제한되어 있었기 때문이었다. 제대로 입국하려면 한 20년을 기다려야 할 판이었다. 그리하여 나는 방문비자를 받았다. 내가 당시 헝가리 법에 따라 영세 받은 카톨릭교도이고 유대교도가 아니며, 당시 헝가리 유대법에 속하지 않는다는 것, 즉 언제라도 헝가리로 다시 돌아갈 수 있다는 것을 증명할 수 있었기 때문이다. 나는 독일이 헝가리를 점령하고 독일의 인종주의 법규가 시행된 이후에 비로소 유대인이라는 것을 의식하게 되었다.

히틀러가 유대인들을 비판하는 것은 쉬운 일이었다. 그는 유대인들을 악독한 투기꾼이라고 몰아붙였다. 정말 그들 중에 일부분은 투기꾼들이었다. 유대인들은 돈 거래에 종사하고 있었다. 왜냐하면 그들에게는 다른 직업들이 열려 있지 않았기 때문이다. 신약성경은 고리대금을 금지한다. 따라서 그들은 가끔 이 부분에서 거의 독점적 지위를 누렸다. 아버지는 아들에게 계속해서 대를 물려주었다. 후에 이것이 반유대인 학살에 한 역할을 하였다. 많은 유대인들이 일련의 핍박으로부터 그리고 종교영역으로부터 벗어나 금융뿐만 아니라 수학에서, 이론 물리학 또는 음악 등에서도 대단한 경력들을 쌓았던 것이며, 이것이 다른 민족들에게 질투를 유발시켰던 것이다. 하여튼 금전업은 성실한 유대인만이 실행해야하는 영역이 결코 아니다. 중국인들이 그 사업에 이와 똑같이 종사하였으며, 아르메니아인들도 마찬가지였다. 월스트리트에서는 오늘날 모든 인종, 모든 국적을 가진 사람들이 기꺼이 이 사업에 뛰어들고 있다.

'코스모폴리탄적인 한 늙은 유대인의 인생경험'에 속하는 진지한 테마를 나는 위로가 될 만한 한 일화를 통하여 마무리 짓고자 한다.

몇 년 전 나는 다시 한번 베네치아를 방문했다. 내가 바로 셀 수 없이 많은 골목과 다리 위를 지나 거닐고 있을 때 나는 내가 막다른 골목에 있게 된 것을 알게 되었다. 그 때 갑자기 지하실에서 누더기를 걸치고 이가 하나도 없는 늙은 할머니가 기어 나와 나에게 '샬롬(자유)'하면서 친절하게 인사를 했다. 나는 유대인 거리에 있었던 것이다. 그 곳은 가난했고 텅 비어 있었다.

늙은 할머니는 나에게 이태리어로 유대인 거리를 구경시켜주겠다는 제의를 하였다. 우리는 몇 개의 궁색한 골목을 지났다. "여기가 오래된 유대인 교회이며, 여기가 새로운 유대인 교회이다. 여기가 양로원, 여기가 유치원이며 여기가 탈무드 학교"라고 노파가 말했다. 그러나 진심으로 말하면 그것은 아무 흥미도 없었다. 나는 순전히 일상적인 질문을 하였다. "게토라고 부르는 이 지역에 얼마나 많은 사람들이 살고 있습니까?"

"아, 선생님." 대답은 이러했다 "한 300명이 남았습니다. 사실 이곳에는 약 3만 명의 유대인들이 살았었지요. 젊은이와 늙은이, 상인과 수공업자 등, 사람들로 밀집해 있었지요. 그러나 그것은 모두 오래된 일입니다." 나는 히틀러의 군대가 저질렀을 만행을 생각했다. "도대체 지금 모두들 어디에 있지요?" 나는 아주 음울한 대답을 기대하고 노파에게 물었다.

"아," 노파는 길게 탄식하더니 이렇게 말했다. "그들은 여기서 멀리 떠났어요, 피짜, 산 마르코, 그란데 운하로 떠났지요. 그들은 지금 도매상, 은행인, 백만장자, …"

나비넥타이와 외알 안경

한 번은 기자 한 명이 그 누구도 앙드레 코스톨라니처럼 증권시장을 위해서 그렇게 많은 일을 한 사람은 없다는 글을 썼다. 왜냐하면 내가 완전히 한 세대를 증권시장과 함께 할 수 있도록 '인도하였기' 때문이라는 것이다. 이러한 평이 정말로 나를 좋게 생각하는 것인가? 나는 기꺼이 그렇게 받아들이겠다.

물론 나는 찬성과 반대에 예민하다. 그렇기 때문에 나는 책들을 쓰고 강연을 한다. 작가로서 받는 10퍼센트의 인세가 나를 즐겁게 해주는 것이 아니다. 그보다는 그 열 배의 돈을 내고 내 생각에 동참하는 독자들이 있다는 것이 나는 반갑다. 존경을 받게 된다는 사실은 의심할 여지없이 스스로 돈을 버는 것보다 더 큰 기쁨을 준다. 성공한 예술가에게도 그림 한 장의 가격이 성공의 가장 중요한 확인서가 된다. 매우 부유하고 아름다운 여인도 사진 모델을 한 대가로 모델료를 받는다. 모델료가 그녀의 미모와 가치를 인정하는 최고의 증명인 것이다.

젊은이들과의 만남이 나에게는 큰 의미가 있다. 학생들이 나를 강연에 초청했을 때, 언제나 나는 가장 먼저 그들로부터 존경을 감지한다. 그리고 그들은 내가 아주 단순한 인간이라는 것과 내가 그들과의 시간을 언제나 즐기고 있다는 것을 알아차린다. 나 스스로 증권시장에서의 삶이 시작될 무렵, 대부분 나보다 30, 40살 더 나이가 든 늙은 증권시장 프로들이 경험했던 것들을 전수하여 사람들이 무엇인가 배울 수 있을 것이라는 예측이 내가 가진 생각의 대부분이었다. 오늘 날 내 학생들의 나이는 나보다 50 또는 60살 정도 어리다.

내가 하는 이야기의 많은 부분들은 사실 금융이나 투자와는 관계가 없는 것들이다. 젊은이들은 내게서 예를 들어 예절, 의복모양 등 예절과 에티켓에 대한 얘기를 듣고 싶어 한다. 뿐만 아니라 몇 명은 복장에서 나를 그대로 복사한다. 그러나 반드시 똑같지는 않다. 그들은 나비넥타이를 했지만 그 모양은 나와 다르다. 복장 문제에 있어서 나는 언제나 전문가이다. 나의 최고 투자대상 중 하나가 내 옷장이라고 얼마 전 한 인터뷰에서 대답한 적이 있다. 젊은 시절에 나는 조금 뚱뚱했다. 나의 외모로 인하여 콤플렉스를 가졌기 때문에 나는 용모에 별로 자신이 없었다. 어쨌든 나는 결코 멋져 보이는 젊은이가 아니었다. 그렇기 때문에 나는 매우 신경을 써서 잘 입으려고 했다. 당시 나는 언제나 자연스럽게, 그러나 정중하게 옷을 입는 멋쟁이로 통했다.

누군가 내게 질문을 하면 나는 언제나 이렇게 말한다. "약간 보수적인 것이 좋으며 너무 유행을 따르는 것은 좋지 않다." 먼저 물어오기 전에 나는 누가 어떻게 옷을 입는가에 대해 한 번도 비평을 한 적이 없다. 나는 이런 예민한 부문에서 그 누구의 감정도 상하는 것을 바라지 않는다.

가끔은 액세서리 하나가 단번에 멋진 외모를 만들어 주기도 한다.

나의 절친한 친구 하나는 부다페스트로부터 정기적으로 코테 아주르에 있는 나를 방문한다. 어느 여름 날 저녁 우리는 품위 있는 칵테일 파티에 초대되었다. 그는 아주 유행이 지난 차림을 하고 밑으로 내려왔다. 나는 키가 180센티미터나 되는 그를 도와 줄 수가 없었다. 어떻게 할까? 나는 마침내 그에게 안경알이 하나인 외알 안경을 구해주는 아이디어를 생각해냈다. 그것은 누구에게도 잠깐 사이에 우아함을 준다. 실제로 그는 사교적인 파티에서 멋진 모습을 하였다. 이때 나는 빼렝 몰나를 생각해야 한다. 그가 언젠가 이렇게 말했다.

"외알 안경을 걸치는 것은 아주 우아해 보이지요. 하지만 안경을 쓰지 않는 게 더 멋져 보이지 않나요?"

사람은 꼭 부자일 필요는 없다, 그보다는 자유로워야 한다

나의 세 가지 경력 모두에 적용되는 것은, 새로 산 빗자루가 잘 쓸어지는 것이 아니고 지금까지 쓸었던 낡은 빗자루가 잘 쓸린다는 것이다. 즉 새 일꾼이 일을 잘 하는 것이 아니고 오래된 일꾼이 일을 잘 한다. 물질적 자유는 내가 좋아하지 않는 사람에게 그리고 특히 나를 좋아하지 않는 모든 사람들에게도 괴테를 인용할 수 있는 정신적 자유를 나에게 주었다. 이러한 경우에 많은 질투자를 갖고 있는 것은 너무도 당연하다. 그러나 그런 것에 나는 괘념치 않는다. 왜냐하면 나는 나를 불쌍하게 여기는 한 사람보다는 차라리 나를 질투하는 천 명의 사람이 있기를 바라기 때문이다. 하지만 나에게는 수백 명의 친구가 있다. 가장 젊은 친구는 15세이며, 가장 나이든 친구는 얼마 전에 105세로 죽은 친구이다. 직업적으로는 중학생부터 교수들까지 그리고 대부호, 사회계급에서는 황족 및 왕족의 왕자와 교회 영주에서 풋내기 사기꾼 및 소매치기까지 다양하다.

내가 무엇을 경험해보지 못했는가? 내가 지금까지 살아오면서 투자해보지 않은 것이 무엇인가? 얼마 전에 이러한 질문들 속에서 나는 잠이 들었다. 그리고 나는 세기 시작했다. 그것은 내가 가진 오래된 습관 중 하나이다. 내가 사랑하고 나를 사랑했던 여자들을 세는 것이 아니라 그보다는 먼저 학교 동창들, 내가 살았던 도시와 나라들, 관람했던 오페라 극장들을 헤아려 보았다. 그리고 나와 함께 일했던 브로커들을 모두 헤아리고 나서 내가 일을 했었던 증권시장을 세보고 나서야 비로소 나는 마음이 가라앉았다. 그리고 내 생각에 50번째 증권시장이었던 리스본에 가서야 나는 비로소 조용히 잠이 들었다.

나이가 들어 좋은 점은 무엇이고 나쁜 점은 무엇일까? 나이와 함께 일반적인 심리적 입장이 그리고 시간의 느낌도 변화한다. 젊은 시절

에는 빨리 돈을 버는 것이 나에겐 급선무라고 생각됐다. 나는 모험적
이고 위험이 존재하는 투자를 통해 살아있음을 느꼈으며 정말 게임
에 애착을 느꼈고 매우 단기적으로 사고했다. 오늘날 나는 일상의 일
들을 냉정함과 일종의 철학적 입장을 가지고 본다. 나는 내일이 어떻
게 될 것인가를 알지 못한다. 그러나 어제가 어떠했고 오늘이 어떤가
는 알고 있다. 이제는 장기적으로 생각하고 1년 단위로 계획한다. 그
러나 그 1년 후에 여전히 내가 살아 있을지는 장담할 수 없다. 시간은
현재 나에게 너무나 빠르게 흘러간다. 돈은 내게 문제가 되지 않는
다. 왜냐하면 나는 돈에 대해서라면 대단한 인내심을 가지고 있기 때
문이다. 그러나 나의 관심사를 다 쫓기 위해서는 하루에 48시간이 필
요하다.

나는 내가 이전에 이미 공부를 하지 않은 분야는 더 이상 공부할 수
없다. 그와는 반대로 나이 먹은 우리는 우리들의 분야에 점점 더 창조
적이 된다. 매일 나는 생활의 모든 세세한 경험들까지, 가장 사소한
모든 사건까지도 나의 개인적 컴퓨터(내 머리) 속에 입력시키고, 기억
하고, 비중을 두며, 그 나머지 것들은 버리고 근본적인 것만 옛날 지
식으로 자동적으로 분류시키는 법을 배우고 있다.

금융시장의 셀 수 없이 많은 문제들이 나를 끊임없이 집중시켰다.
많은 심리학자들의 견해에 의하면 나는 매우 드문 한 특성에 특히 열
심히 연습을 했다. 만약 나는 내 머리가 필요하지 않으면 나는 그것을

꺼버릴 수 있으며 완전한 '정전 상태'로 만들 수 있다. 그리고 그 뒤에 만약 문제 하나를 풀어야 한다면 다시 그것을 켤 수 있다. 그리고 나는 반사등을 가지고 비추는 것과 같이 뚜렷하게 상황을 볼 수 있다. 내 작업실은 최고로 무질서하며 매우 어지럽혀져 있다. 그러나 내 머릿속에는 여전히 최고의 질서가 잡혀져 있다.

한번은 25세의 젊은이가 나에게 매우 심술궂게도 "저와 바꾸고 싶지 않으세요?"하고 물었다. 나는 "물론, 바꾸고 싶지"라고 대답했다. "나의 경험과 나의 체험을 가방 하나에 담아갈 수 있다는 전제조건 하에서!" 그는 나이가 스스로에게 즐거움을 가져다준다는 것을 알지 못했다. 또한 그는 80이 넘은 우리들은 파리 시로부터 특히 커다란 선물을 받는다는 것도 알지 못했다. 우리는 오전 9시부터 오후 5시까지 지하철에서 이등석 승차권을 가지고 일등석을 탈 수 있다. 인생은 85살부터 비로소 시작한다. 그렇지 않은가?

옮긴이 정진상

독일 함부르크대학교 경제학 석사 및 박사. 선문대학교 국제경제학과 교수, 한독경상학회 총무이사와 한
독경제학회 부회장을 역임했다. 저서로는 『한국의 지역경제발전』, 『동북아 경제론』, 『경제학 원론』 등이
있으며 역서로는 『경제학자들의 사상』이 있다.

코스톨라니 투자총서 2
투자는 심리게임이다

초판   1쇄 발행 2001년 11월 23일
개정판 6쇄 발행 2025년 3월 5일

지은이 앙드레 코스톨라니
옮긴이 정진상
펴낸이 성의현
펴낸곳 미래의창

출판 신고 2019년 10월 28일 제2019-000291호
주소 서울시 마포구 잔다리로 62-1 미래의창빌딩(서교동 376-15, 5층)
전화 070-8693-1719 **팩스** 0507-0301-1585
홈페이지 www.miraebook.co.kr
ISBN 979-11-92519-89-0 03320

※ 책값은 뒤표지에 있습니다.

생각이 글이 되고, 글이 책이 되는 놀라운 경험. 미래의창과 함께라면 가능합니다.
책을 통해 여러분의 생각과 아이디어를 더 많은 사람들과 공유하시기 바랍니다.
투고메일 togo@miraebook.co.kr (홈페이지와 블로그에서 양식을 다운로드하세요)
제휴 및 기타 문의 ask@miraebook.co.kr